中外新闻传播史研究

谢金文　著

STUDY OF JOURNALISM HISTORY

中国国际广播出版社

图书在版编目（CIP）数据

中外新闻传播史研究 / 谢金文著.—北京：中国国际广播出版社，2024.5

ISBN 978-7-5078-5564-7

Ⅰ.①中… Ⅱ.①谢… Ⅲ.①新闻事业史—世界 Ⅳ.①G219.19

中国国家版本馆CIP数据核字（2024）第104061号

中外新闻传播史研究

著　　者　谢金文
责任编辑　张晓梅
校　　对　张　娜
版式设计　邢秀娟
封面设计　赵冰波

出版发行　中国国际广播出版社有限公司［010-89508207（传真）］
社　　址　北京市丰台区榴乡路88号石榴中心2号楼1701
　　　　　邮编：100079
印　　刷　北京汇瑞嘉合文化发展有限公司

开　　本　710×1000　1/16
字　　数　290千字
印　　张　21
版　　次　2024 年 6 月　北京第一版
印　　次　2024 年 6 月　第一次印刷
定　　价　68.00 元

目 录

序　章
基本概念和问题

本书是基于笔者对新闻学的总体研究，有以论带史的特点，首先要阐明有关的理论，包括一些基本概念和问题。

第一节　新闻传播和新闻史

一、新闻

1943年，时任中共中央机关报《解放日报》总编辑的陆定一提出：“新闻的定义，就是新近发生的事实的报道。”[①]这个定义被沿用至今。

然而严格来说，这只是陆定一当年所处报刊时代关于新闻的操作性定义，而在现在的学术性定义，其中“新近发生的”当改为“新鲜的”。我们已经看到，在广播电视中，已有大量现场报道、实况转播——正在发生的新闻，还有预测性新闻，如天气预报，新媒体时代又有许多借助大数据、

① 参见陆定一于1943年9月1日发表在《解放日报》上的文章《我们对于新闻学的基本观点》。

云计算，对一个时期以来的现象、趋势进行统计分析，进而对即将发生的事进行预测的新闻。新闻中除了有新发生的事实，还有新发现的事实，如考古中的重要发现，现实中早已发生、刚被挖掘出来的黑幕。它们并非新近发生，但可以是新鲜的。

并非新近发生的或新鲜的事实都能成为新闻。例如，我刚才吃了饭，即使这件事在自己办的报纸上被报道了，也不是新闻，其定义中还须加上“公众需要”。这里的“公众”就是大家，可以是广大的、所有的，也可以是小众的、是特定传播对象。如果事件只是发布者想要告诉大家的，而其传播对象并不需要，那其只是广告之类。传者只是传播的发起者，受传者才是传播的完成者，他们对传播内容的注意、理解和记忆，决定了内容的作用、意义和价值。同时，如果只是个别人需要的，那也只是秘闻、琐闻、私语之类。

定义中的“报道”可改为“信息”。所谓报道，是指大众媒介把新闻告诉公众的活动或作品，这种作品也是一种信息。而在报道出现之前，就有口头新闻、书信新闻——新闻信，在报道出现以后，仍有并非报道的口头新闻、新闻发布会上的新闻、时事评论中的新闻，现在还有手机用户把亲历的突发事件发布到社交媒体上的新闻等。它们都属于新闻性信息，即新鲜事实、大家需要的信息。

根据上述分析，新闻就是新鲜事实、公众需要的信息。广义上的新闻就是各种形式的信息，包括口头、书信、文件、微博、微信、大众媒体等各种媒介中的，演讲、新闻发布会、新闻公报、时事评论、报道作品等各种形式中的，公开传播或未经公开传播的。“火车相撞了！”“这里地震了！”这样的信息在第一时间发出时，不论其是口头的还是书面的，短信形式还是视频形式，不论是通过微博、微信还是通过报刊、广播电视，这些都是新闻。许多人不看、不听报刊和广播电视中的新闻报道，不是他们不要任何新闻，而是他们从其他渠道得到了获取成本（包括经济成本和时间、精力）更低或他们更感兴趣的新闻。

真实是新闻的基本素质，被称为新闻的生命。真实与事实相关，即使观点真实、情感真实，一般也是事实判断，即把某种观点、情感作为一种事实，而不是认识判断或价值判断，不是论其对错、好坏之类。因此在新闻的定义中，也可用真实替代事实，新闻的定义就成为真实、新鲜、公众需要的信息。

新闻是公众需要的信息，要有一定的知晓意义，有助于满足人们了解事实的需要，要真实准确，尽可能客观和全面。人们了解客观世界所需的重要事实都应被关注。

狭义上的新闻是指上述信息中的报道，包括标题新闻、图片新闻、一句话新闻及其他各种形式的报道，如我们常说的头条新闻、新闻写作、新闻奖等。它们是广义新闻的一部分，其定义就是真实、新鲜、公众需要的报道。

在大众媒介时代，人们对大众媒体报道的新闻更关注。所谓新闻传播，是狭义上的新闻传播。而现在，移动传播的分群化、个性化、“长尾效应”，使许多不为大众媒介所关注的信息也得到了传播。移动传播的碎片化，使许多片断的、零散的信息也得到了传播，如知情者的揭秘、路人拍的现场视频。还有许多新闻性信息在移动传播的评论中。因此，大众媒介以外、报道以外的新闻数量和影响与日俱增，犹如大众媒介以前的时代。这也是一种螺旋式上升、波浪式前进。我们要及时更新新闻及其传播的概念，及时重视广义上的新闻，更好地搜集、发现、制作、研究、利用那些零散片断新闻，长期存在、正在发生、将要发生的新闻，个别传播、群体传播中的新闻，党政机构、企事业单位信息发布在平台上的新闻，聊天、演讲、评论等中的新闻。

二、传播

传播是信息的主要存在方式——信息在时间和空间中移动与变化。

传播学中的“传播”一词，来源于英语单词communication，指的是双向或多向的交流、交往、通讯、交通、沟通、信息共享等。而我们汉语中通常所说的传播，则是由传者向众多受传者的单向传布扩散，如传播力、广泛传播、对外传播。

本书讨论的新闻传播，既有信息的单向传送、播散问题，又有communication的接受、反馈、交流、互动问题。例如，传播自由包含接受自由、申辩自由、反批评自由问题。而“传播”一词在习惯性使用中的单向含义，则容易令人忽略接受、反馈、交流问题。这是我们新闻工作和管理中的常见问题。

一个完整的传播过程有七个环节：信息源，即原始信息→传者，即传送者，包括个人和机构→传播内容→传播渠道，包括媒介和传输系统，如广播电视发射系统、书报刊发行系统→受者，即受传者→传播效果，包括显性的和隐性的→信息反馈。有的反馈又成为新的信息源，引起新的传播。这些环节又有其自身的传播过程，如内容的形成过程、媒介的制作过程、受众的接收过程。

并非每次传播都有这样完整的环节和过程。有的传者自己就是信息源，有的没产生传播效果，如报纸没人看，有的没得到反馈信息，这在新媒体诞生前是常态。

但传播要有传者、内容、渠道和受者，即主体——传者和受者，客体——内容，载体——渠道，主要为媒介。这四个环节被称为传播的四大要素，也是传播研究的主要对象。

由于新闻传播会有较大的社会影响，还有舆论监督、议题设置、授予地位等功能，因而从信息源到信息反馈的整个过程和各个环节，都会受到许多人，尤其是政治、经济领域掌权人物和机构直接或间接的影响、干扰、控制。其中有的是必要的、有益的，有的则起妨碍作用，甚至会发生严重后果。因此对新闻传播的环节和过程要有社会调控，以充分发挥传播的积极作用，防止消极影响。

三、新闻传播的基本要求

新闻传播的基本要求，首先是新闻价值要求的真、新、满足受众需要，进一步的要求有全面、客观、公正，以及信息质量和社会效果的要求。所谓按新闻规律，首先就是符合这些要求，然后才是方式方法、事业产业等问题。[①]

新闻价值就是使信息具有新闻性、能成为新闻，即信息具有真实、新鲜、公众需要的特质，包括真实性和新鲜性，以及重要、显著、接近等特性。

新闻价值与新闻的价值虽只有一字之差，却有天壤之别。价值既可以指事物中所含的某种有价值的东西，如商品中的劳动、科技等含量，也可以指事物的有用性、有益性，如欣赏价值、实用价值、使用价值。我们通常所说的艺术价值，就是指艺术方面的价值，而艺术的价值则是指艺术的有用性、有益性，包括艺术的审美价值、教化价值等。文化价值与文化的价值、经济价值与经济的价值，新闻价值与新闻的价值，也都有类似的差异。

---

① 谢金文.新闻学导论［M］.北京：清华大学出版社，2014：82-97.

四、新闻史

1.新闻史概要

新闻史指的是新闻传播史、新闻事业史。主要内容有：新闻活动的产生与新闻事业的形成，世界新闻传播的发展，各个国家和地区新闻传播的发展，报刊、广播电视、网络媒体等各种新闻媒体的产生和发展，这些历史中的代表性事件、机构和人物，理论、实务和作品。

新闻史的论著可分为综合性和专门性的。综合性的有通史、简史、图史、断代史、地区国别史、地方史，简史有中国史、外国史、中外史、世界史等。专门性的有思想史、媒体史、人物史等，如报刊史、广播电视史、《申报》史、《大公报》史，史量才传、范长江传等。风格特点有以论带史、以史带论、普及性的概要、研究性的纲要、专著与教材结合等。

新闻史的研究不仅要发掘历史事实，还要探索发展规律，总结经验教训，甚至提炼出哲理思想。

2.本书为什么是新闻传播史，而不是新闻事业史研究

探索新闻事业的形成和发展，特点、规律和趋势，帮助人们认识新闻现象、改进新闻活动、发展新闻事业，这是新闻史研究的重要任务，新闻史研究也责无旁贷。然而如前所述，新闻可分为狭义上的和广义上的。新闻事业诞生于狭义上的新闻出现以后，更确切地说是在1650年日报出现以后，这时的新闻活动才称得上是有较大规模、系统和影响的，而人类新闻传播活动则从人类诞生、广义上的新闻出现时就存在了。在如今新媒体、移动传播时代，报道以外的新闻日益增多，影响日益深广，新闻史的教学和研究自然要向广义上的新闻传播延伸。同时，在新闻传播活动中，产业的属性也越来越强，其影响越来越大，也当纳入新闻史的研究范围。

总之，从新闻事业的框架中摆脱出来，关注更为悠久、广泛与普遍的新闻传播现象和活动，意味着将更宽的视野和观念引入新闻历史研究，认真思考不同时代的新闻生产与传播机制及在此条件下新闻成品的历史流变。从这一逻辑起点出发，不仅可以上溯历史、对接未来，还可为新媒体景观中的新闻从业者与研究者对于普遍关心的问题，提供更多具有针对性的历史经验与启示。[①]

3.读史的意义

读史至少有两种作用。一是了解史实、认识规律、获得经验和吸取教训，可更好地把握现在、预见未来。这是有用之用。二是让人视野开阔、胸襟旷达、内涵丰富、思想深邃。这是无用之用——无明确的实用性，但又处处可用、时时在用，用在了种种音容笑貌、言谈举止、思想行为之中，即无用而无不用。

现在，人们的生活节奏很快，很难静下心来读史，而且历史上至今还值得一提的人和事，人们在网上都能看到。但网上材料浩如烟海，我们要先知道哪些是最值得自己查看的，并能分辨哪些材料是高质量的，要有“内行看门道”的眼光，而不满足于“外行看热闹”。况且许多知识、修养，是需要储存于脑，了然于心，乃至融入血液的。例如，对于电工来说，许多电器配件可以放在仓库里，需要时电工能很快找到就行，但钳子、螺丝刀、测电笔之类的基本工具是要常备在身上的。总之，书还是要读的。

作为社会需要的产物，新闻传播是社会的普遍现象和活动，新闻媒介是社会发展的重要标志和工具，新闻史是人类历史的一个侧面，也是一个窗口。媒介理论泰斗马歇尔·麦克卢汉甚至把人类历史分为印刷媒体之前时代、印刷媒体时代和电子媒体时代。了解中外新闻史，有助于我们从独

---

① 艾红红.从事业史到传播史：新闻史课程的转向［J］.中国社会科学报，2021（2105）.

特的角度认识社会和历史。

现在社会的各个领域都与传媒相关，人人都可通过新媒体方便地接收和发送信息，我们进入了“泛媒体”时代，新闻传播也进入全民传播时代。人们了解一些新闻史，提高传媒素养和新闻素养，于己、于社会都有好处。而专业和业余新闻传者的重要不同之一，就在于是否认真读过新闻传播史。

简而言之，读新闻传播史至少有三重意义：一是加深对历史和社会的了解；二是提高新闻素养和传媒素养；三是认识新闻传播发展的规律和趋势，吸取经验和教训。新闻教育专家把中国新闻史和外国新闻史都列为新闻专业的主干课程。

第二节　新闻事业和新闻产业

新闻业就是新闻传播行业，其中一部分属于事业，一部分属于产业，更大的部分则兼有事业和产业属性，同时属于这两业。

具体而言，新闻业包括以新闻和时事评论为重要内容的报业、广播电视业、新媒体行业等。其中有的部分只有事业属性，没有经济属性，如只用于对外宣传的新闻媒介，有的则反之，如购物报纸和电视栏目。而绝大部分既属于新闻事业，涉及作为事业的形成和发展、性质和体制等问题，又属于新闻传播产业，涉及作为产业的产品和市场、组织和行为等问题。

一、新闻事业的内涵与形成

这里所说的事业，是指有一定组织机构，如政党、政府、非政府组织、国际组织等，为了一定的目标而进行的有较大规模、系统和影响的经常性活动。其构成包括这些活动的主体和直接条件。新闻事业就是新闻传播事业，包括新闻机构和媒介、体制和管理、教育和研究等。探索新闻事业的形成和发展，特点、规律和趋势，帮助人们认识新闻现象、改进新闻活动、发展新闻事业，是新闻史研究的重要任务。

新闻事业的形成和发展受社会需要和条件的影响，反过来又促进社会发展。新闻媒介是新闻事业的核心，其演进是新闻事业形成和发展的重要标志。

1. 新闻媒介

从广义来说，新闻媒介包括图像、口语等能够传递新闻的各种传播媒介；从狭义来说，新闻媒介是指以新闻和时事评论为重要内容的大众传播媒介——面向广大公众连续传播的媒介。

新闻媒介有传递信息、交流意见、宣传引导、舆论监督等作用，是社会的神经和淋巴结。[①] 只要各种问题能在新闻媒介上得到反映、讨论、引导、监督，大问题就可变成小问题，小问题变成没问题，反之则会小事变大事，大事变得不可收拾。

新闻媒介还是社会发展的标志和动力。社会需要和条件影响、决定了新闻媒介的产生和发展变化。反过来，新闻媒介又是社会的重要工具，标志和推动了社会的发展。

一般认为媒介就是传播介质，但媒介理论泰斗、加拿大思想家马歇尔·麦克卢汉惊世骇俗地提出：“媒介即讯息。”笔者的解读是：①一种媒介可成为另一种媒介的内容。②各种媒介影响、创造着相应的内容。③媒介本身也能成为一种讯息，反映、标志着某种社会、某种时代、某个时代

① 徐飞.学者笔谈：第四辑［M］//谢金文.新闻媒介是社会的神经和淋巴结.上海：上海交通大学出版社，2013.

的人，预示着新的世界，甚至比任何媒介内容都能更深刻地反映和影响世界——因为媒介的改变，会改变人们接收信息的方式，进而改变思考与行为的方式，对个人与社会产生深刻的影响。

新闻媒介连续、广泛、深刻地影响着社会，成为社会发展的动力之一。印刷报刊助推了市场经济的发展，启蒙思想的传播推动了资产阶级革命的发展，标志着资本主义社会的到来，此后又维系、发展了社会的政治、经济和文化。广播电视和新媒体把人类带入直选政治、知识经济和信息社会。新闻媒介的民主自由状况，受制于、反映着、影响着社会的民主自由状况，社会主义或资本主义民主与自由。这又使新闻媒介必然受到社会的重视，尤其是政治、经济权势的利用和控制，使其被社会形塑，因此其本身的状况也更能反映、折射社会的状况。

2.新闻媒介发展的中西异同

通过比较中国和西方新闻媒介的发展，我们可进一步看出新闻媒介与社会的关系。中国和西方的活字印刷报刊，都是在市场经济有了一定程度的发展之后才出现。中国和西方的资产阶级革命时期，都伴有报刊的兴办高潮。中国和西方新闻媒介的发展程度，随着全球化的发展而日益接近。这些都反映了社会对新闻媒介的影响。

在中国的“四大发明”中，造纸和印刷两项都是报纸发展的重要条件，且远远早于西方，然而中国把活字印刷用于报刊比西方晚几十年，中国的近现代报刊是在西方出现报刊200多年后传过来的。可见技术并不能决定一切，新闻媒介的发展还受政治和经济的很大制约。

中国先有官报，作为统治工具。民间报刊长期被作为非法出版物，抑制了报刊的发展。西方先有民间报纸，其作为经济、社会信息沟通的工具，促进了商品经济、贸易和资本主义社会的发展，反过来其又形成对新闻媒介快速发展的新需求和其他各种条件，报刊的发展后来居上。

3.新闻事业的形成过程

（1）古代传播媒介——新闻事业的萌芽

新闻事业形成于日报诞生之时，但其萌芽则始于新闻媒介的出现。

自从有了人类，就有了人类信息传播，包括真实、新鲜、公众需要的新闻性信息的传播；有了相应的传播媒介，包括表情、动作等体语，叫唤、敲击等声音，后来又发展出火光传信、结绳记事、刻画表意，直至语言，它们也可被用来传播广义上的新闻，成为广义上的新闻媒介。

公元前490年9月，希腊人抗击波斯入侵，传令兵菲迪皮得斯从马拉松战场跑了42.19公里回到雅典，向聚集在中央广场的人群高喊："我们胜利了！雅典得救了！"随即倒地牺牲。这是史上最有名的口头新闻传播。

中国在秦代开始较多地出现以石刻、木刻、器皿铸刻等形式发布官方新闻信息。如公元前221年秦始皇统一六国后，发布诏书通告天下："廿六年，皇帝尽并兼天下诸侯，黔首大安，立号为皇帝，乃诏丞相状、绾，法度量则不壹，歉疑者，皆明壹之。"现在出土的器皿、木牍等许多文物上有各种方式铸、刻或戳印的这四十字诏书，这在当年几乎家喻户晓。

狭义上的新闻媒介，即以新闻性信息为重要内容、面向广大公众连续传播的媒介。迄今发现最早的是古罗马的政府公报。公元前59年，尤利乌斯·恺撒当选为罗马共和国末期的执政官后，发布的第一道命令就涉及政务公开：每日公布元老院的工作。于是在罗马议事厅外出现一块涂有石膏的木板，上面有尖笔写下的元老院会议记录，以及政令、战绩、税收、法庭审判等内容。当时这种媒介被称为阿尔布（Album），后人称之为《每日纪闻》。这种官方的手抄新闻断断续续持续到公元330年罗马首都东迁。有学者认为，罗马帝国之所以能长期统治辽阔的疆域，与它有一个发达的、包括《每日纪闻》在内的传播系统不无关联。

中国最早的新闻媒介是唐代的邸报，别称有进奏院状、朝报、京报等，主要内容是皇帝诏书和起居，官吏任免和奏章，以及战报、法令、刑罚等。邸报萌芽于唐代的朝政公报和新闻信，成型于宋代的官报，发展于明清的新闻书，消亡于清末的近现代报刊勃兴期。宋代还有存在于民间的非法报刊，形态与邸报相近，自称“新闻”，官称“小报”，屡禁不止，有时半公开存在，最后也被近现代报刊替代。

（2）近代报刊——新闻事业的形成

报和刊起初并没有如此明确的区分。有许多装订成册的新闻书，或含有新闻和其他内容、连续出版的册子。与古代报刊相比，近代报刊是出版人员自行采写和编辑，而不是统治者钦定的，反映在形式上是有独立的报刊名称，可区别于其他报刊。与近代报刊相比，现代报刊内容上是有现代思想的，形式上是报和刊明确分家并使用现代白话文，传播上是大量复制、面向大众、短周期连续出版。近代报刊诞生有以下几个里程碑。

欧洲手抄新闻出现。14世纪至15世纪，手抄新闻就在意大利兴起。1566年，当时欧洲商业中心城市威尼斯的手抄新闻流传到罗马及欧洲各国，被称为《威尼斯公报》。这些手抄新闻最初以船期、货价为主，主要满足商人的需求，后来又增加了政治、军事等信息，这也是与经营密切相关、商人十分关注的内容。

现代印刷出现。1440年至1450年间，德国人古登堡在中国的造纸与油墨技术、朝鲜的金属活字印刷技术等基础上，创造了金属活字机械印刷术。此种印刷术最初用来印刷《圣经》等，1457年被用于印刷新闻纸。这种印刷术很快传到欧洲许多大城市，在16世纪前后印了许多带有新闻性的小册子（如《哥伦布发现新大陆记》）和传单。

职业记者出现。16世纪初，收集、写作（不是仅抄传）、出售新闻的人员在欧洲的主要商贸城市逐渐多起来。在16世纪30年代，世界上最早的职业记者——专门采集、抄写、出售消息的人在威尼斯出现。

印刷周报出现。1605年在安特卫普（现属于荷兰）出现每半月出版的《新闻报》。1609年，德意志地区出现每周出版的周报：《通告——报道或新闻报》和《报道》。1615年，“德国报业之父”爱格诺尔弗·艾莫尔在法兰克福创办了周报《法兰克福新闻》，每期有数条新闻，被视为世界上第一家真正的报纸。该报延续到1902年。

日报出现。1650年，德国书商兹赫在莱比锡创办了世界上第一家日报《新到新闻》。这也可以作为新闻事业初步形成的标志，此后又向现代报纸和电子媒体发展。

二、新闻体制与相应的新闻事业

体制，即体例、制度。体例本来指著作的编写格式或文章的组织形式，可引申为其他事物的格式、方式；制度是办事规程或行动准则，由正式和非正式的规范和实施机制构成。体制是制度的具体安排。

新闻体制就是关于新闻传播及其媒介的体例、制度，相当于新闻事业体制、新闻媒介体制。其内涵主要为新闻媒介及其机构的权属、运行和管理规定。

这里的权属问题包括所有权、占有权、使用权分别属于谁，或谁占多大比重；运行包括按公共物品制作派送、行政化运营和按私人物品生产销售、市场化运营；管理包括媒介机构内部的管理和外部的管理控制——内部的机关化管理或企业化管理，外部的计划管理和市场管理、法制管理和党政管理，内外部的媒体及其机构的设立管理和运行管理、人事管理和经济管理、内容管理和传播管理等。

在当今世界，有以美国为代表的私有为主、以英国广播电视为代表的公有私有并举、以中国为代表的国有党管为主。从内外部关系和运行来看，有企业型、市场化和事业型、机关化的。从外部控制来看，有以政治权力为主和以经济势力为主、以法治为主和以人治为主。这些体例、制度的组合，构成一个国家的新闻体制，决定了其新闻事业的机构和媒介、经营和管理、教育和研究等方面。

在当今美国，各种媒体基本是私有的，但也有公共电视系统。在英联邦国家，书、报、刊基本是私有的，而广播电视则公有、私有各占半壁江山。

在当今中国，以新闻和时事评论为主的传统媒体基本都是事业单位、国有党管，同时实行企业化管理。而新媒体，尤其是社交媒体，许多是私有的，有的也以新闻和时事评论为重要内容。

这些不同的所有制及其组合都有一定的合理性，同时又有一定的局限性，应随着需求和条件的变化而变化发展，可以相互借鉴、取长补短。运行体制、管理体制和相应的新闻事业更是如此。

三、传媒理论与相应的新闻事业

传媒理论可大致分为下列几种，它们既是一定的新闻体制、新闻事业的需要，又反映、解释和影响了相应的新闻体制、新闻事业。

一是传媒的集权主义理论。其认为国家、社会的利益高于个人的利益，政府和执政者是国家、社会利益的代表；新闻传媒对国家、社会影响巨大，应受到严格的控制，使之完全服从统治当局。只有国家、政府或其特许的组织和个人才能创办、运营新闻媒介，如英国16世纪的出版特许制度，并对传媒内容进行严格的事先审查，对犯规者进行严厉的惩罚，甚至处死。

新闻事业诞生于封建社会，初期被封建集权主义严加防范和限制，发展极其艰难缓慢。新闻媒介基本是统治者严控独享的工具，用于自上而下的传播。服务与专制统治对社会的控制作用有余，而沟通、协调、革新作用缺乏，在一定程度上延缓了社会的发展进步。集权主义新闻制度在20世纪的典型代表，是德国、日本、意大利的法西斯新闻统制。

二是传媒的自由至上主义理论。其认为每个人的快乐和幸福才是最终目的，国家、社会是为人服务的，政府和执政者不过是受委托办事的，权力源于人民；人人都生而有言论自由、新闻出版自由，新闻媒介应是人民监督政府和执政者的有效工具。这些思想理论成为资产阶级争取新闻传播自由、建立资本主义民主政治的有力武器，也是资本主义前期新闻事业的指导思想。然而垄断资本主义时代的现实打破了昔日梦境，出现了传媒社会责任理论。

三是传媒的社会责任理论。其认为应坚持自由主义新闻思想，但自由、权利应与责任、义务相伴，新闻传媒应承担社会责任。该理论只是在自由主义新闻理论和体制框架内修正，缺乏有力的实现措施，因而作用仍较有限。

在一些较强调平等、福利和社会调控的资本主义国家中，报刊也基本为私有，但社会影响较大的广播电视曾经基本为公有和国有，现在一半左右为公有，其余为私有。然而那些公有的广播电视机构现在正面临市场份额下降、创新能力不足，以及效率不高、官僚主义等问题，被迫日益向私有媒介趋同。

四是传媒的社会主义理论。社会主义有不同的模式，新闻媒介也与之相应。以苏联为代表的模式认为，国家是阶级统治的工具，无产阶级通过它的先锋队共产党联合其他劳动阶级掌握国家机器。中国模式认为，新闻传媒应是党和人民的耳目喉舌，既要用于宣传、指导和教育，又要用于联系群众，考察政策，开展批评和自我批评，满足人民的精神文化生活需要。党的新闻传媒还要坚持党性原则，主要为按照党的纲领、章程和原则行事。

五是传媒的发展传播学理论。其认为国家的发展，尤其是经济的发展，是发展中国家的首要任务。新闻媒介要给发展创造良好条件，通过宣传树立国家形象、贯彻落实政策、凝聚鼓舞人心；通过引导化解矛盾、整合社会、团结人民；通过交流献计献策、形成共识、齐心协力；通过反映守望环境、了解民情、监督权力。

此外，还有发源于法国、英国等西欧国家的批判学派和民主参与理论。这些理论认为垄断资本掌握了大量文化产品，把它们作为盈利工具，传媒的社会责任论在实践中无法实现。公共传播机构日益官僚化使人们对社会责任论的失望进一步加深，于是提出民主参与的新闻思想，反对新闻媒介的集中垄断和政府控制，主张公众和社会团体民主参与，发展小规模、社区化、双向性、受众广泛参与的媒介。他们的批判是深刻的，方案是理想化的，新媒体对这种理想提供了很大的支持，但迄今对新闻事业的总体影响仍较有限。

社会中会有不止一种传媒理论影响其新闻事业。当今许多西方国家既以社会责任论为主导，又承袭了自由主义传统。在许多第三世界国家，既有发展传播学的影响，又借鉴了西方资本主义国家或社会主义的传媒思想和理论。中国采用社会主义的传媒理论和体制，同时也吸收社会责任论、发展传播学和民主参与理论的有益思想。

四、新闻产业

产业是指国民经济中较大的行业，如纺织产业、电子产业，或按一定标准划分的众多行业的集合，如第三产业、信息产业、文化产业、传媒产业。新闻产业就是新闻传播产业，简称新闻业。

新闻业起初只是一种行业，约相当于报刊业，而现在则成了多个行业的集合体，包括报业、广播电视业、新媒体行业、通讯社等，包含各种关于信息、媒介等的产品和服务，是新闻事业的主要部分。

在大众传播时代，新闻传播产业只是传媒产业的一部分，而在新媒体时代，尤其是移动传播时代，新闻媒介与个别传播、群体传播的媒介融合在了一起，新闻传播产业也就与以电脑和手机为渠道的各种相关产品和服务融合在了一起。

科学地认识、利用新闻业的产业特点和规律，不仅能提高经济效益和市场竞争力，而且能提高新闻质量，有力推进新闻事业的发展。反过来，新闻产业的发展，也有赖于新闻事业的体制、政策、管理等的改进，新闻媒介传播力、影响力的提升。

第三节　新闻规律

规律就是事物之间的必然联系，即内在、本质的，有稳定性、趋势性的联系。这种联系存在于事物的内部和外部关系之中，在一定条件下会反复出现，从根本上决定事物的变化和发展。规律不以人们的意志为转移，但可以被人们认识和利用，往往表现在相应活动的要求上。新闻规律就是关于新闻现象和活动的规律。

一、内部规律和外部规律

新闻规律可分为内部规律和外部规律，[①]两者相对独立又相互影响。

狭义上的新闻规律就是新闻内部规律，即新闻传播活动自身内部关系

① 丁柏铨.新闻理论新探［M］.北京：新华出版社，1999：28.

的规律，包括新闻与新闻活动各个环节之间的关系、各个环节相互之间的关系。①

新闻活动的环节从内容生成角度来看，包含信息搜集和加工、制作等；从信息传播角度来看，其包括新闻信息源、传者、内容、媒介、受传者、效果形成、信息反馈等。内部规律也就可分成相对独立又相互影响的新闻生成规律和传播规律，传播规律又可分成发送规律、接受规律、效果生成规律，它们也相对独立又相互影响。

广义上的新闻规律还包含外部规律，即新闻现象、活动及其各个环节与社会之间关系的规律，包括与社会大系统和政治、经济、技术等各个子系统之间相互关系的规律，如新闻与信息、宣传、舆论的关系，新闻媒介对个人、群体、组织和社会的影响，新闻媒介的社会作用和社会对新闻媒介的反作用，新闻传媒的经济效益和社会效益，新闻传播的发展取决于社会需要和条件，政治体制、科学技术、生产力发展水平对新闻体制、机构和媒介的决定性作用，新闻事业受制于全社会的传媒素养和新闻素养。

在新媒体、移动传播、人工智能时代，新闻规律又有新的变化和发展，包括非新闻职业性机构和个人传者，乃至机器人传者，对新闻生成和传播的影响，对新闻媒介、事业和产业的影响，都会对新闻规律产生影响，如用户生成内容（UGC）、算法生成和发送内容，都会对新闻生产和传播规律产生影响。

二、一般、普遍规律和具体、特殊规律

不同层次、媒介的新闻活动有不同的规律，成为不同的研究对象，形成不同的学科，包括全人类的新闻活动，不同国家和地区的新闻活动，不

① 谢金文.新闻学导论［M］.北京：清华大学出版社，2014：3.

同媒体、不同环节和方法的新闻活动，形成普遍意义上的新闻学，各个国家或地区的新闻学，广播电视、网络传播、移动传播等不同媒体和传播形态的新闻学，以及新闻采访与写作、新闻编辑与评论、新闻摄影与摄像、人工智能传播等不同环节和方法的学问或学科。

如果把人类新闻现象与活动规律视为一般、普遍的新闻规律，那么某地方、某国家、某时期、某类媒体的新闻现象和活动规律就可视为具体、特殊的规律。如果把某个环节的规律，如新闻采访、新闻媒介规律，视为该环节的一般、普遍规律，那么该环节在某地方、某国家、某时期、某类媒体的规律，就是其具体、特殊规律。

三、新闻传播的要求、方法与规律的关系

认识规律是“知”，是认识世界；提出要求是“行”，是改造世界。新闻规律会衍生、反映在一系列新闻传播的要求和方式方法中。例如，新闻传播要真实、新鲜、公众需要；要全面、客观、公正、平衡；要准确具体、信息量大，简练清晰、朴实易懂，鲜明生动、可读（或视、听）性强，有的放矢、针对性强；要科学把握新闻与报道、宣传、舆论的区别和联系；要注重社会效益，避免虚假、不良、有害或侵权的内容等。

这些要求背后就有新闻传播的内部规律和外部规律，如新闻的真实、新鲜，传播对象需要程度越高，新闻价值就越大，传播效果就越好；新闻报道越全面、客观、公正，其质量就越高，越有反映和告知作用，符合人们对新闻的需要，越能避免、纠正主观片面和决策失误；新闻传者有把关作用，会影响新闻的真实、全面、客观、公正，受传者的选择性注意、理解、接受和记忆影响新闻传播的有效性；新闻媒介的社会效益与传播力、影响力、经济效益相辅相成等。

新闻传播方法广义上包括客观报道、主观报道、各种体裁的报道等方式，新闻策划与选择，采、写、编、评、摄等方法。它们的形成和发展与新闻传播的要求类似或相连，一般先观察现象，摸索经验，总结方法，提出要求，逐步深入到对本质、规律的认识，然后又从对规律的认识到进一步自觉、全面、准确地把握要求，改进方法，如此循环往复，以至无穷。新闻理论与实践就是在这样的过程中不断向前发展。

四、新闻媒介的规律

新闻媒介使新闻通过媒介与外部发生联系，其规律属于新闻的外部规律。新闻事业和新闻传播产业也是如此。

社会的新闻媒介系统有实体存在的部分和无形的部分。前者有新闻媒介、新闻机构和社会管理机构，如党政机构和行业组织，后者包括思想理论、体例制度、政策法规、职业道德和规范。它们既相互影响，又都对新闻传播事业和产业有直接的影响、制约。其中有媒介之间的影响、社会管理的影响和思想理论的影响。

新闻媒介的发展受到需要和条件的影响和制约。

个人和社会的信息、宣传、文化、娱乐等需要，使新闻传播、媒介、事业、产业应运而生，不断演进。其中，尽可能随时、随地、随心、随意进行传播的需要，使新闻活动和媒介发展更快、更广、更多、更方便；政治、经济、文化、大众社会、人民生活等需要，决定了新闻体制和机构、媒介和内容。

需要有合理的和不合理的，后者受到抑制，前者得到发展和尽可能满足。而这些又取决于人们的认识水平和支配者的意志。

传播条件包括物质、技术条件和社会环境条件。物质、技术条件带来传播能力的提升，人类物质文明、传播技术的每一次重要进步，从发明纸张、印刷、电报、广播、电视到现在的新媒体，都使新闻媒介的质和量出现巨大的飞跃，如印刷、声光、电子技术之于报刊和电子媒体的发展。

社会环境条件主要为政治、经济、文化、社会（包括受众）条件，集中反映、体现在新闻体制、法规、政策、伦理等规范中。

五、“两业”的共同规律

新闻传播事业与产业也离不开量变到质变、否定之否定、波浪式前进等各种事物发展的一般规律，同时也有自己的独有规律，其中又含“两业”的共同规律和各自独有的规律。

“两业”的主体部分都是新闻媒介。大部分新闻媒介既属于事业，又属于产业，“两业”是你中有我、我中有你。

“两业”的发展主要表现在新闻媒介系统内部因素和外部因素的作用上，并且要尽可能实现社会效益和经济效益的统一。

中外传播历史和现状告诉我们，政治制度和体制决定了新闻体制，经济、科技水平决定了传媒业发展水平，社会的价值取向、文化传统和受众的文化程度制约着传媒的内容和形式，人们随时随地、随心随意进行传播的需要促进了传播工具和方法的发展。简而言之，社会需要和社会条件决定新闻体制和管理、机构和媒介，乃至新闻思想和理论、教育和研究。

六、“两业”的各自规律

先看新闻事业的独有规律。新闻事业的主体——新闻媒介，总是会受到各种政治、经济、社会势力的影响和控制，因为其有很大的社会影响力，有设置议题、授予地位等多种功能。有些影响和控制是必要的，有些则是为少数人利益服务的，社会必须有所警觉和防范。

新闻媒介的发展总是要从少数统治者掌控走向人民大众掌握。这也是一种民主化，虽然有时会有反复。与此相应，新闻媒介的内容也趋于民主化、多样化，功能从单一趋于多元。这是人类的明智选择。在新闻传媒市场化运行时代，新闻事业又会受到新闻传播产业规律的很大影响。

再来看新闻传播产业的独有规律。新闻传播产业的发展受到市场规律的影响，包括受到新闻及其媒介市场的供求机制、价格机制、竞争机制的影响。与此相应，新闻传媒也会从自由竞争走向垄断竞争、寡头垄断，产业主体——新闻机构，也趋于规模化、集中化、垄断化。其中有利有弊，需社会统筹兼顾、全面把握。新闻传媒机构和媒介市场趋于跨媒体、跨地区和全球化，其中有机遇、有挑战，需积极应对、及时改进。

新闻传播产业又受到新闻事业规律和要求的影响。这种影响有的是一种制约，如在统治者把新闻媒介仅作为自己的统治工具时，或新闻媒介片面追求经济效益而损害公共利益时；有的又是一种促进，如可推动媒介繁荣，提升媒介声誉和效益。

第一章
中国古代报刊与社会发展

中国古代报刊曾遥遥领先于世，后又被欧洲全面超越，反映了社会需要和条件的状况与变化，反过来又影响了社会的发展，维系了中国古代的超凝滞性，使之没能发展出民主政治、市场经济、现代文化和大众社会。从中可见政治、经济、文化、技术等因素与新闻媒介的相互作用。

第一节　中国古代报刊领先于世

中国古代报刊在形态和内容上都与近现代报刊有很大不同，因此“古代”二字既指时代，又指一种特定的报刊种类。而在时间上，近现代报刊在清朝覆灭之前将近一百年时已在中国出现。

尽管如此，中国古代的邸报等已有向社会连续传递信息的纸质报刊性质。时间上，其远早于其他国家出现的媒介。在技术上，中国“四大发明”中的造纸和印刷很早就被用于报刊。在形态上，一页多条、一期多页领先世界几百年。在内容上，民间私自发行的“小报”丰富多样，虽一直被视为非法的，受到官方打压，但始终难以禁绝，反映了社会需求的根本性推动力。在流通上，在宋代就有卖报刊的专门商店，而那时世界其他地方的手抄报刊还没出现。

一、最早诞生

中国古代报纸分为三种，第一种是官报，称为邸报。邸就是高官的住所，或兼办公处，如美国的白宫、英国的唐宁街10号。第二种是民间报纸，称为“小报”，属于非法出版物。第三种介于上述两种之间：民间版本的邸报，内容与官方的邸报大同小异，重要的是融入了报人自己采写的内容。

邸报的源头之一是朝政公报。唐代后期的散文家孙樵就曾在襄汉一带收集了几十幅抄件，所记的都是唐朝开元年间（713—741）皇帝和朝廷的动态。孙樵就此撰文《读开元杂报》。这些抄件是当年的朝政公报，即朝廷的情况通报，逐条记事，传布于各地。[①]

邸报的另一源头是一种情况汇报。在唐代中期，就有地方驻京邸官以书信向当地高级官员报告京都情况，包括朝廷发布的皇帝谕旨、皇室动态、军政大事等，以及邸官采集的本地官员在京所办大事进展、在京人员情况、朝廷机密等。起初其基本属于上行官文书，接近情报，后来有些内容又由地方高层机构抄传给下属机构。

公元777年，邸被改称为进奏院，邸的长官称为进奏官，那些情况汇报也被称为进奏院状（状是古代的一种上行官文书）或进奏官报（报告）。[②]

---

① 方汉奇.中国新闻事业通史：第1卷［M］.北京：中国人民大学出版社，1992：21.

② 方汉奇.中国新闻事业通史：第1卷［M］.北京：中国人民大学出版社，1992：29.

唐代进奏官可以自行采写、传播朝廷信息，此时被认为是中国古代新闻传播自由程度空前绝后的时期。

公元981年，朝廷设立了钤辖诸道都进奏院（通称都进奏院），统一管理各州进奏院的业务活动。公元983年，都进奏院被改组成中央政府的一个官署。

公元999年，宋真宗下诏，令进奏院将拟抄发下去的报状，每五日一次抄送给最高行政机构——枢密院，由枢密院最后批准决定是否向各地抄报，形成邸报的内容样本，传播过程中只能照抄，不得增删。该制度被称为“定本”制度，至此官报形成。定本制度始于宋朝建立39年时，持续70年后几经废兴，最后延续到南宋灭亡，前后绵延280年之久。

宋朝是一个高度集权的朝代。与唐朝的进奏院状相比，宋朝的邸报有以下不同：邸报是在封建中枢部门统一管理下，按一定制度和版本，一式多份地发往诸路州郡；邸报的读者逐渐扩展到中央和地方的各级官员及士大夫知识分子；邸报的信息量逐渐增加，新闻的时效性也有所增强；邸报定期连续发行，从每月、逐旬、每五日到每日都曾出现过。邸报属于官方选定内容和加工制作，主要通过官方渠道发行、情况通报性的官报。其他报纸则受到压制，屡遭禁止。此后的朝代相继效仿。

二、民间报刊

北宋时已可花钱到官府抄录邸报，并已有公开出售的邸报，南宋还有专卖邸报的商店。这给民间小报的出现带来了方便。

“小报”是当年对民间报刊的蔑称。它们是北宋末期社会动荡不安、内忧外患的产物，也是宋代商品化的结果。当时一些胆大的进奏院及中央各官署的官吏等，将人们很想了解的新鲜信息编为小报，以邸报的面目叫卖于街市。北宋和南宋都曾颁布过不少诏旨和法令，限禁小报的出版，查缉和惩治小报的发行人，此后小报也常受到严禁，重赏捉拿小报发行人，重刑处罚。但小报仍然屡禁不止，甚至越来越多。

小报在偷偷售卖时被称为新闻。“新闻”一词最早出现于唐代，当时指奇闻逸事，用于称呼小报是第一次将其与报纸联系起来。

明朝初期，报刊仍领先于其他国家。明代以后出现了民间报房和抄报行业，专门从事抄印、售卖邸报等。商人相互竞争，有的买通太监或官员的小厮，将奏章等内容提前透露出来，录进邸报进行贩卖，形成民间的邸报。此外，报房也贩卖一些社会新闻。[①]

第二节　中国古代报刊被全面超越

一、技术和样态

从技术来看，中国在公元650年左右就出现了雕版印刷品，北宋初期就出现了雕版印刷的邸报。北宋庆历年间（1041—1048），毕昇发明了泥活字印刷，比西方早400多年。元、明时期又出现了木、锡、铜、铅活字，这些都处于世界领先水平。然而活字印刷迟迟没有用到新闻传播上。直至明代覆亡前6年，即1638年，中国才出现活字印刷的邸报，比西方活字印刷周报还晚30年。

欧洲在14世纪才出现“手抄新闻”。15世纪中叶，德国人古登堡在中

① 方汉奇.中国新闻事业通史：第1卷［M］.北京：中国人民大学出版社，1992：56.

国的造纸与油墨技术、朝鲜的金属活字印刷技术等基础上，创造了金属活字机械印刷术，1457年就被用于印刷新闻纸。[①]这种印刷术很快传到欧洲许多大城市，16世纪前后许多带有新闻性的小册子和传单出现。印刷机的改进又不断推进现代书籍和报刊的发展，扩大了知识、信息和思想理论的传播，推动了欧洲的宗教改革和社会革命。人类由此进入印刷媒体时代。

中外报刊样态有相似的形成和发展变化过程：从单页的新闻纸到多页装订成册的“新闻书”，到报纸与期刊合一、大量内容不是新闻性的，再到报纸与期刊分家，报纸又仅为散页不装订、以新闻性内容为主，现在又螺旋式上升为报纸增厚、纳入大量的非新闻性内容。

然而中国古代报纸直到清朝末年仍然是书册状的，报与刊不分。欧洲自1650年出现日报，报与刊在时效和样态上日益分家，很早就形成了今天的样式。此外，中国的邸报是相同的版本，没有不同的刊名；欧洲报刊是办报人自行采编的，有不同的刊名相互区分，这些都便于充分发挥报和刊的特长与作用。

二、体制和内容

宋代以后的报刊体制基本沿袭宋制：朝廷集权，官报一统，民间小报是非法的。如在清代，官报的内容往往由皇帝亲自决定，制作发行经由通政使司、六科、提塘三个环节。通政使司的主要任务是“出纳帝命，通达下情”，收受臣僚奏章。官报刊发的大量奏章就来源于此。六科是发抄皇帝谕旨、臣僚奏章和官报的机关。清初沿用明制，六科自为一署，设吏、户、礼、兵、刑、工六科掌印给事中。提塘是一种官，主要负责公文的上传下

① 陈力丹.世界新闻传播史［M］.3版.上海：上海交通大学出版社，2016：28.

达和官报的抄传发行。提塘有京塘、省塘。京塘指各省设在北京的提塘，由各省和兵部管理。驻各地省会的提塘通称为省塘。省内一些大的州府也都设有府一级的提塘。他们由兵部和地方府县双重领导。

清代也有些私报，包括民间的邸报和小报。前者与官报大同小异，内容全部来自内阁和科抄，没有报房自己采写的新闻，也没有任何评论，仅在上谕和奏章的选择上各报房不尽一致。运作过程中严守当局的禁令，旨在营利。后者主要出自提塘为了抄印邸报而自设的报房，也称抄房。康熙末年，曾以上谕的方式禁止小报，但没有效果。雍正四年（1726），小报报道雍正游园活动失实，发行这一小报的何遇恩、邵南山两人被处斩刑。这是已知最早的中国报人因办报被杀事件。此后雍正、乾隆两朝一再查处小报，小报才完全被禁。

西方则经历了自由出版到官方严管，再到争取出版自由的过程。其间的严管也不是朝廷直接来办，而是特许一些公司等来办。18世纪后期，在宪法性文本中载入了保障出版自由的条款，如1789年法国的《人权宣言》、美国的宪法修正案；又经过一百年左右的争取，确立了有关的专门法律，如1881年法国出台《新闻出版自由法》。

19世纪初出现了不少以广告为主要收入、零售价仅一美分（美国）或一便士（英国）的廉价报纸，这种报纸普通大众也能买得起，因而成为面向大众的而不是像以前那样只面向有钱小众的报纸。然而这种报纸经营很难，时生时灭。直到19世纪30年代，以美国的《纽约太阳报》为标志，廉价报纸获得成功，随后涌现了一大批类似的报纸。新闻媒介从形态和内涵上都演进为现代报纸。

19世纪后期，以普利策于1883年接办的美国《纽约世界报》的成功为标志，高级商业性报纸成为主流。同时，报社进入现代化经营，报业集团也在美国和欧洲出现。

从内容来看，唐代进奏院状和宋代邸报的内容主要为：①皇帝的诏旨和活动；②官吏的任免和臣僚的奏章；③战报、法令、刑罚等大事要务。此后历代邸报也大致如此，收录的基本只是朝廷、官府想要发布的通报。若以促进经济发展、社会进步、人民幸福来衡量，中国古代报刊则一开始就没多少领先可言，后来与世界近现代报刊的差距日益扩大。

欧洲从14世纪至17世纪，随着商品经济的发展，货价、船期等市场、交通、运输信息及与经济活动相关的政治、社会信息越来越受到关注，出现了相应的手抄小报、印刷新闻书和新闻传单、周报、日报。这些媒介主要在商贸中心发展，起初在地中海附近的水城威尼斯，后来在安特卫普［欧洲人发现美洲大陆、实现环球航行以后，国际商贸中心转移到大西洋沿岸的港口城市，尤其是尼德兰（相当于现在的荷兰、比利时、卢森堡地区）的安特卫普］。此后的廉价报纸和高级商业性报纸，向读者和社会需要的政治、经济、文化、社会、娱乐等内容不断拓展，政论性报刊也在传播新思想、新理论方面发挥了很大的作用。

第三节　中国古代报刊领先和落后的因果

中国古代新闻事业有过令国人引以为傲的世界之最——最早产生报纸，最早采用印刷，也有令人费解的问题，如虽然活字印刷发明早于西方400多年，但采用活字印刷却晚于西方。发展时间最长的中国古代报刊没有发展为近代报刊，而是被西方式近代报刊取代了。这是中外政治、经济等各种因素合力的结果，其反过来又影响了社会的发展。对此进行观察和思考，有助于我们认识中国古代的超凝滞性，认识媒介与社会的互动关系。

一、从国内来看

华夏文明、汉唐文化成熟较早，孕育报刊的需求和条件也出现较早，造纸、印刷、油墨技术还传到了韩国、日本、欧洲等地，催生了那里更先进的技术和报刊。

然而朝廷高度集权、独尊儒术罢黜百家、重农抑商的政治和文化制约了商品经济和多元社会的发展，报刊也受其限制，不能全面发挥信息传递、意见交流的功能，更谈不上舆论工具的作用，基本只是维护专制统治的工具。中国古代社会一方面演进缓慢，具有超凝滞性，另一方面权贵争斗、农民起义、改朝换代，震荡剧烈。这与统治者对信息和言论的严加控制，新闻媒介发展缓慢、功能单一互为因果。

具体来看，中国的“四大发明”中，造纸和印刷都是报刊发展的重要条件，且远远早于西方，然而体制和内容使中国古代报刊的发行量很有限，因此缺乏采用更先进技术的动力。北宋的邸报和小报已有雕版印刷的，但仍以手抄为主，价格较贵，基本仅在官员、士大夫、富商中流传，清代初期还有禁止“胥役市贩”阅读官报的记载。这样的报刊不是真正的大众媒介，其社会作用也有很大的局限性。

中国先有官报，而在一些西方国家先有民间报纸，这反映了中国皇权统治成熟较早，也反映了在当时中国自给自足的自然经济社会中，民间对新闻信息的需求还不够充分。

中国古代统治者对报刊高度集中管制，将其作为控制社会的重要手段，近代以后报刊仍以宣传作用为主。民间报刊被蔑称为“小报”，且长期被视为非法出版物。这直接导致中国报刊发展缓慢，并成为中国封建社会长期延续、具有超凝滞性特征的重要原因之一（史学界称之为“超稳定性”，笔者以为用“稳定”来描述不确切。中国封建社会农民起义屡屡爆发，往往席卷全国，乃至推翻整个朝代，这都是不稳定因素长期积累的结果）。

严格管制下的古代报刊维系着统治秩序，掩盖了众多的不稳定因素。新闻媒介的信息传递、意见交流、舆论监督等作用，对政治、经济、文化、社会的推进作用都得不到应有的发挥，如经济信息得不到及时沟通，新的思想观念得不到有效生长和传播，许多经济、社会、文化、政治问题得不到新闻媒介的反映、揭示、讨论，没有群策群力地解决，相反在不断积聚、发酵，直至爆发，发生改朝换代。新上台的统治者并没带来根本性的变化，只是承袭旧制，进入新的循环，因此几千年来并无多大进步。

中国古代官办的邸报有1200年左右的历史，民办的小报有近千年的历史，民间报房出版的邸抄、京报有近400年的历史。但从内容到形式，这些都没有发生多大变化，没有发展成由报人自行采写新闻、发表评论、安排版面、反映在形态上有各种特定刊名的近代报刊。京报只能抄录官方信息，封面上的“京报”字样只相当于一种物品名。到了清朝末期，随着近代报刊的兴起，京报便消亡了。

二、从世界来看

欧洲的古代民主制萌芽于古希腊罗马时代。14世纪开始的文艺复兴、宗教改革和启蒙运动，又促进了民权思想的发展、现代民主制的建立，促进了市场经济、城市文明、资本主义对封建主义的取代和科学技术的进步。新闻媒介既受益于这个过程，又推动了这个过程。

欧洲的民间报纸在资本主义经济的发展中获得了快速增长的需求和条件。那里的封建统治者也控制报刊，但各地控制程度不一，有的地方稍松，这些地方的报刊又流传到其他地方。而报刊的发展又加速了新的信息和思想的沟通、封建主义社会向资本主义社会的过渡，加速了资本主义社会的发展，乃至社会主义思想的出现和传播。

从世界文明的发展来看，内陆性的农耕文明以乡土社会为主，主要靠人情关系凝聚，人们的活动范围较小，视野较窄，思维容易保守封闭；海洋性的工商文明以城市社会为主，主要靠契约关系凝聚，人们的活动范围较大，视野较宽，思维容易广纳百川。新闻媒介可帮助社会从农耕文明向工商文明转型——从人治、关系经营、拉帮结派向法治、价值经营、自我奋斗发展，从专制、迷信向民主、科学发展，从传统的家族社会向现代的大众社会发展。中国古代报刊没能起到这样的作用，最终被来自欧洲的新型报刊模式淘汰。

第二章

中国近代报刊与社会发展

中国近代新闻事业的形成，当以1815年第一种中文近代报刊出现为发端，至1894年至1895年甲午战争，此后至五四运动时期为深入发展期。

许多近代报刊在形态上仍是报和刊不区分的，但在内容和形式上与古代报刊已有很大的不同，其功能也与古代报刊主要为封建统治者的工具有很大不同，具有传递社会信息、交流各种意见、传播先进思想文化等功能，为中国走向现代化开辟了道路。

第一节　外报及其影响

新闻史学界把外国人在中国办的或主要在中国发行的中外文报刊统称为“外报”。19世纪初，英国教会为了在中国扩大其影响，把报刊作为重要的宣传工具；外国经济、政治势力为推开中国大门，也深感有出版报刊的必要，于是中国出现了最早的近代中文报刊。与此同时，随着长驻中国的外国人增多，不同语种的外文报刊在中国相继出现。

从1815年第一种外报出现到19世纪末，外报共有200种左右，占这一时期我国近代报刊总数的80%以上。

一、外报的兴起

西方人来办的中文报刊主要用于宣传，作为向中国扩张的先驱，客观上促使中国成为半殖民地，同时也带来了西方文明。他们来办的外文报刊，主要是让来华的洋人了解情况、认识中国和商讨对策，因此更多地反映了当时中国的情况和外国人的态度。

1.最早的外报

1815年8月5日创刊的《察世俗每月统记传》为月刊，雕版印刷，最初每期5页，印500册，后来页数略多，印量最多时达2000册。该刊创办于南洋马来半岛南端的马六甲，在东南亚免费散发，也偷运进中国。

创办者马礼逊是英国的海外传教组织伦敦布道会传教士。他于1807年到达中国，3年间学会了中文，不久译完了《圣经》，还编纂了《华英字典》。协助他办刊的有1813年来华的伦敦布道会传教士、实际创刊人、主编米怜，以及中国印刷工人梁发等。梁发不仅成了教徒，还成为新教（耶稣教有三大教派：新教、天主教和东正教，马礼逊属于新教）的第一个中国人传教士，著有《劝世良言》，该书对太平天国领袖洪秀全产生了很大影响。

《察世俗每月统记传》以传扬基督教为根本要务。在其先后发表的244篇文章中，直接宣传教义的有206篇，占总数的84.4%；关于科学文化方面的文章有29篇，占11.9%；关于义务办学校、办济困会等告白、章程的有9篇，占3.7%。1821年12月，该刊因主编米怜病重而停刊，共出80多期。

2.最早在中国办的近代报刊

若不计中英文合刊、1828年创办于澳门、不久被查封的《依泾杂说》，不定期出版、在澳门办了不到半年（1833年4月29日至10月17日）的《杂闻篇》，外国人最早在中国创办的近代中文报刊则是1833年8月创刊的《东西洋考每月统记传》。该刊在广州创办，版式与《察世俗每月统记传》相似，也是月刊。创办者郭士立是普鲁士人，入荷兰教会，由该教会派来东南亚传教，之后又脱离荷兰教会，投靠更强大的英国。其主要办刊意图并不是传教，而是宣传西方文化优越，破除中国人的骄傲自大和拒斥洋人心理。因此该刊虽以宗教的形象出现，却以政治、经济、科学、文化等内容为主。在形式上，该刊文字通俗，文风简约，长文分期连载，每期有目录，言论栏目也较为固定。当时在中国出版近代中文报刊为非法，因此该刊曾两度中断，后又迁至新加坡出版，1838年停刊。

最早在中国创办的外文报刊，是1822年9月12日在澳门创办的葡萄牙文《蜜蜂华报》。该刊为周刊，由葡萄牙执政党人创办，1823年12月停刊。比它更早创办的还有葡萄牙文《消息报》，但其只是在澳门修道院内流传的内部报纸。[①]

3.初期外报总况

在鸦片战争前的外报中，外文报刊的数量远远超过中文报刊数量。中文报刊仅3种，加上在南洋出版的《察世俗每月统记传》等，也仅6种，而外文报刊则达17种左右。而且外文报刊一般规模较大，出版时间也较长，有的长达十几年或二十几年，而6种中文报刊最长的为6年，有3种只出了一年左右。

1840年6月开始第一次鸦片战争后，香港新出现了许多外报，外国人还在广州、宁波、福州、厦门等通商口岸创办报刊。1856年至1860年第二次鸦片战争后，汉口、九江、南京、镇江、天津、烟台、潮州（后改为汕头）等地也成为通商口岸，这些地方也创办了外报，且外报逐渐扩展到中

---

① 陈昌凤.中国新闻传播史：媒介社会学的视角［M］.北京：北京大学出版社，2007：25.

原腹地，直至北京。由于地理位置、进出口贸易、外国人数量等因素，上海逐步取代香港成为外报基地。

各地出现的第一份报刊往往是外国传教士创办的宗教性报刊，随后是商业性报刊。

二、外报在华影响

在中日甲午战争前，外报处于垄断地位，所出版的中文报刊有80多种（不包括在海外出版的），外文报刊有120多种，涌现出一批有重大影响的报刊。

在政治和经济上，外报积极为打开中国大门，扩大在华利益服务。外文报刊虽然露骨地叫嚣以武力对付中国，但其对中外经贸往来、对中国的政治变革和工商业发展也起了一定的推动作用。

在思想文化上，外报大量传播了西方的文化思想、政治思想和科技、人文、社会知识，虽有令中国人尊崇他们和加入其宗教等意图，但客观上对中国人打开眼界，打破思想文化禁锢，了解、学习先进文化科学知识，对维新思潮的兴起和发展，都起到了很大的解构和建构作用。当时中国的一些最先进的知识分子大都深受外报的影响。

在新闻事业上，外报带来了新的报刊样式和办报模式、新的报刊理念，连同其自主办报的行为，推动了冲破清政府的限禁，使中国近代民族报刊兴起。

外报还传播了新闻出版自由思想。1831年7月《中国差报》出版后，美国商人威廉·伍德在发刊词中，甚至发表的文章里开始有意识地传播西方自由主义新闻理念。1833年6月，《传教者与中国杂报》被澳门当局查封后，马礼逊在《广州纪录报》发表文章《印刷自由论》，控诉澳门当局迫害新闻出版自由的恶劣行径，此文成为中国近代史上最早为捍卫言论出版自由而撰写的表达自由主义新闻理念的文章。[①] 1834年1月，《东西洋考每月统记传》上刊发《新闻纸略论》，这是第一篇传播自由主义新闻理念的中文文章。文中介绍了西方报纸的发展过程和现状，“惟初系官府自出示之，而国内所有不吉等事不肯引入之，后则各国人人自可告官而能得准印新闻纸，但闻有要先送官看各张所载何意，不准埋论百官之政事。又有的不须如此，各可随自意论诸事，但不犯律法之事也”，“于道光七年，在英吉利国核计有此书篇共480多种，在米利坚国有800余种，在法兰西国有490种也。此三国为至多，而其理论各事更为随意，于例无禁，然别国亦不少也”，反映了新闻出版自由的实践。外报更多的是通过其办报实例传播新闻出版自由思想。

在办报方法上，包括新闻实务、经营管理等方面，外报也提供了近代报刊的业务经验、技术手段和实物样本。在人才上，外报锻炼了一些曾在其中工作过的中国人，如后来自办报刊的王韬。然而，外报的垄断地位又限制了中国民族报业的生长空间。

第二节　国人自办近代报刊及其影响

随着外报越来越多，国内一些有识之士看到了新报的强大社会作用，学到了办新报的理念和方法。同时，中国的资本主义经济成分也有了一定的发展，尤其在香港、广州、上海等地，其为国人自办近代报刊提供了信息和广告需求。更重要的是，中国先进人士的维新变法思想日益强烈，迫

① 邓绍根，毛玮婷.西方自由主义新闻理念在中国早期传播的历史考察［J].新闻记者，2015(8)：75-80.

切需要通过报刊进行宣传。

国人自办近代报刊之初数量很少，大多数持续时间不长。主要报刊大都以宣传维新思想、发表时事评论为重，商业性内容虽也不少，甚至占大多数篇幅和主要版面，但往往是“经济搭台、政论唱戏”，对传播先进文化和维新思想、表达救世济民意见都发挥了重要作用。

一、利用和参与外报

我国最早认识近代报刊社会作用的重要人士是林则徐和魏源。1839年，林则徐被清政府任命为钦差大臣，到广东查禁鸦片。鉴于文武官员不知西洋“夷情”，外事活动处于被动，他提出“探访夷情，知其虚实，始可以定控制之方”，同时收集、翻译外报，进行调查研究。魏源也提出，只有“夷情备采”，才能“知己知彼，可款可战”。他在编撰的《海国图志》（1852年完成100卷）中，提出了“师夷长技以制夷”。

1839年3月，林则徐一到广州，立即组织梁进德（梁发的儿子）、袁德辉等人翻译、选编外文报刊。选编的报刊除了在澳门出版的《广州周报》《广州记录报》，还有在澳门能购买到的新加坡、孟买、加尔各答、悉尼等地出版的报纸。他们把其中关于禁烟、兵事、各国夷情、鸦片贸易等的重要信息和言论译成中文，提供给两广总督、广东巡抚、海关和军方，并抄报朝廷。后来内容汇编成册，称作《澳门新闻纸》，这成为我国最早的译报。之后林则徐又选择其中部分内容，按性质进行分类和加工，编为5辑《澳门月报》，即《论禁烟》《论兵事》《论茶叶》《论中国》《论中国夷情》。

上海的《西国近事汇编》也是译报汇编刊物，由上海江南制造局主办，于1873年4月创刊，选用英、美、法、瑞典等国报纸的时事材料，由外国人口译、华人书写，每日或数日择译要闻十余条，送官绅阅览，并汇编成册，在小范围内不定期发行。从1875年2月起，刊物公开发行，仍为不定期，每期三五百本，1898年停刊。

早期外国人所办中文报刊，大都有中国人参与工作，有些还由中国人主持笔政。除了王韬，与王韬有较长友好合作关系的陈蔼廷也是其中的佼佼者。他长于西学，1871年被英文报《德臣西报》聘为副主笔兼司理翻译事宜，主持《中外新闻七日报》和《香港华字日报》。

二、自办近代报纸

国人自办的第一种近代报纸，也诞生在海外华侨聚居地。1856年12月，《沙架免度新录》在美国加利福尼亚州萨克拉门托创刊，这也可能是世界上第一份华文日报，但持续时间不长，1858年停刊。

国人在国内自办的第一种近代报纸，有的说是1872年在广州出版的《采新实录》，但其早已失传，具体情况不可考，因此研究者一般仍把《昭文新报》视作最早的报刊。该报于1873年8月8日由艾小梅在汉口创办，初为日刊，后改为5日刊。其仿照外报样式，内容则以奇闻逸事居多，间有诗词杂作。该报印数不多，持续不到一年。

1874年2月4日，由王韬创办并主编的《循环日报》在香港出版，这是19世纪国人出版时间最长、影响最大的新报。该报取名为“循环”，是因为王韬认为，“弱即强之机，强即弱之渐，此乃循环之道然也”。报纸也以“强中以攘外，诹远以师长，变法以自强”为宗旨。

除了星期日，《循环日报》每天出版发行，每期报纸两张四版，第二版为新闻版，第一、三、四版为经济版，主要刊载行情、船期、广告等商业信息和新闻。由于经济版适应了港澳地区的经济贸易需要，因此该报能够以报养报，实现独立。

新闻版分为三个小栏目：《京报选录》《羊城新闻》《中外新闻》。每期报纸的中外新闻栏之首都有一篇政论文，自报纸创刊起10余年未变。内容涉及政治、经济、军事、外交、文化、教育、思想、社会生活等各个方面。许多文章出自王韬之手，文章短小精悍、深入浅出、立场鲜明、富于感情，后来被发展成一种新的报纸文体，影响甚大。

1884年，王韬离港返沪，《循环日报》在香港断断续续出版，至1959年终止。

这一时期，国人在上海自办报刊最多。1874年6月，中文日报《汇报》出版。创办人容闳是广东人，中国最早的留美学生之一。他集资白银万两创办《汇报》，宣称："本局为中华日报，自宜求有益于中华之事而言之，故于有裨中国者，无不直陈，而不必为西人讳"，曾多次与外报论战。

1876年11月，上海又有日报《新报》出版，日出对开一张。头版刊登一两篇中国新闻的英文译稿，"以便西士之省览，亦以便中国博学多识之士日渐观摩，以期中外一家，同轨同文"。这开了中国人办外语新闻报刊之先河。

三、戊戌变法时期

1895年4月17日，丧权辱国的中日《马关条约》签订。消息传到北京后，康有为联合全国18个省参加会试的举人，发动"公车上书"，请求朝廷变法图存。为了开民智、开官智，实现维新变法，各地维新派志士以极大的热情投入创办报刊活动。1898年6月11日，光绪皇帝下"明定国是"诏书，宣告变法。"百日维新"期间，光绪皇帝发布准许官民办报的诏书，进一步促进了各地报刊的发展，形成国人第一次办报高潮。

这次办报高潮随着维新变法运动的发展而开始、发展、高涨、结束。

据不完全统计，从1895年至1898年间，全国出版的报刊达120种，80%以上是中国人创办的。其中最主要的是倡导维新变法的报刊，著名的有《中外纪闻》《时务报》《知新报》《湘学新报》《湘报》《国闻报》等。维新派的领袖人物康有为、梁启超、严复等一时间成了最著名的报人。

国人创办报刊一开始是以政论报刊为主，在维新变法时期更是如此。通过报刊宣传维新思想、聚集同道志士、推动变法实施，成为维新派人士的首要任务和基本活动。其贡献主要有：

第一，思想启蒙。办报的知识分子认为，需要先利用报刊开官智、民智，教育官民。只有在廓清旧思想，培养新的国民意识，使民智、民德、民力诸方面合格后，才能再推行民主政体。

第二，救亡图存。办报的知识分子进行了救亡图存宣传，唤醒了许多知识分子和士大夫，使他们积极投身于救亡图存、变法自强的运动。

第三，推动变法。光绪皇帝发布数十道除旧布新的命令，内容包括政治、军事、经济、文化等方面的改革，维新派的报刊将它们广为传播，以至戊戌政变以后，顽固派对废科举、兴办京师大学堂、倡办企业、准许民间办报等变法维新措施也难以变更。

第四，促进新闻事业发展。维新派的报刊思想和活动引领了第一次国人办报高潮，而这次高潮大大提高了国人对报刊的认识水平和办报能力。

四、辛亥革命时期到袁世凯复辟

戊戌变法失败后，维新派的办报活动被以慈禧太后为首的封建顽固派镇压下去。但幸存的与后起的志士仁人继续投身于改变中国的运动中，办报刊是他们的重要活动之一，如果在国内办不了他们就先在境外办，逐步向境内渗透。

1900年，八国联军入侵，清政府面临亡国灭朝的威胁、西方强盛的刺激和现代化潮流的冲击，挟光绪逃亡至西安的慈禧太后，于1901年初发布“罪己诏”和“改革”谕旨，此后陆续推出的“新政”包括改革官制、兵制、学制和奖励工商。报刊的数量随之增多。据不完全统计，国人新办的报刊1901年有34种，此后逐年增加。其中有一批是清政府创办的官报，如1902年袁世凯主持出版的《北洋官报》，1905年张之洞主持出版的《湖北官报》。

这时中国的民族资产阶级分化为两股力量。一是以康有为、梁启超为代表的资产阶级改良派，二是以孙中山为代表的资产阶级革命派。这两股力量都用报纸宣传自己的思想、批驳对方的观点，进行了激烈的论战。我们许多人称康梁改良派为反革命保皇派，笔者以为他们与革命派都是要救国，只是方法不同。

1906年9月，清政府宣布“预备立宪”，此后制定了一系列关于报刊的律令。新办报刊数量大增，形成了国人第二次办报高潮。其中，改良派的报刊对立宪运动推波助澜，但社会影响日渐式微；革命派的报刊引领时代潮流，影响日益扩大，成为辛亥革命的舆论准备。

从1912年中华民国临时政府成立到袁世凯复辟，是中国旧民主主义革命从胜利转为失败的时期，也是进步报刊在短暂繁荣后旋即受到遏制和摧残、陷入低潮的时期。

洋务运动、戊戌变法、辛亥革命的失败告诉人们，仅仅改“器物”（物质条件）、改制度而不改思想文化，不能解决根本问题。中国需要一场思想文化革命，呼唤为此服务的新兴报刊，于是迎来五四运动时期。

第三章
中国现代新闻事业与社会发展

中国现代历史的起讫点，一般的划分是从1919年五四运动至1949年解放战争结束。而中国现代新闻事业的形成，以戊戌维新运动后期的通俗化且具有现代新思想的报刊为萌芽，以1915年《青年杂志》（后改为《新青年》）的创办为发端标志，直至1920年至1921年无产阶级新闻事业诞生。此后至1949年解放战争结束，为中国现代新闻事业的深入发展期。

中国现代新闻事业的形成和发展主要由于政治和文化环境的变化，同时又有力推动了政治和文化的革命性发展，其自身也成为这种发展的一部分。

1.形成时期

中国现代新闻事业的形成以现代报纸的盛行为标志。与近代报刊不同的是，现代报纸的内容是平民化、通俗化、现代化的，文体简明，语言是白话文，编排生动。其形成基本是在五四运动时期。

五四运动时期指的是从1917年至1921年的思想解放、文化革新运动时期，其滥觞为《新青年》倡导民主与科学、发动新文化运动，其标志是1919年的五四运动，其余波延续至1927年第一次国共合作破裂，影响则一直延续至今。

五四运动时期的辉煌在很大程度上是由当时的报刊铸就的。从《新青年》到《每周评论》，从《新潮》到《湘江评论》，一批新兴报刊成为五四新文化运动的发起者和主阵地，引领时代潮流，传播马克思主义，催生了中国共产党。在这个过程中，出现了第三次国人办报高潮，出现了中国无产阶级报刊。

中国的新闻专业化也在五四运动时期有了许多突破性发展，达到了空前水平，包括媒介状况、新闻业务、新闻队伍、新闻学研究和教育等各个方面。

2.深入发展期

从1921年至1949年，是中国共产党从崛起到受清洗围剿，到再度崛起，并最终取得政权的时期，是国民党在共产党的协助下打败军阀、取得政权、一度强盛，并最终丢失政权的时期，其中的抗日战争是共产党由弱转强、国民党由强转弱的转折点。这些变化过程决定了当时新闻媒介的发展环境，决定了国共两党的新闻政策和新闻媒介状况。反过来，那些新闻媒介也记录和影响了历史的进程。

中国共产党在1921年建党后迅速崛起，并建立了自己的党、团报刊系统，还参与了许多其他进步报刊的工作。1927年国民党发动清洗共产党人的“四一二”政变以后，共产党的发展转入低潮，在国民党统治区的报刊也丧失殆尽。1937年在面临日寇入侵、抗日救亡运动高涨的形势下，国共两党再度合作，共产党又在国统区创办和组织领导进步报刊，同时在根据地发展自己的报刊和通讯社。在抗日战争进入相持阶段时，共产党在延安根据地开展整风运动，其间进行了以《解放日报》改版为标志的新闻工作改革，确立了党的新闻工作原则和方法，它们作为传统一直影响到此后几十年的新闻政策和体制。

国民党在1927年后成为执政党，其官僚资本主义具有资本主义的形式和专制主义的实质。反映在新闻事业上，在全国建立起了新闻统制（统一管制）的体制和新闻媒介体系。民营报刊中倾左的遭限制、封禁，甚至报人遭到特务暗害，如《申报》及其老板史量才；倾右的则是官方媒介的“应声虫”，缺乏受众；不左不右、忽左忽右的如《大公报》，中间偏左、遇礁即避的如《新民报》，最后都不能见容于当局，或遭重压，或被封闭。如此统制的结果，必然是民意难申，民主不存，社会矛盾激化，官僚腐败日增，以致民心失尽，执政基础瓦解。

此消彼长，中国共产党节节胜利，其新闻事业也成为中华人民共和国新闻事业的基础。

第一节　五四运动时期的筚路蓝缕

中华民国成立后不久，袁世凯窃取辛亥革命的果实，力图复辟帝制，为此操纵报刊舆论，极力提倡封建道德和尊孔读经。1915年初，日本提出“二十一条”，加紧对华侵略，其他帝国主义国家也尽力维护和扩大其在华利益。

1915年，袁世凯露出复辟帝制的企图，8月20日，梁启超在其主办的《大中华》杂志上撰文《异哉所谓国体问题者》，痛批鼓吹帝制的谬论，京津报刊纷纷转载，传诵一时。12月12日，袁世凯宣布接受帝位，改国号为“中华帝国”，废民国年号，1916年起为洪宪元年。

全国掀起反袁浪潮，袁世凯被迫于1916年3月22日取消帝制，恢复“中华民国”年号。各地军阀拥兵自重，割地称雄，派系林立，攻伐不已。北京中央政府名存实亡。南方国民革命运动蓬勃发展，国民政府在广州崛起。

在经济上，传统小农经济受到工商业的冲击，特别是在广大农村，传统的经济模式日益崩溃。

这种局面使中国先进知识分子深深地感到，虽然有了宪法、国会、总统，但仍没有解决问题，必须重新寻求解救中国的道路。以陈独秀、李大钊为代表的一些富有远见的知识分子不再热衷于政治时务，转而进行唤起民众的思想启蒙活动，主张开展广泛的“改造国民性”运动。

在思想文化上，出现了高举民主与科学的旗帜，进行思想启蒙，向封建思想文化发起总攻击的新文化运动。在百花齐放、百家争鸣中，传统体系全面崩溃，现代精神迅速崛起，自由、民主、人权等词语日益流行。

陈独秀是新文化运动的旗手，他主编的《新青年》杂志是新文化运动的大本营，在思想文化史上和新闻事业史上做出了划时代的贡献。

一、陈独秀与《新青年》创办

陈独秀（1879—1942），原名庆同，字仲甫，号实庵，安徽怀宁（今属安庆市）人。1897年，陈独秀入求是书院（浙江大学前身）学习，开始接受近代西方思想文化，1899年因反清言论被书院开除。1901年，陈独秀又因进行反清宣传活动受清政府通缉，从安庆逃亡到日本，入东京高等师范学校速成科学习。1913年，陈独秀参加讨伐袁世凯的“二次革命”，失败后被捕入狱。出狱后，陈独秀于1914年到日本，帮助章士钊创办《甲寅》杂志。他写文章以“独秀”为笔名，源于家乡的“独秀山”。1915年，陈独秀创办《新青年》杂志，对整个五四运动时期的思想启蒙产生巨大影响。五四运动后的6月11日，陈独秀因散发声援学生的政治性传单被捕，在胡适等众多朋友的营救下，三个月后获释，但不能待在北京。于是，陈独秀化装南下到上海，筹建中国共产党。他曾在《每周评论》上说：“世界文明发源地有二：一是科学研究室，一是监狱。我们青年要立志出了研究室就入监狱，出了监狱就入研究室，这才是人生最高尚优美的生活。从这两处发生的文明，才是真正的文明，才是有生命有价值的文明。”

陈独秀说，在中国要进行变革，“必须改变人的思想，要改变思想，须办杂志”。从《国民日日报》到他创办的最后一份周刊《热潮》，陈独秀一生的大部分精力都花在办报刊上。他所创办的报刊，在宣传科学与民主、宣传革命、号召抗日救国等方面，都具有积极进步的意义，给历史留下了绚丽的华章。其中，最重要的便是《新青年》。

陈独秀将希望寄托在用新的思想文化影响青年上，设法创办了《青年杂志》，即《新青年》的前身。该刊于1915年9月15日诞生，16开月刊。陈独秀在封面上设计了刊物的法文名称和每期不同的西方名人像，每一期里都有大量的翻译小说和翻译的科学类、政治类论文，还有一些国外新闻。《青年杂志》第1期上就有一篇文章《法兰西人之状况》，认为我们要学习法兰西的革命，在整个世界大革命文化复兴中，法国是走在其他国家之前的，法国大革命后，它的民主科学思想发展得比较快，比中国进步。这也表达了陈独秀接受西方民主思想、改造中国人民的想法。

在创刊号上的首篇《敬告青年》一文中，陈独秀阐明了《新青年》的办刊宗旨六条标准：①自主的，而非奴隶的；②进步的，而非保守的；③进取的，而非退隐的；④世界的，而非锁国的；⑤实利的，而非虚文的；⑥科学的，而非想象的。陈独秀说：“国人而欲脱蒙昧时代，羞为浅化之民也，则急起直追，当以科学与人权并重。”

《青年杂志》出版半年后，每期销量只有1000份。鲁迅在《呐喊》“自序”中说，那时的《新青年》“仿佛不特没有人来赞同，并且也还没有人来反对”。周作人晚年也回忆说，印象中的早期《新青年》“是普通的刊物罢了，虽是由陈独秀编辑，看不出什么特色来”。

屋漏偏逢连夜雨，在《青年杂志》举步维艰之时，上海基督教青年会又指责《青年杂志》与他们的刊物《上海青年》在名称上有雷同、混淆之嫌，要求其改名。经过一段时期的停刊，1916年9月开始出第2卷（该刊每6期为一卷），刊名改为《新青年》，文章目录也提到封面最醒目的位置。

1916年11月，陈独秀遇到了一位改变了他和《新青年》命运的人——北大校长蔡元培。蔡元培决意聘陈独秀任北大文科学长，并请他把《新青年》迁到北京来办。陈独秀出任北大文科学长后，《新青年》的发展如日中天。一方面，陈独秀被教育部任命为全国最高学府的文科学长，这对他主编的杂志是一种无形的“广告”。胡适后来分析文学革命成功的因素时指出，陈独秀担任北京大学文科学长后，其文学革命主张成了“全国的东西”，成了一个“严重的问题”。另一方面，陈独秀进入北大后，一批北大教授加盟《新青年》，使杂志有全国顶尖文人为依托。在北京编的第3卷已有章士钊、蔡元培、钱玄同加入，第4卷又有鲁迅、周作人、沈尹默、沈兼士、陈大齐、王星拱等人加入。从第4卷起，《新青年》开始采取集议和轮值主编制，主编人有陈独秀、钱玄同、刘半农、胡适、李大钊、沈尹默等，主要撰稿人还有高一涵、陶孟和、张申府等。每期销量高达15 000份以上。

二、《新青年》的主要内容

《新青年》主要有三个方面的内容。

1.倡导民主与科学，批判专制迷信和孔教礼法

陈独秀把民主和科学称为“德先生”（Democracy）和“赛先生”（Science）。他在《新青年》上撰文说：“西洋人因为拥护德、赛两先生，闹了多少事，流了多少血，德、赛两先生才渐渐从黑暗中把他们救出，引到光明的世界。我们现在认定只有这两位先生，可以救治中国政治上道德

上学术上思想上一切的黑暗。若因为拥护这两位先生，一切政府的压迫，社会的攻击笑骂，就是断头流血，都不推辞。”

在《新青年》看来，民主和科学是新文化的代表和象征，与中国封建礼教和迷信等旧文化截然相对。兴民主，必须破专制；擎科学，必须抑迷信；倡导民主和科学，必须反对专制和迷信，批判孔教礼法。中国要倡导民主、反对专制，这容易理解，为什么同时还要倡导科学呢？科学不仅是现代化的必需，还可打破迷信，打破中国传统的君权神授、真命天子的思想理论，打破皇权专制和世袭的合法性。在中国，皇权不反对技术，但排斥科学，皇权强则科学不彰，迷信盛行，天下就成为天子的，不能是大家的。

陈独秀等认为，作为反封建武器的科学，主要指提倡求实态度和理性主义，反对神权，反对愚昧、迷信、盲从和武断。陈独秀在《敬告青年》中说：“科学者何？吾人对于事物之概念，综合客观之现象，诉之主观之理性，而不矛盾之谓也。”《新青年》对“天幸”“天罚”的天命观进行了驳斥，认为大千世界没有神灵主宰，一切自然现象都可以用科学法则予以解释，希望通过提倡科学解除迷信对人们的束缚，认为迷信导致国灭，只有科学才能救国。易白沙指出：“自古诸族，但有以鬼神亡国者，未闻可以救国者。”鲁迅表示，“要救治这‘几至国亡种灭’的中国，那种‘孔圣人、张天师传言由山东来’的方法，是全不对症的”；中国需要的是与“这些鬼话对头的科学”，而“不是皮毛的科学”。

陈独秀表示：“要拥护那德先生，便不得不反对孔教、礼法、贞节、旧伦理、旧政治；要拥护那赛先生，便不得不反对旧艺术和旧宗教；要拥护德先生又要拥护赛先生，便不得不反对国粹和旧文学。”

在袁世凯复辟帝制的闹剧谢幕半年后，1916年9月20日，康有为发表《致总理总统书》，宣扬将孔教作为国教写入民国宪法。他的主张立刻激起陈独秀等人的强烈愤慨。1916年10月至1917年6月，陈独秀相继在《新青年》上发表了《驳康有为致总统总理书》《宪法与孔教》《孔子之道与现代生活》《袁世凯复活》《旧思想与国体问题》《复辟与尊孔》等一系列政论，掀起了一场批判孔教的儒学运动。陈独秀认为，“主张尊孔，势必立君；主张立君，势必复辟”，根据“道与世更”的原则，既然提倡共和，就必须反对孔教入宪。李大钊强调，孔教是“历代帝王专制之护符也”，宪法是“现代国民自由之证券”，“专制不能容于自由，即孔子不当存入宪法”。此外，新文化同人还认为，尊孔必然导致思想不明，学术专制，阻塞民智。

批孔运动在社会上引起巨大反响，《新青年》在读者通信栏开展关于孔教的辩难，此栏目异常活跃起来，提出了“打倒孔家店”的口号。从1917年第2卷第6号起，《新青年》连续刊出四川人吴虞撰写的《家族制度为专制主义之根据论》《儒家主张阶级制度之害》《吃人与礼教》等论文，影响很大，吴虞被誉为“四川省只手打孔家店的老英雄”。

与孔教相关的一切伦理道德、家族制度、妇女问题等都成为《新青年》同人关注的对象。陈独秀认为，道德观念应随着社会的变迁而变迁，封建时代之忠孝、节义等旧道德不适于今世生存；旧道德是中国历史上、社会上种种悲惨不安的根源，中国的礼教、纲常、风俗、政治都是从旧道德中演绎出来的；中国人的虚伪、利己、缺乏公共心都是旧道德助长的，要消灭黑暗，达到光明，必须主张新道德。破除宗法制度的家族本位主义，建设个人本位的自由精神，一直是《新青年》所提倡的。

值得注意的是，《新青年》与新文化运动的“打倒孔家店”并非完全否定孔子的历史地位，而是反对那些禁锢人们思想、为旧政治辩护的封建伦理道德。正如李大钊所言：“余之抨击孔子，非抨击孔子之本身，乃抨击孔子为历代君主所雕塑之偶像的权威也；非抨击孔子，乃抨击专制政治之灵魂也。”因此，以历史唯物史观看待《新青年》与新文化运动是十分必要的。

2. 倡导新文学和白话文，发起文学革命

树立民主和科学思想，破除专制迷信和孔教礼法，都需要新的文字。于是《新青年》又倡导新文学，反对旧文学，倡导白话文，反对文言文，发起文学革命。

1916年，在美国留学的胡适给同乡陈独秀投寄翻译的小说，与陈独秀通信交往。感觉敏锐的陈独秀发现胡适的文学见解很有新意，便建议其写成专论《文学改良刍议》，在1917年1月《新青年》第2卷第5号刊出。1917年2月，陈独秀发表《文学革命论》，支持胡适提倡白话文代替文言文，旗帜鲜明地提出了文学改革主张。他声称，“余甘冒全国学究之敌，高张文学革命军大旗”，倡导建设平易的、抒情的国民文学，新鲜的、立诚的写实文学和明了的、通俗的社会文学；要求推倒雕琢的、阿谀的贵族文学，陈腐的、铺张的古典文学和迂晦的、艰涩的山林文学。他指出：“今欲革新政治，势不得不革新盘踞于运用此政治者精神界之文学。”

在语言文学方面，胡适在《文学改良刍议》中也提出著名的“八大主张”：一曰：需言之有物；二曰：不模仿古人；三曰：需讲求文法；四曰：不做无病之呻吟；五曰：务去烂调套语；六曰：不用典；七曰：不讲对仗；八曰：不避俗字俗语。他认为，新文学的语言是白话的，文体是自由的，这样就可以注入新内容、新思想。

《新青年》从1918年1月出版第4卷第1号起改用白话文，采用新式标点符号，刊登一些新诗。1918年5月发表了中国现代文学史上第一篇白话小说——鲁迅的《狂人日记》，后来又发表了鲁迅的《孔乙己》《药》等小说和20多篇白话小说和杂文，显示了文学革命的实绩。《新青年》还发表了其他许多著名作品，其中郭沫若的《女神》被誉为新诗的奠基之作，戏剧方面有陶履恭、胡适和罗家伦分别翻译的易卜生的《人民公敌》《娜

拉》等。

在《新青年》的影响下，其他一些进步刊物也改用白话文。这又影响到全国采用文言文的报纸，开始出现用白话文的副刊，随后短评、通讯、社论也都采用白话文和新式标点。不久，教育部令中小学全部课本改用白话文。

3.宣传马克思主义

《新青年》描述的“理想的新时代新社会，是诚实的、进步的、积极的、自由的、平等的、创造的、美的、善的、和平的、相爱互助的、劳动而愉快的、全社会幸福的”。俄国十月革命后，中国知识分子看到了新的曙光，在陈独秀、李大钊的主持下，《新青年》又成为宣传马克思主义的最重要阵地。

李大钊，字守常，河北省乐亭县人。1907年夏至1913年夏，李大钊入天津北洋法政专门学校求学。1913年底李大钊东渡日本，入东京早稻田大学学习，其间为《甲寅》月刊、《新青年》等撰写政论。1916年5月李大钊回国，8月参与创办并主编北京《晨钟报》。1917年1月李大钊任《甲寅》月刊编辑。1918年至1919年，李大钊任北京大学图书馆主任，并参与编辑《新青年》，先后任北京大学评议会评议员，经济、历史等系教授。俄国十月革命后，李大钊率先接受和传播马克思主义，发表了许多宣传十月革命和马克思列宁主义的著名文章和演说，与陈独秀等创办《每周评论》，主编《少年中国》月刊，积极领导了五四运动。1920年春，李大钊和陈独秀开始酝酿筹建中国共产党。同年10月，李大钊发起成立北京共产主义小组，11月小组改称中国共产党北京支部，李大钊任书记。中共一大后，成立中共北京地方委员会，李大钊任书记。1922年8月，李大钊参加中共中央特别会议，为候补中央委员。1923年6月，李大钊被选为中央执行委员。1924年1月，国民党一大在广州召开，李大钊被选为国民党中央执行委员，并负责国民党中央委员会北京执行部的工作。1925年1月，李大钊当选为中共四大中央委员。1926年“三一八”惨案后，李大钊遭到段祺瑞政府的通缉，避入苏联驻北京大使馆兵营，继续坚持斗争。1927年4月6日，奉系军阀张作霖派军警搜查苏联大使馆，李大钊等60余人被捕，28日李大钊在北京英勇就义，时年38岁。中华人民共和国成立前，李大钊的一部分著作曾由他的亲属编集，由鲁迅先生作序，但在反动统治下一直没能发行。直到1959年，人民出版社才出版了重新编辑的《李大钊选集》。1981年，人民文学出版社又出版了经过增订的《李大钊诗文选集》。1984年，人民出版社出版了110多万字的《李大钊文集》。

1918年11月，《新青年》发表了李大钊写的《庶民的胜利》《布尔什维主义的胜利》两篇著名论文，热烈欢呼俄国社会主义革命的胜利。1919年5月李大钊将其任执行主编的《新青年》第6卷第5号编为“马克思主义研究”专号，集中刊登了《马克思学说》《马克思传略》《俄国革命之哲学的基础》等。1919年9月和11月，李大钊在《新青年》第6卷第5号和第6号上发表长文《我的马克思主义观》，系统阐述了马克思主义理论的三个组成部分：唯物史观、政治经济学和科学社会主义。

1920年中国共产党发起组在上海成立后，《新青年》自第8卷第1号起成为中共上海发起组的公开理论刊物，至1922年7月第9卷第6号休刊的近一年时间里，《新青年》刊载了许多马克思、列宁著作的译文，以及共产党人撰写的介绍马克思列宁生平和基本理论观点、与各种非马克思主义观点论战的文章。与此同时，《每周评论》用通俗的语言宣传马克思、列宁著作，重视报道中国劳工问题，调查、反映工人阶级状况。

中国共产党的早期领袖人物，如毛泽东、周恩来、恽代英、蔡和森等，都受过《新青年》的很大影响。毛泽东曾对老朋友斯诺回忆说：“《新青年》是有名的新文化运动的杂志，由陈独秀主编。当我在师范学校做学生的时候，我就开始读这本杂志。我特别爱好胡适、陈独秀的文章。他们代替了梁启超和康有为，一时成了我的模范。”“有很长一段时间，每天除上课、阅报以外，看书，看《新青年》；谈话，谈《新青年》；思考，也思考《新青年》上所提出的问题。”

三、新文化运动中的其他主要报刊

《新青年》是五四新文化运动的发起者、引领者和主要阵地，随后《每周评论》《国民》《新潮》《湘江评论》等报刊相继问世，结束了《新青年》孤军奋战的局面。

《每周评论》于1918年12月22日在北京创刊，是4开4版的周报。第一次世界大战结束后，世界和中国都处于新的十字路口，为了更迅速、更直接地发表主张，影响时事，《新青年》编纂者们创办了这份周刊。该刊于1919年8月31日被北洋军阀政府封闭，共出了37期。第1期至第25期由李大钊、陈独秀担任主编，从第26期起由胡适担任主编。

《每周评论》上政治方面的主要撰稿人有陈独秀、李大钊、张慰慈、张申府、王光祈等，思想文艺类的主要撰稿人有周作人、高一涵、胡适等。《新青年》“重在阐明学理”，《每周评论》“重在批评事实”，两刊配合，将新文化运动推向了一个更有力的高潮。

《国民》于1919年元旦在北京出版，初为月刊，后来不定期出版。担任编辑的有进步学生邓中夏、黄日葵、高尚德、许德珩、张国焘、段锡朋等。《国民》还约请了李大钊做指导，邵飘萍和画家徐悲鸿做顾问，杨昌济撰稿。李大钊也经常给《国民》写稿，他有两篇批判胡适的文章就是在《国民》杂志上发表的。邓中夏用“大壑”的笔名每期都为杂志撰述“国内外大事”，介绍国际新闻。《国民》杂志第5期上还发表了《共产党宣言》的前半部分，这是《共产党宣言》的第一个中译本。

《新潮》也于1919年元旦创刊，原为月刊，五四运动后，便无法按时出刊。主编、编辑分别为北大学生傅斯年、罗家伦，他俩先后赴英国和美国留学。从第2卷第5号起，周作人担任主编，毛子水、顾颉刚、陈达材、孙伏园等四人为编辑。《新潮》所刊内容主要为时事评论和新诗、小说、戏剧译作等文学作品，共出版了12期，傅斯年与罗家伦发表的文章最多，影响也最大。

《湘江评论》于1919年7月14日在湖南长沙创刊，为4开4版的周报，是湖南学生联合会机关报，主编为毛泽东。版型格式与《每周评论》相同。发行后销路很好，第1期印2000份，当天销完，又重印2000份，从第2期起每期印5000份，一共出了5期。第5期原定于1919年8月11日出版，但还没有发行，就被反动军阀全部没收。

该刊的重要文章都是毛泽东写的，如第1期的《创刊宣言》《西方大事评述》《世界大事杂评》等栏目文章，全由毛泽东执笔。6月11日，陈独秀在北京散发传单时被捕，毛泽东在《湘江评论》创刊号上发表了重要文章《陈独秀之被捕及营救》，文章介绍了陈独秀被捕的经过和全国营救陈独秀的过程，盛赞其几年来提倡新思潮的功绩，表示："我们对于陈君，认他为思想界的明星。……陈君原自说过：出试验室，即入监狱；出监狱，即入试验室。又说：死是不怕的。陈君可以实验其言了。"毛泽东的《民众的大联合》一文连载于该刊第2至第4号上，主张团结一切要求解放、要求自由的各阶层各职业的人，做一个大联合，来实现社会改进。这个大联合可由小联合组成，以工人的联合和农民的联合为基础。

《每周评论》《新青年》等在进行学理讨论时，把含有不同观点的文章全文或摘要同时编发，让读者比较、讨论。报刊成为百家争鸣的园地。新旧思潮的大激战，为传播马克思主义而进行的反对实用主义、伪社会主义和无政府主义三次思想大论战，都是通过先进思想和错误思想的交锋辩驳，使真理战胜谬论。

1919年2月、3月间，林琴南（林纾）在上海的《新申报》上接连以小说的形式诋毁《新青年》同人，继而在北京《公言报》以公开信的形式致书蔡元培，攻击《新青年》与北大。如在《荆生》这篇小说里，塑造了一个“伟丈夫”，把代表新文化阵营的三个书生打得鼻青脸肿，似乎特别出气。新文化阵营对这篇小说做出了强烈反应，认为这是林借助小说向北洋政府有实力的人物求援，希望他们出来镇压新文化。林琴南的公开信发表后，蔡元培也通过媒体复信驳辩。林、蔡均为学界名流，其论辩引起舆论的极大关注。各报将“林蔡之争”冠以“新旧之争”“新旧思潮之冲突”“新旧思潮之决斗”等标题。

这场论战反而使《新青年》的名气更大,《新青年》的发展又使新文化运动的队伍壮大起来。北京的《晨报》《国民公报》，上海的《时事新报》《民国日报》等大报，也出版支持新文化运动的副刊，在中国报刊界形成了反封建热潮。

许多青年学生也受《新青年》及其他杂志的影响而活跃起来，乃至组织社团，创办刊物，探讨和宣传新知识、新思想。社会上也出现了妇女解放、男女平权、婚姻自由、社交自由的呼声。全国各地的新报刊如雨后春笋般生长起来，一年之内这类新出版的报刊达到400多种。著名的有瞿秋白等主编的《新社会》旬刊、少年中国学会出版的《少年中国》杂志、孙中山指导国民党在上海办的《星期评论》、恽代英主编的武汉《学生周刊》、周恩来主编的《天津学生联合会报》（初为对开大张日报，后为3日刊，共出100多期）。

四、第三次国人办报高潮

在新文化运动中，西方的新闻思想也逐渐传播，许多人认识到报刊是舆论的代表，应负起监督政府和指导国民的“天职”。报刊和通讯社得到了很大发展，出现了国人第三次办报高潮。反过来，办报高潮又推动了思想文化和社会的发展。国人的每一次办报高潮都带来思想的大解放，社会的大发展。这在五四运动时期尤为明显。

周策纵在《五四运动：现代中国的思想革命》一书中估计，1917年至1921年间，全国新出的报刊有1000种以上，年均200种。蒋梦麟在1919年提供了类似的数据。这个阶段史称第三次国人办报高潮。

与前两次办报高潮相比，这次办报高潮的特点主要有：

（1）新办报刊多。与第一次办报高潮的年均40种和第二次办报高潮的年均100种相比，数量大幅度增加。

（2）内容和形式现代化。思想内容引领潮流，并出现无产阶级报刊。版面生动化，文字和文体通俗化多样化，还出现了“报刊杂文”。

（3）报纸发行量和广告大增。如《申报》的发行量在1917年为2万份，到1920年增至3万份，1922年为5万份。《新闻报》的发行量在1914年为2万份，1921年为5万份。两报广告版面的总版面都在这一时期大大超过了正文。

五、中国新闻专业化

新闻专业化是新闻人按照新闻的内在规律从事新闻活动，主要表现在新闻媒介（早期为报刊）的内容、形式和管理上。新闻学研究、教育和著名新闻媒介和媒介人，是新闻专业化发展的标志和引领者。新闻专业化的系统理论和实践构成新闻专业主义，以报道的真实、客观、有价值为基本要求，并追求全面、公正和揭示真相或真理。

随着西学东渐和中国近代社会的发展，尤其是辛亥革命推行民主共和，五四运动时期倡导民主和科学、思想自由和言论出版自由，新闻专业化程度日益提高，但离新闻专业主义的要求尚远。

1. 报纸专业化发展

在国人第二次办报高潮中，就已形成现代报纸的形态和四大版块：新闻、评论、广告、副刊。袁世凯政府的高压时期，报纸上不能多言，但报人还是不甘寂寞，许多笔墨转向了新闻和通讯。社会新闻、经济新闻多了起来，通讯社也迅速增多，还涌现了一批擅长采写新闻和通讯的名记者。报纸由原来的“政党报纸”“革命报纸”的宣传鼓动功能转向了以传递信息为主。与此同时，言情小说成为报纸副刊、小报、文艺期刊的中心内容，推动了报纸副刊的超常发展。

新闻专业化还明显表现在新闻业务的发展上。

（1）报纸版面改进。新闻内容增多，头版受到了特别的重视，标题制作也越来越讲究，报纸还日益重视独家新闻和海外专电。

（2）报纸副刊革新。这是五四运动时期新闻工作改革的一个重要方面。它改变了以前报纸副刊的纯消遣性质，形成介绍新文艺、新思想、新知识，反对封建主义思想文化的重要阵地，有的还对传播马克思主义做出重要贡献，如民国早期的四大副刊：孙伏园主编的《晨报副刊》和《京报副刊》，邵力子主编的上海《民国日报》的副刊《觉悟》，张东荪、俞颂华、郑振铎、宗白华等主编的上海《时事新报》的副刊《学灯》。

（3）白话文和新式标点普及。《新青年》等报刊在推广白话文的同时，开始讨论文章如何分段、标点符号如何制定和使用的问题。《新青年》《每周评论》《新潮》《国民》等先后身体力行，其他许多进步报刊陆续跟进。

（4）新闻体裁发展。五四运动时期人们对国内外大事的关心程度大大提高，且日益关心事件的性质、意义和影响，因此新闻通讯、新闻述评被广泛运用，日臻成熟。

2. 专业记者出现

我国专业记者出现在民国初期。之前虽有一些著名的报人，但严格来说，他们主要是思想家、宣传家或革命家，而不是专业记者。随着现代报业的日趋完善及新闻专业化的兴起，我国开始出现具有高专业水准的职业记者，如民国初年崭露头角的黄远生、林白水、邵飘萍等。从他们开始，记者成为受人尊敬的职业，而不再是早先那种被人藐视的“访员”。从士大夫到新闻人，从舆论领袖到职业记者，这是五四运动时期新闻事业发展的一大进步和趋势。

毛泽东在1936年曾说：“特别是邵飘萍，对我帮助很大。他是新闻学会的讲师，是一个自由主义者，一个具有热烈理想和优良品质的人。1926年他被张作霖杀害了。”①1949年4月，经毛泽东的关心和批准，邵飘萍被确认为革命烈士。1974年，81岁高龄的毛泽东在接见外国客人时又谈到邵飘萍，说邵飘萍的思想和人格对自己后来的发展产生了很大影响。

3. 新闻教育和研究出现

把新闻作为一门学问进行研究和传授，是新闻专业化的重要内容和标志。由于中国近代新闻事业的发展落后于西方，以新闻实践为基础的新闻学研究在中国的起步也晚于西方。在中国最先出版的一批新闻学著作，是西方新闻学著作的译本。迄今所见的第一本是日本学者松本君平所著的《新闻学》，于1903年出版。第二本是美国人休曼所著的《实用新闻学》，于1913年出版。

中国新闻实践活动的发展，使进行新闻学教育和研究的实际需求逐渐萌生，同时以报刊为权势集团和个人谋取私利的乱象愈演愈烈，也使一些抱有新闻救国想法的人士痛心疾首，力谋匡正。

---

① 斯诺.西行漫记［M］.董乐山，译.北京：生活·读书·新知三联书店，1979：127.

1918年10月14日，北京大学新闻研究会（1919年2月改名为北京大学新闻学研究会）成立，向校内外公开招收会员。北京大学校长蔡元培亲自任会长。这是中国第一个系统讲授新闻课程，并集体研究新闻学的团体。该会宗旨是研究新闻学理，增长新闻经验，以谋新闻事业之发展。它的创办是我国将新闻作为一门科学进行研究的开端，也是我国新闻教育事业的开端。

时年24岁、曾在美国学习新闻学的徐宝璜任副会长。他的授课讲义整理成《新闻学》一书，于1919年出版，成为中国第一部新闻学著作。书中第一次提出并具体阐述了新闻的定义：新闻者，乃多数阅者所注意之最近事实也，强调新闻是事实的反映，是多数读者关注的东西，与办报者并无直接干系。书中以大量篇幅阐述了新闻与“阅者”的关系。邵飘萍在《京报》上评价道：《新闻学》以前中国无专门研究新闻之书籍，有之自先生始，虽仅五六万字，其言简意赅精当，则无出其右者。

时年32岁的《京报》社长邵飘萍受聘为研究会的导师，继《实际应用新闻学》于1923年出版之后，他还于1924年出版了《新闻学总论》。

新闻研究会举办了两期研究班，培养会员百余人，学员中涌现了一大批新闻和政治人才，包括毛泽东、高君宇、罗章龙等。高君宇、罗章龙等后来成为中共早期报刊《劳动音》、《向导》周刊、《工人周报》、劳动通讯社等的优秀记者和编辑。研究会还于1919年创办了会刊《新闻周刊》，该刊成为我国第一个新闻学研究刊物。

继新闻学研究会后，国内又先后出现了其他一些新闻学交流和研究机构。如1922年，报刊理论家任白涛在杭州创立中国新闻学社。1924年，戈公振等发起成立上海新闻记者联合会。新闻学著述还有任白涛的《应用新闻学》、姚公鹤《上海报纸小史》、戈公振的《中国报学史》。

1920年至1949年，全国出现了59个新闻教育机构。其中最早的有上海圣约翰大学报学专业，1920年成立，《密勒氏评论报》的主笔毕德生兼职授课，该专业于1924年扩建为报学系；北京平民大学新闻系于1923年成立，徐宝璜为系主任，邵飘萍等任教；燕京大学新闻系于1924年成立，美国的新闻学者白瑞华任系主任。

第二节　共产党的新闻工作与组织传播

五四运动后，马列主义在中国广泛传播，一批激进的新文化运动战士在共产国际的帮助下组成共产主义小组，发动和组织工人群众，在中国掀起共产主义运动。在此过程中，他们迫切需要有自己的报刊。1920年9月，《新青年》改为中国共产党上海发起组的理论刊物，主要探讨、宣传马列主义知识。两个月后，《共产党》月刊创办，着重宣传共产党基本知识，提倡学习列宁学说，大量介绍俄国共产党和国际共产主义运动中的建党经验，直接为筹建中国共产党服务。同时，一些地方的共产主义小组还办了不少劳动者报刊。这些都标志着中国无产阶级新闻事业的诞生。

中国共产党在1921年建党以后迅速崛起，建立了自己的党、团报刊系统。1927年，国民党发动清洗共产党人的“四一二”政变以后，共产党在国民党统治区的报刊丧失殆尽。

1937年在面临日寇入侵、抗日救亡运动高涨的形势下，国共两党再度合作。一方面，共产党在国统区创办和组织领导进步报刊；另一方面，在根据地发展自己的报刊和通讯社。在抗日战争进入相持阶段时，共产党进行了以《解放日报》改版为标志的新闻工作改革，确立了党的新闻工作原则和方法，作为传统其一直影响到此后几十年的新闻、理论和实践。

一、崛起和磨难

1.共产党、共青团报刊网

中国共产党诞生后,《向导》《中国青年》等中共党、团中央报刊相继出版，加上一批地方报刊，形成一个初具规模的从中央到地方的党、团报刊网络。

《向导》周刊在1922年9月13日创刊于上海租界，16开本，是中共中央第一份政治机关刊物，以报道和评论国内外政治时事为主要内容。蔡和森、彭述之、瞿秋白先后担任主编。发行量很快由数千份上升到数万份，最多时有10万多份，在全国二十几个城市设有分售处。1927年5月，该刊迁至武汉，7月因国民党叛变革命而被迫停刊，共出201期，累计346万余字。

《中国青年》周刊杂志于1923年10月20日在上海创刊，系中国社会主义青年团的机关刊物。共产党员恽代英、萧楚女、林育南、任弼时、邓中夏、张太雷、李求实等先后担任主编。

《中国青年》杂志努力在政治上指导青年，号召知识青年“到民间去”，到工农运动中去。《中国青年》就青年关心的学习、组织活动、婚姻恋爱、失学、失业等各种问题开展讨论，批评不健康的思想和风气，指导青年学习马列著作，努力培养青年的革命人生观。在编排上,《中国青年》努力适合青年的特点，文字明白流畅，笔锋尖锐犀利，配有漫画。该刊成为最受青年欢迎的刊物。《中国青年》后迁至武汉，1927年7月汪精卫叛变后迁返上海。1927年11月至1932年,《中国青年》曾先后改用《无产青年》《列宁青年》等名称秘密出版。1939年4月,《中国青年》在延安出版，1941年3月出版至第3卷第5期休刊。1948年12月,《中国青年》由中共中央青年工作委员会主持复刊，在石家庄出版，次年迁至北京。1966年8月《中国青年》停刊，1978年9月复刊。

中共地方党组织主办的报刊有北京的《政治生活》周刊，该刊于1924年4月创刊，赵世炎任主编；豫陕区委的《中州评论》，该刊于1925年8月在开封创刊，萧楚女等任主编；湖南区委的《战士》周报，该刊于1925年12月在长沙创刊；广东区委的《人民周刊》，该刊于1926年2月4日在广州创刊，张太雷任主编；湖北区委的《群众》周报，该刊于1926年10月在汉口创刊；还有浙江的《火涠》、江西的《红灯》周报、福建的《革命先锋》等。

中国共产党第一份日报是五卅运动中创办的《热血日报》。1925年5月15日，上海日本纱厂资本家枪杀工人顾正红，打伤工人10多人，激起全市工人、学生、知识分子和市民的愤怒。30日，上海学生2000多人在公共租界内集合声援工人斗争，要求收回租界，英国巡捕逮捕讲演学生100多人。随即，群众万余人在公共租界巡捕房门前集会，要求释放被捕者。英国巡捕对群众开枪，打死10多人，打伤数十人，逮捕数十人，造成“五卅惨案”。当晚，中共中央举行会议，号召上海人民开展罢工、罢课、罢市，抗议帝国主义暴行。

《向导》周刊从1925年5月17日起，就开始披露事件真相，及时刊发中国共产党的《为反抗帝国主义野蛮残暴的大屠杀告全国民众书》，指出这次暴行绝不是偶然事件，而是帝国主义的侵略政策造成的，解决办法也绝不能只要帝国主义惩凶、赔偿、道歉、换几个人便了事，而应该以“废除一切不平等条约，推翻帝国主义在中国一切特权为其主要目的”。

为了弥补《向导》时效上的不足，加强对五卅运动的宣传和指导，中国共产党又专门出版了《热血日报》（1925年6月4日至27日），该刊共出刊24号。这张4开4版的政治性报纸，每期可容1万字，主编瞿秋白是中共中央委员，五卅运动行动委员会的主要成员之一。他几乎每日撰写社论、政论，还写有20多篇小品文及大众化文艺作品。编辑部的工作人员虽然只有三五人，但每天接到的来稿、来信数以百计，报纸销数达3万多份，不少读者义务帮助推销并捐款支援它。

2.共产党新闻事业浴火重生

从1927年大革命失败到1937年北京卢沟桥“七七事变”爆发，为“国共十年内战时期”。在此期间，实际上既有国共两党之间的战争，也有国民政府与北洋政府及其他军阀之间的战争。共产党是蒋介石的心腹之患、首要解决对象。然而即使在面对国民党主力部队一次次围剿的时候，即使在遭遇围追堵截的长征途中，共产党也没有停止办报刊，其新闻媒介也成为今日主流媒介的源头。

（1）“白区”的新闻活动。

1927年共产党遭残酷血洗后，在武汉的中共中央迁到上海，转为地下活动，并办了一系列地下报刊。最主要的有:《布尔塞维克》、《红旗》周刊、《上海报》、《红旗日报》、《无产青年》、《中国工人》。

《布尔塞维克》为中共中央理论性机关刊物。该刊于1927年10月24日在上海秘密创刊，前16期为16开周刊，后改为32开半月刊、月刊、不定期刊，由瞿秋白、蔡和森、李立三先后任主编，1932年7月停刊，共出52期。该刊揭露国民党叛变革命的罪行，歌颂共产党领导人民进行武装起义，宣传党的土地革命和工农武装暴动的总方针，及时报道“八一”南昌起义、海陆丰农民运动及广州起义等。该刊还特辟《我们的死者》一栏，先后报道了百余名先烈的生平和斗争事迹。在白色恐怖下，《布尔塞维克》常采用伪装封面并不断改换刊名进行出版。

《红旗》于1928年11月20日在上海创刊，初为16开周刊，后改为32

开周刊、8开单张三日刊，由中共中央宣传部主办。初创刊时，刊物注重鼓动性，注意一切政治事变的报道，每周对新发生的政治事件或国家大事都发表评论，之后加强了指导性，大量刊登中共中央的各种报告、宣言、决议及共产国际的文件、指示等，为中共中央政治机关报。

《上海报》原名《白话日报》，4开小型报纸，于1929年4月17日创刊，由中共江苏省委主办，李求实担任主编，5月中旬后改名为《上海报》并秘密发行，还曾化名《天声》《海上日报》等。它是一张通俗报纸，创办第一天就公开宣告其和一切旧式报纸不同，“他们只说大人先生要说的话，我是想说社会中的朋友要说的话。总之，他们只是大人先生的喉舌，我是想做起码社会中朋友的朋友”。该报图文并茂，从内容到形式都适合劳动者阅读，是工人阶级自己的报纸。该报在当时被称为“全国最好的地方报纸”。

《红旗日报》于1930年8月15日由《红旗》和《上海报》合并而成，李求实任主编，该报初为中共中央机关报，后改为中共中央和中共江苏省委机关报。其目标是成为全国广大工农群众反对帝国主义与国民党的喉舌。除了报道国内外重要消息，还刊载中共中央的宣言、决议、通告等，也发表中央领导人的文章。出版一个月内，每日发行量就高达12 000多份。从1930年10月30日起，《红旗日报》增加独立副刊《实话》，主要刊载论述党的路线和革命策略的文章，随报附送。

李求实，笔名李伟森，“左联五烈士”之一。1930年五六月间，他担任苏维埃代表大会准备委员会上海办事处负责人，1931年1月18日，在上海“东方旅社”被捕，同年2月7日，被国民党当局秘密活埋于龙华警备司令部空场内。

《红旗日报》工作人员先后有四五十人被捕，报纸篇幅由对开一大张缩小为4开一张，直至16开一张，1931年3月8日关停，共出182期。

1931年春成立于上海的中国工农通讯社（原名中国工人通讯社）是这一时期中共创办的一家较为著名并产生了重要影响的通讯社，翌年改称中国工农通讯社，由中共中央宣传部领导。该通讯社主要用英文发稿，打字油印，每周或10天左右发稿一次，每期寄发给国外进步报刊80多份。中文稿则秘密发给“白区”党报和工人报刊。该社主要是宣传中国共产党的政治主张，介绍革命根据地建设和红军战况，揭露国民党政府的黑暗统治等，1935年因负责人被捕而停止发稿。

1931年4月24日，中共中央特科（特别任务组织机构）负责人顾顺章被捕，供出所知一切中共机密，导致800多名共产党员被捕。1935年6月顾顺章被处死。1931年6月22日，担任中共最高领导职务的向忠发被捕，随即叛变，后被枪毙。中国共产党在国统区的地下组织遭到很大破坏，地下报刊也损失殆尽。

（2）根据地新闻事业。

1927年8月1日，中国共产党举行南昌起义，9月9日举行秋收起义，建立农村革命根据地。共产党在极其困难的条件下，因地制宜地采取标语、传单、布告、壁报等多种形式扩大政治影响，争取广大群众。1929年12月，毛泽东在古田会议上指出，“红军的宣传工作是红军第一个重大的工作”。决议具体分析了红军宣传工作的现状，对于此后的宣传内容和宣传技术做了详细规定。1931年3月，中央军委总政治部主任毛泽东签发了在红色区域普遍举办《时事简报》的通令并写了怎样办《时事简报》的小册子。《时事简报》成为根据地和红军初创阶段的主要宣传阵地。

在1934年10月红军长征前的三年中，中央根据地迅速创建与发展新闻事业，初步形成了人民政权下的新闻事业系统，其主要传媒是红色中华通讯社、《红色中华》报、《青年实话》和《红星报》等。此外，其他革命根据地报刊和红军报刊也纷纷创办。根据地新闻事业是中国共产党作为执政党领导新闻事业的开端。

1931年7月1日创刊于江西永丰的《青年实话》，是共青团苏区中央局机关刊物。

1931年11月7日诞生于江西瑞金的红色中华通讯社，是中华苏维埃共和国临时中央政府的机关通讯社，每天以“红中社电”或“红中社讯”的名义向全国播发中央政府发布的战报，反映国民党统治区人民群众的反抗斗争。其电讯曾由地下党转发国外。

1931年12月11日创刊于江西瑞金的《红色中华》，由红色中华通讯社编辑出版，初为周刊，后为三日刊、双日刊，1933年2月成为中央苏区党、政、工、青中央机关报。该刊曾大力报道红军胜利的消息、东北人民的抗日武装斗争及全国的抗日救亡运动，并及时揭露日本帝国主义的侵略阴谋和罪行，抨击国民党政府的卖国妥协政策，宣传中国共产党的抗日救国主张。

《红色中华》是一份办得生动活泼的小型报纸，除了社论、新闻，还设置多个栏目。它登载中央政府的重要文告和主要领导人的重要讲话、文章，并积极组织和指导苏区人民参加苏维埃政权的建设，大力报道红军胜利消息。

1931年12月11日，即《红色中华》创刊的同一日，《红星报》也在江西瑞金创办。该报是20世纪30年代中国工农红军的机关报，1933年夏，邓小平被调到红军总政治部，不久便担任《红星报》主编。当时除了一名助手，邓小平既要采访、组织稿件，又要编排版面，负责校对。尽管编务繁忙、条件限制，他还是竭尽全力把《红星报》办成为红军一流的报纸，该报仅在中央苏区的发行量就达到17 000多份。长征开始后红色中华通讯社停止对外发稿，《斗争》《红色中华》等报刊也相继休刊，坚持出版的报纸只剩下《红星报》。1935年1月遵义会议后，邓小平调离《红星报》，陆定一继任主编，同年8月《红星报》停刊，共出124期。

二、重构与开花

1.根据地的新闻事业重建

长征的中央红军于1935年10月到达陕北吴起镇，与刘志丹领导的陕北红军胜利会师，标志着长征的结束。11月25日，《红色中华》复刊。红色中华通讯社也同时恢复业务。1936年12月“西安事变”后，中共中央和直属新闻机构迁入延安，直至解放战争中期。

1937年1月，为实现国共合作、团结抗日，“一套班子、两块牌子”的红色中华通讯社与《红色中华》分别改名为新华通讯社与《新中华报》。1939年初，中共中央决定将新华社与《新中华报》分开，使之各自成为独立机构，结束了社、报一家的历史。之后，独立的新华通讯社调整、扩充组织机构，在各抗日民主根据地相继建立分社，形成以延安总社为中心的新闻通讯网络。

1937年4月，中共中央党办委员会创办《解放》周刊。1939年10月20日中共中央主办的《共产党人》创刊，该刊是以党的建设为中心，由张闻天主编，李维汉负责出版工作。毛泽东写了《〈共产党人〉发刊词》，指出“统一战线、武装斗争、党的建设”是中国共产党领导人民战胜敌人的三大法宝。该刊于1941年8月停刊，共出19期。

在此前后，中共中央又先后创办《八路军军政杂志》《中国青年》《中国妇女》《中国工人》《边区群众报》等，形成了一个以中央机关报《新中华报》为中心的中央级报刊系统。

1940年3月，周恩来从莫斯科回延安时带回了一部广播发射机，之后，中共中央决定成立广播委员会，具体筹划电台建设事宜，在物质条件极端贫乏的情况下完成了电台的建设。1940年12月30日，延安新华广播电台首次开播。这是我国无产阶级广播事业的开端，打破了国民党与日寇对共产党抗日根据地的新闻封锁，使各地群众听到了中国共产党的声音。

1941年后，抗战根据地在经济上进入了最为艰苦的时期，报刊系统不得不收缩规模，《中国青年》《中国妇女》《中国工人》《共产党人》等刊物先后停刊。《新中华报》与新华社办的《今日新闻》合并为大型日报《解放日报》，该报于1941年5月16日创刊，最初为对开半张两版，自9月16日起扩为对开一张4版。首任社长为秦邦宪（博古），总编辑为吴绍镃（杨松）。

在其他敌后抗日根据地，中国共产党和其他爱国力量也创办了一批抗日报刊，如晋察冀根据地的《抗敌报》、太行根据地的《新华日报》、晋绥根据地的《抗战日报》、山东根据地的《大众日报》、华中根据地的《拂晓报》等。

2.《解放日报》改版

1942年初，毛泽东先后做了《整顿党的作风》《反对党八股》的重要报告，拉开了整风运动的序幕。这次整风运动旨在清算中国共产党成立以来的历次“左”倾、右倾错误，端正思想和作风，主要内容为反对主观主义以整顿学风、反对宗派主义以整顿党风、反对党八股以整顿文风。

1942年3月16日，中共中央根据党的整风精神，发出《为改造党报的通知》(简称《通知》)，要求各地根据整风精神来检查和改造报纸。《通知》阐明了全党办报方针，党报的内容、版面及主要任务，要大力加强党报编辑部的工作及党报的战斗性、通俗化等，从解放日报社到各新闻单位，从延安到各抗日根据地，掀起了整风检查和改版的热潮。改版不仅仅是版面的变化，也是办报的思想、方针及相应业务的全面调整，这种调整直观地体现在版面上，故称改版。改版前的《解放日报》存在种种问题，时任解放日报社和新华社社长的秦邦宪传达中央对报纸的意见：新闻未能很好地贯彻党的策略、路线，报纸很少反映党的活动和中央决议；有些社论让人看不懂，语言不通俗，常文白夹杂；国内栏枯燥，文艺栏内容应更广泛些；新华社以后要编自己的新闻；报社同志要研究新闻学。3月30日，《解放日报》刊登署名“罗李王”的读者来信，对报纸提出尖锐批评：“把贵报各版读过之后，总觉得它有一个最大的毛病，即是立论空泛，和我们建设边区的实际工作似乎相距太远了些。”

《解放日报》于1942年4月1日正式改版。改版前四个版面的安排是：一版为国内外要闻和社论，以国际内容为主；二版为国际新闻版；三版为国内新闻版，以大后方新闻为主；四版上半部分为边区版，下半部分为副刊。改版后，各版新闻重新安排：一版为国内外要闻，以国内为主，其中以共产党领导的军队和地区为主；二版为陕甘宁边区和国内消息；三版为国际版，间或有敌占区新闻；四版为综合副刊。

将近半年后，1942年8月29日，毛泽东在中共中央政治局会议上肯定了《解放日报》的进步，同时提出更严格的纪律要求。当时陆定一在《解放日报》上发表了一系列关于新闻工作的社论和理论文章，其中最为全面的是发表于1943年9月1日的《我们对于新闻学的基本观点》，阐述了无产阶级新闻学的基本问题，提出“新闻的定义，就是新近发生的事实的报道”。文章还论述了新闻真实的问题，强调新闻的事实性，纠正新闻的文学化虚构和宣传化失真，显示出对新闻规律的尊重和求真务实的精神。

陆定一，江苏无锡人，1922年进入上海南洋大学（现上海交通大学）读书，同年冬加入中国共产党。1926年陆定一任共青团南洋大学支部书记及上海法南区团委书记，同年秋调入团中央宣传部工作，编辑《中国青年》。1927年陆定一任团中央宣传部部长。1931年，王明“左”倾路线在党内占据统治地位后，陆定一被撤销了团中央委员、团中央宣传部部长职务。1934年10月陆定一参加长征，在遵义会议后，任中国工农红军总政治部宣传部部长，主编《红星》报。红军到达陕北后，陆定一参加了东征、西征，后任红一方面军政治部宣传部部长、红军前敌总指挥部政治部宣传部部长。抗日战争全面爆发后，陆定一历任八路军总政治部宣传部部长、八路军前方总部野战政治部副主任，领导《新华日报》华北版的工作。1942年4月，陆定一负责编辑《解放日报》的《学习》副刊，同年8月任《解放日报》总编辑。1945年，陆定一任中国共产党中央宣传部部长。中华人民共和国成立后，陆定一历任中共中央宣传部部长、政治局候补委员、国务院副总理、中央书记处书记等。从1966年起，陆定一被解职打倒、批斗关押，1979年被增选为全国政协副主席。1996年5月初去世的前两天，他断断续续地说，“要让孩子上学……要让人民说话”，这十二个字刻在了他的墓碑基石上。

延安整风的核心是反对主观主义，确立实事求是、理论联系实际的思想路线，这也是《解放日报》改版的核心和主要经验。改版后该报还确认了全党办报的方针，要求各级党委把帮助与运用《解放日报》作为自己经常的重要工作之一。

1944年2月16日，《解放日报》发表社论《本报创刊一千期》，标志着《解放日报》改版工作的结束。这次改版的思想理论和经验对当时新华社、《新华日报》等其他新闻传媒的整改也提供了指导和借鉴。此后它们与《解放日报》一起，成为中国共产党有效组织传播的工具，为夺取全国胜利作出了重要贡献。

这场改革至少可以给我们如下经验和启示：

（1）新闻工作也要坚持实事求是，一切从实际出发，反对教条主义。

（2）新闻宣传也要坚持唯物主义，做到内容真实，力求事实准确。

（3）党八股不仅是形式问题，也是内容问题的反映，反过来又会影响内容，必须坚决反对。

（4）党报要全党都来关心、支持和运用，实行全党办报；要发扬党的理论联系实际、密切联系群众、批评与自我批评的作风。

改版前的《解放日报》文艺副刊上发表过一些批评官僚主义等的文章，其中作家王实味以《野百合花》为总标题的一些杂文尤为尖锐，被国民党报刊用作宣传延安黑暗的证据。延安整风时期，王实味、丁玲等遭到严厉批判。

学习革命传统关键在于把握精神实质，而不是拷贝具体做法，经验用得好是财富，用得不好是刻舟求剑。延安精神不等于延安做法，上述启示中最重要的是实事求是原则。

在中国现代时期，中国共产党的主要任务是发展壮大队伍，向敌人夺取政权，在根据地巩固政权。一切工作都要服从、服务于这些中心工作，新闻工作尤其要这样。当时在共产党的部队和根据地，能识字看报的人并不多，报刊的主要读者是党的干部，新闻媒介需按列宁提出的“党的宣传者、鼓动者、组织者”的要求来办。这样的媒介基本是为了完成组织目标和任务而办的组织传播工具，而在新中国成立以后，党领导的事业扩大了，任务转变了，新闻媒介也当从以组织传播工具为主转变为以社会传播工具为主，充分发挥信息传递、意见交流、舆论监督等作用，但我们在后来很长时期仍要求几乎所有新闻媒介都沿用办机关报、组织传播工具的模式，偏离实事求是，没能与时俱进，直到1978年改革开放以后才改变。

3.在国统区的新闻活动

中国共产党在国统区的新闻活动主要有两种：一种是共产党起实际领导作用，但以统一战线的性质出现；另一种是共产党直接主办报刊。

属于前者的如《救亡日报》，该报于1937年8月24日创办于上海，是上海市文化界救亡协会的机关报。该协会是共产党领导下的统一战线组织，郭沫若担任社长，共产党人夏衍和国民党人樊仲云担任总编辑，上海沦陷后，《救亡日报》先后迁至广州、桂林出版，直至1942年2月28日被国民党当局勒令停办。

中国青年记者协会（简称“青记”）由范长江等人发起，1937年11月8日成立于上海，当月上海沦陷后迁入武汉，1938年3月15日“青记”在汉口改名为中国青年新闻记者学会。中国共产党通过其中的党员努力团结国统区进步新闻工作者，积极争取民主、争取新闻自由和展开抗战宣传。

1938年10月20日，以“青记”骨干为基础的国际新闻社在长沙成立，后来迁至桂林，成为全国性的通讯社。范长江担任社长，黄药眠担任总编辑。1941年“皖南事变”后，“青记”和国际新闻社均被国民党关闭。

属于后者的如《群众》周刊，该刊于1937年12月创办于汉口，由中共中央长江局主办，编辑兼发行人为潘梓年。该刊着重宣传中共全面抗战路线和抗日救国十大纲领，同时刊载马列主义的译著和论文。1938年10月25日武汉失守，当月该刊停刊，12月起在重庆出版。1943年1月该刊改为半月刊。

《新华日报》于1938年1月11日创办于汉口，系中共中央长江局机关报，长江局书记王明兼任董事长。潘梓年担任社长，华岗担任总编辑。1938年10月25日武汉失守后，《新华日报》在重庆继续出版，由中共中央南方局书记周恩来领导，成为抗战时期中国共产党在国统区公开发行的唯一大型机关报。1947年2月，全面内战快速升温时，《新华日报》被国民党当局关停。

“皖南事变”时，周恩来在《新华日报》上题词：“千古奇冤，江南一叶，同室操戈，相煎何急？！”，并在上首赫然手书九个凝重的大字“为江南死国难者志哀”。

此后以《新华日报》命名的还有中共中央华中工委机关报，该报于

1948年1月1日创办；中共中央西南局机关报，该报于1949年12月10日创办；中共南京市委机关报，该报于1949年4月30日创办，1952年11月1日改为中共江苏省委机关报，直至今日。

4.走向全面开花

抗战胜利后，解放区的新闻事业迅猛发展，绝大多数报刊由油印改为铅印，不少还扩版或改版为大型日报。随着一些城市和工矿区被解放，中国共产党的许多城市报刊和工矿报刊也应运而生。在华北，原在阜平出版的中共中央晋察冀分局机关报《晋察冀日报》，于1945年9月12日迁至张家口市出版，并改为对开4版，成为解放区第一份在城市出版的大型日报。在其前后创刊的还有中共晋冀鲁豫边区中央局机关报《人民日报》，中共山东分局机关报《大众日报》，中共华中分局机关报《新华日报》（华中版），中共吉林省委机关报《吉林日报》，中共东北局机关报《东北日报》，等等。

人民广播电台网也初具规模。1945年8月下旬，延安新华广播电台恢复播音。中国共产党收复关内和东北地区的一批中小城市后，在没收、利用日伪广播电台设备的基础上创办人民广播电台。

1946年5月4日，中共中央发出《关于土地问题的指示》，将抗战时期实行的减租减息政策改为没收地主土地分配给农民。1947年9月，中国共产党全国土地会议通过了《中国土地法大纲》，规定了彻底消灭封建和半封建剥削的土地制度，实行耕者有其田政策。土地改革运动在解放区全面展开，并成为新华社和解放区报刊、电台的宣传报道重点。然而在土改宣传报道中媒体曾犯右倾错误，在纠错过程中又犯了“左”倾错误，至1948年春才完成检查和纠错。

1946年6月，国民党当局发动全面内战，中国人民解放军不争一城一地的得失，以消灭敌军有生力量为主要目标，主动放弃了一些地方，许多报刊也从城市迁回农村，由大报改为小报，变铅印为油印，日刊也改为双日刊、三日刊、周刊，甚至不定期刊，还有一些报刊则被迫停刊。1947年3月13日，国民党军队开始对延安重点进攻，延安《解放日报》于13日出版了最后一期。

1947年下半年，人民解放战争由战略防御转入战略反攻，一批又一批城市、矿山和交通中心相继解放，使解放区新闻事业获得了新的、更大的发展，其中心由农村向城市转移。

1948年3月下旬，中共中央离开陕北，赴河北平山县西柏坡村，途经晋绥地区。毛泽东于4月2日接见《晋绥日报》编辑部人员并发表讲话，即著名的《对晋绥日报编辑人员的谈话》。他指出，“报纸的作用和力量，就在它能使党的纲领路线，方针政策，工作任务和工作方法，最迅速最广泛地同群众见面”，“办好报纸，把报纸办得引人入胜，在报纸上正确地宣传党的方针政策，通过报纸加强党和群众的联系，这是党的工作中的一项不可小看的、有重大原则意义的问题”。他还说：“我们的报纸也要靠大家来办，靠全体人民群众来办，靠全党来办，而不能只靠少数人关起门来办。”“报纸工作人员为了教育群众，首先要向群众学习。”

1948年9月至10月间，中共中央在西柏坡举办了华北人民日报社、新华社华北总分社的部分记者参加的学习班。10月2日，刘少奇在学习班上发表了长篇讲话，即著名的《对华北记者团的谈话》，从中可看出对毛泽东新闻思想的发展。刘少奇把记者比喻为党和人民的耳目喉舌，党与人民联系的桥梁。他指出：“我们党要通过千百条线索和群众联系起来，而你们的工作、你们的事业，就是千百条线索中很重要的一条。”“党依靠你们的工作，指导群众，向群众学习。”“人民也是依靠你们的，依靠你们把他们的呼声、要求、困难、经验以至我们工作中的错误反映上来，变成新闻、通讯，反映给各级党委，反映给中央。”

1948年11月8日，中共中央颁布了《关于新解放城市中中外报刊通讯社处理办法的决定》，此后又颁布了针对新解放城市广播电台等的政策。据此，国民党的党、政、军系统和其他反动党派所办的报刊、通讯社和广播电台，一律由人民政府接管，没收其一切设备与资财，不准以原名复刊或发稿。对于各民主党派、人民团体主办的新闻媒介和机构，不仅允许其在人民政府登记后继续办下去，还予以保护与支持。对于私营的报刊、通讯社和广播电台，既不无限制放任，也不简单地一律取消，对坚持进步的予以保护，对中间的不禁止其依靠自己力量继续营业，但须依法登记，对反动的则予以没收。对于外国人在华的新闻事业，则根据不同的情况区别对待。对帝国主义国家在华设立的新闻机构，一律予以封闭。对外国通讯社在华机构，禁止其继续向我国报刊等发稿。对外国私商主办的报刊，如上海的《字林西报》《大美晚报》《密勒氏评论报》，则准其继续运营。

1949年3月5日至13日，中国共产党在西柏坡召开七届二中全会，毛泽东在会上指出："从现在起，开始了由城市到乡村并由城市领导乡村的时期。"城市中的各项工作，包括新闻工作，"都是围绕着生产建设这一个中心工作并为这个中心工作服务的"。

同月，中共中央由河北平山县迁至北平，中共华北局机关报、原在平山县出版的《人民日报》也迁至北平出版。8月1日，中共中央决定将华北局机关报《人民日报》正式改为中共中央机关报。胡乔木、范长江先后担任社长，邓拓担任总编辑。在此前后，其他全国性报刊也陆续迁至北平出版，或在北平创刊。

也在3月，新华通讯社随同中央迁入北平。同时，新华社在中国各大区建立总分社，在各省、市、自治区建立分社，在解放军部队也建立总分社、分社、支社。6月24日，新华社成立新的社务委员会，原总编辑胡乔木担任社长，范长江担任副社长，陈克寒担任副社长兼总编辑。

6月5日，中共中央决定将原新华通讯社的口语广播部扩充为中央广播事业管理处，作为领导与管理全国广播事业的机构，原新华社社长廖承志担任处长。广播事业从此脱离新华社独立发展。

7月13日，中华全国新闻工作者协会筹备会在北平成立，胡乔木为主任，胡愈之、廖承志为副主任。筹备会推出12名全国政协正式代表、2名候补代表，包含原国统区和解放区的新闻界人士，参与筹建中华人民共和国。

第三节　国民党的新闻统制与走向崩溃

一、国民党的新闻统制

1927年，国民党独占了国民大革命的成果，建立了中华民国国民政府，1927年至1937年“十年内战”时期，国民党政府削平了很多地方军阀势力，形式上实现全国统一。其间，国民党建立了专制的新闻统制制度，其庞大的新闻宣传体系也是这种统制的一部分。

从1932年起，国民党开始整顿和扩充党营新闻事业，其基本内容：一是改进国民党对党营新闻事业的管制工作，给予党营新闻事业以一定的自主权，以提高其在新闻竞争中的应变能力；二是扩建党营新闻事业，使党营新闻事业在经济实力上超过甚至压倒民营新闻事业，巩固和加强其在新闻市场上的优势地位。

这时国民党新闻事业虽表面上改为独立自主，实行企业化，但人事上并不独立，国民党的控制也并未弱化，必定要服从国民党的宣传需求，配合国民党政策的实施。

1934年1月，国民党第四届中央执行委员会通过决议，明确规定中央宣传委员会在新闻界的任务就是“养成有力量之言论中心”，实行“对全国新闻界的有效之统制”。同年3月，宣传委员会主任邵元冲在国民党新闻宣传会议的开幕词中，对“有效新闻统制”做了进一步的解释，强调“彻底完成新闻一元主义之任务”。

1.建立新闻传播网

国民党政府依靠其执政党的地位和经济实力，建立和加强包括报纸、广播电台、通讯社的庞大新闻网络，新闻网络到1932年基本形成，包括以《中央日报》为核心的报刊网、中央通讯社网和以中央广播电台为核心的广播网。

《中央日报》是国民党中央的宣传机构，是迄今为止在中国连续出版时间最长的政党报纸。该报于1926年在广州筹办，1927年3月22日在汉口创办，初期在国共合作条件下由国民党中宣部主办，部长顾孟余兼担任社长，陈起修（当时是中共党员）担任总编辑，有中文版和英文版。创办初期，在共产党人和国民党左派的影响下，该报为国民革命做积极的宣传。例如，“四一二”反革命政变后，时任国民革命军总政治部副主任的郭沫若，发表了一篇有名的文章，就刊登于《中央日报》上，题为《请看今日之蒋介石》。其中说到，蒋介石已成为“流氓地痞、土豪劣绅、贪官污吏、卖国军阀，所有一切反动派——反革命势力的中心力量了”，所以“凡是有革命性、有良心、忠于国家、忠于人民的人，只有一条路，就是起来反蒋！反蒋！”，“蒋介石就是背叛国家、背叛民众、背叛革命的罪魁祸首，我们为尊重我们革命先烈所遗下来的光荣历史……尤须急于地打倒他，消灭他，宣布他的死罪！”。这篇文章风靡一时，蒋介石为此通缉郭沫若，郭沫若被迫流亡日本。

蒋介石当政后，一直不承认国共合作的武汉《中央日报》是绵延几十年的国民党中央机关报的起源，1928年2月1日于上海又新办了《中央日报》，国民党中央宣传部部长丁惟汾兼任社长，国民党东路前线总指挥部政治部主任潘宜之兼任总经理，彭学沛担任总编。丁、彭是汪精卫派系的人士。后来，蒋介石集团颁布了《设置党报办法》，规定《中央日报》应设在首都南京，于是，1928年11月1日，上海《中央日报》停办，共出版了9个月。

1929年2月1日，《中央日报》在南京复刊，国民党中宣部部长叶楚伧兼任社长。叶楚伧为国民党元老，官至国民党中央常委。1932年该报实行社长负责制，39岁的程沧波出任社长，力主改革，既强调“党派性”，又标榜“人民性”，并提出“经理部要充分经营化”“编辑部要充分学术化”“整个事业要制度化、效率化”。程沧波担任过复旦大学新闻系主任，后来担任国民党中宣部副部长。1937年后，《中央日报》又办了庐山版、长沙版、昆明版等。

从1929年起，国民党又办了一系列地方性党报，如汉口的《武汉日报》、北平的《华北日报》、天津的《民国日报》、广州的《中山日报》、香港的《东方日报》等。

军队也建立了自己的党报，其中最主要的是《扫荡报》，其前身为《扫荡日报》，1932年6月23日在南昌出版，1935年5月迁至武汉，更名为《扫荡报》。由于有军队的背景，又得到蒋介石的直接支持，该报有恃无恐，除了刊发积极反共文章，对一切不满意蒋介石统治的人和政治系别进行肆无忌惮的攻击，十分嚣张。

国民党中央广播电台的全称是中国国民党中央执行委员会广播无线电台，于1928年8月1日正式播音。不久，国民党省、市党部和政、军、警也相继设立广播电台。1932年夏，成立中央广播电台无线管理处，其直属于国民党中央执行委员会。1936年成立了以陈果夫为主任的中央广播事业指导委员会，制订全国广播电台分配办法、全国广播电台节目播送办法，规定从1936年10月起，所有各省公营、民营广播电台都要转播中央广播电台的简明新闻、时事述评、名人演讲等内容，如果没有足够的转播设备，到时必须停播自己的节目。

中央通讯社创办于1924年4月，即北伐战争前夕，北伐战争后由广州迁到武汉。南京国民政府成立后，蒋介石为了控制新闻发布权，在南京又建立了中央社。汪精卫发动“七一五”反革命政变后，蒋汪合流，武汉的中央社并入南京的中央社，从1928年起中央社陆续在各地设立分社。

1932年5月，国民党对该社进行改组，任命中宣部总干事萧同兹为社长。萧同兹推行“工作专业化”“业务社会化”“经营企业化”。1932年至1937年间，该社加快在全国设立分社和办事处，垄断了国内新闻。中央社又与路透社、哈瓦斯社、合众社等订立新闻交换合同，独享这些国际性通讯社的新闻。至1937年，采用中央社新闻稿的报社已达250家。

2.颁布新闻出版法规

1928年3月10日，国民政府公布了《中华民国刑法》，规定了破坏国体、变更国宪罪，妨害秩序罪，思想、意图罪等，使新闻活动处于极其危险的境地。

根据中国新闻法制史专家黄瑚的论著，1928年6月，国民党颁布了《指导党报条例》《指导普通刊物条例》《审查刊物条例》，规定所有报刊均须绝对遵循国民党的“主义”和政策，服从国民党中央及地方党部的审查。1929年8月，国民党通过了《出版条例原则》，9月通过了《日报登记办法》。

1930年12月16日，国民党政府颁布《出版法》。该法字面上对报刊的创办改成了登记制，但根据1931年10月7日公布的《出版法施行细则》，报刊发行人在提出申请登记后，仍与以前一样要经过一番审核手续。1937年7月公布的修正版《出版法》与《出版法施行细则》，进一步规定地方主管官署在审核报刊的登记申请时，“应送当地同级党部审查”，内政部接到前条登记文件，应送中央宣传部审查同意后才能发登记证。其禁载事项又给以言治罪以较大的自由裁量权。

3.采用新闻检查制度和特务手段

1929年1月10日，国民党颁布了《宣传品审查条例》，规定“各级党部及党员印制之宣传品及与之有关的刊物，均须一律呈送中央宣传部审查。凡不属本党之宣传品，除由中央宣传部调查征集外，其关系重大者，各级党部须随时查察征集”。审查标准是“总理遗教、国民党的主义、政纲、政策、决议案、国民党现行法令及其他一切经中央认可的党务政治记载”。国民党同时在全国各地遍设邮电检查所，进行新闻邮件检查，秘密扣留、没收和销毁对国民党统治不利的报刊图书。

从1932年底起，国民党颁布一系列新闻检查新规，如1932年11月的《宣传品审查标准》，1933年1月的《新闻检查标准》和《重要都市新闻检查办法》，1934年的《检查新闻办法大纲》等，将出版后审查改为出版前检查，在各地设立新闻检查所，对违检者予以惩罚。老报人陶菊隐先生在《记者生活30年——亲历民国重大事件》中说到，国民党检查报纸，达到无孔不入的程度：凡不利于国民党的记载，包括评论、新闻、图片、摄影及小品文，均被检查员删去；凡被删去之处，必须用其他文字或广告填补，不得“开天窗”，以免引起社会非难。他们甚至经常写些反共、反人民的新闻，勒令各报用“本报特讯”照稿登出。当时论者认为，过去北洋军阀控制上海时期，包括袁世凯、卢永祥、孙传芳几个时期，并无检查租界报纸之例，如有认为不合之处，也只采取停止邮寄的办法，或者通过工部局予以取缔。国民党所采取的上述手段，比他们厉害多了。

特务手段也是国民党实行新闻统制时常用的，不仅用来对付共产党报刊人员，也用于对付其他有进步倾向的报刊人士。邹韬奋曾进入特务的黑名单，只得流亡海外。戈公振应邹韬奋之邀，从苏联回国办报刊，下船不久莫名去世，人们也怀疑是国民党特务所为。最著名的是曾经轰动一时的史量才遇害案，当年蒋介石还佯装不知，下令彻查，多年后被共产党捕获的国民党特务说该案系国民党军统特务所为，并作为特务培训案例。

二、加强新闻统制与国民党统治走向崩溃

在抗日战争和解放战争时期，国民党强化了新闻统制制度，依靠战时新闻检查极大地限制新闻自由，打击异己，同时加强自己的新闻宣传网。然而在新闻界不断争取言论自由、反对新闻独裁的努力下，在中国人民对和平与民主的渴望中，国民党政府“内外交谪”，民心渐失，新闻统制不仅未能挽回，反而加速了国民党的崩溃。

1.重庆、桂林成为中心

1938年10月武汉失守后，重庆成为国民党政府的战时“陪都”，也是国民党统治区的新闻出版中心。先后出版的报纸和各地迁来的新闻机构有20多家。其中，共产党和进步人士的有《新华日报》、《群众》周刊、《全民抗战》等，中国青年记者学会总会也从桂林迁来，国际新闻社在重庆设有办事处。国民党的新闻事业单位有《中央日报》、中央广播电台、国际广播电台、中央通讯社、《扫荡报》等。民营的重要报纸有《大公报》《时事新报》《新民报》等，以及原在重庆出版的《新蜀报》《商务日报》《国民公报》等。

桂林也是当时重要的新闻出版地，有“文化城”之称。进步新闻事业利用广西地方实力派和蒋介石的矛盾，在桂林得到了发展。《新华日报》在此设立分馆。《救亡日报》在广州沦陷后迁到桂林。国际新闻社总社也设在这里。

抗战进入相持阶段后，国民党顽固派“消极抗日，积极反共”，1939

年发布了《限制异党活动办法》，1941年制造皖南事变。《救亡日报》、《全民抗战》、国际新闻社、“青记”等进步新闻机构或被查封，或被解散。在1942年一年中，被国民党当局查封的抗日报刊竟达500多种。

2. 抗战期间的新闻统制

1937年国共合作之初，国民党新闻统制政策一度得到缓和，然而在1938年10月武汉等地沦陷前后，其新闻统制思想与政策又继续发展。

1938年7月2日，国民政府公布实施《抗战建国纲领》，强调言论自由须限于法律之内，而当时的法律又很严苛地限制了言论自由。

1939年，国民党大力开展一个党、一个主义、一个领袖的宣传，要求国民全体的思想不得“违反国民革命最高原则之三民主义”，否则“一体纠绳”。

基于战时状态，国民党政府“名正言顺”地颁发了一系列加强统制的法令，如扩大新闻出版禁载事项的《新闻检查标准》，限制言论的《修正抗战期间图书杂志审查标准》《战时图书杂志原稿审查办法》《图书杂志查禁解禁暂行办法》，军委会拟定的《战时新闻检查办法》，内政部颁布的《印刷所承印未送审图书杂志原稿取缔办法》，国防最高委员会颁布的《对于新闻发布统制办法》，军委会指令核准施行的《战时新闻违检惩罚办法》，控制新闻记者的《新闻记者法》《新闻记者法实施细则》，等等。

在1944年抗日战争转入反攻阶段后，新闻界内外又发出废止战时新闻出版检查制度的呼声，迫使国民党政府做出让步。同年4月19日，国民党中宣部在外籍记者招待会上承认过去的检查办法有失当之处，此后对出版物禁载标准和审查尺度有所放宽，但全面内战爆发后又日益趋紧。

3. 战后的新闻事业扩张

1945年8月抗战胜利后，国统区新闻事业的中心转向上海、南京一带。国民党当局抢先在收复区扩展自己的新闻事业。原沦陷区的敌伪报馆、电台、通讯社等大都成了国民党的囊中物。例如，《中央日报》总编辑于9月

5日由重庆飞赴南京，接收了汪伪《中央日报》《中报》和兴中印刷所的设备与资财，在战前旧址重建起国民党的《中央日报》馆。国民党中央广播事业管理处早在1945年8月下旬就开始派员分赴各地接收日伪电台，并将其改建为国民党的官办电台。至1946年5月，国民党当局接收并改建的广播电台共21座，大小广播发射机41部。

上海在抗战前就是中国的报业中心，《申报》《新闻报》的市场占有率分别是国民党《中央日报》的四五倍。抗战胜利后，国民党趁接管敌占区之机，将它们改造成自己的准党报。

《申报》和《新闻报》在太平洋战争爆发后被日寇占据，抗战胜利后蒋介石对如何处置《申报》和《新闻报》多次做出指示，国民党中宣部拟定了《管理申报新闻报办法》和《申报新闻报报务管理委员会组织规程》等文件。《申报》的报务管理委员会主任由国民党中央宣传委员会主任潘公展担任，后来又由潘公展担任《申报》社长兼总主笔，国民党中宣部副部长陈布雷的兄弟陈训悆担任总经理兼总编辑。《新闻报》的报务管理委员会主任由中央通讯社社长萧同兹担任，后来又由曾任国民党当局财政部次长的钱新之担任董事长兼总主笔，程沧波任社长。

1946年5月国民党政府宣布还都南京，在接收敌伪新闻机构的基础上重建了较战前更为庞大的国民党新闻事业网。

其中，1947年国民党中央直接主办的党报有23家，单期总发行量约45万份；省级党部主办的党报27家，总发行量约14万份；地、县级党部主办的报纸数量更多，几乎占全国报纸总数的一半。湖南省所有的县、江苏省三分之二的县都办有县党部机关报。

国民党军事系统主办的报纸也甚多，到1947年已发展到229家，如《党军日报》《黄埔日报》《阵中日报》等。老牌国民党军报《扫荡报》此时已发展到9家，分别在南京、重庆、上海、汉口、兰州、广州、沈阳、台北、海口9个城市出版。该报虽在抗战胜利前一年宣布改制，名义上不再隶属于国民党军委会，抗战胜利后改名为《和平日报》，但在宣传上仍一如既往与人民为敌。1949年7月1日，该报恢复了《扫荡报》原名。

国民党在战后通过投资、改组等方式控制的一批有影响的民营报纸，包括《东南日报》《申报》《新闻报》等，单期总销量也有40多万份。国民党还指使特务、军警以个人名义办报，扩大阵地。

这时国民党中央通讯社的国内分社已达43家，其中战后新创建的有25家；国外分社和特派员办事处也达25家，其中战后新建的有13家；全社工作人员2653人，较战前增加一倍。

国民党系统的广播电台在战后发展到100多家，其中国民党中央广播事业管理处直辖的电台有41家。

从1946年7月起，国民党施行党报企业化计划，《中央日报》也按《公司法》转变为企业，至1947年5月30日成立了中央日报股份有限公司。这在表面上摆出让党报独立运行的姿态，实质上是要加强对报刊业的控制，并增强党报的市场竞争力和社会影响力。许多党报社发展为报团组织。例如，《中央日报》社，在战后发展成一个拥有12个分社的报团组织，在12个重要城市同时出版报纸；《和平日报》社拥有9个分社，在9个重要城市同时出版；《武汉日报》社、《中山日报》社、《东南日报》社等也发展成报团组织，在其他城市同时出版。

蒋介石认为新闻事业关乎成败，曾在中央政治学校新闻专修班毕业典礼上发表训词——《今日新闻界之责任》和《怎样做一个现代新闻记者》，表达了新闻为政治服务（为国民党当局的专制统治服务）的思想。国民党企图控制新闻出版来操控社会的主流话语，截断广大民众深入了解社会、反映意见和呼声的主要途径，以此维护国民党的统治。

正如蔡铭泽教授所言，从表面上看，国民党新闻事业处于一个多元竞争的新闻传媒环境，并按照资本主义的企业方式来组织和运营，但实际上它是一个封闭的体系，受到国民党中央宣传部及最高统治者严密而直接的控制，同时又压制和打击非国民党报刊，与新闻界其他部分处于尖锐对立的状态，具有封闭性、排他性和独占性。

4.新闻统制进一步加强

1946年6月全面内战爆发后，国民党集团发布了控制新闻舆论、迫害进步新闻事业的“密令”，取缔对其统治不利的新闻传播活动。据1947年4月22日重庆《世界日报》报道，国民党当局以“登记未准”或“尚未办竣登记手续”为由封禁的报刊至少有100多种。

国民党还修改了《戒严法》，规定在戒严地区停止集会结社，“取缔言论、讲学、新闻杂志、图画、告白、标语暨其他出版物之认为与军事有妨害者”。1947年10月31日，国民党政府公布《出版法修正草案》，规定报刊等出版物如果违法，均按刑法规定惩处。同年12月，国民党政府公布《戡乱时期危害国家紧急治罪条例》，规定“以文字、图画或演说为匪徒宣传者，处3年以上7年以下有期徒刑”，情节严重的可“处死刑或无期徒刑或10年以上有期徒刑”。

这一时期有关新闻出版活动的重要法令还有《白报纸配给标准》（旨在通过纸张供应控制来扼杀进步新闻活动）、《特种营业管制方法》（将书刊印刷行业列入特种行业严加控制）。

根据上述法令，国民党当局动用大批军警宪特，捣毁报馆，捕杀报人，在新闻界实行白色恐怖。1947年2月中旬国共和谈破裂前夕，国民党当局在北平市对中共地下党员、民主人士及其他“嫌疑分子”实行大逮捕，几天内逮捕了2000多人。

新华日报社所在地重庆化龙桥是一片洼地，国共合作破裂前，国民党军队就在四周山上构筑了工事，将报社置于严密监视之下。他们还让特务、警官办起了一份与其名称相近的《新华时报》，以图鱼目混珠。国共合作破裂后，国民党于1947年2月28日凌晨包围了新华日报馆，限令停止一切活动。3月9日，《新华日报》重庆馆和成都营业分处的工作人员，乘飞机离渝返回延安。《群众》杂志于1947年3月2日在上海出版至第14卷第9期后被迫停刊，撤回解放区。

民主党派进步团体的报刊也遭到了国民党当局的限制、迫害与摧残。中国民主同盟（民盟）机关报《民主报》，坚持正义立场，于1946年8月1日由原来的4开小张扩版为对开大张，增加新闻报道与副刊。该报同《新华日报》密切配合，相互支持，为民主运动进行宣传，还多次发起或参与签名、抗议、请愿。该报多次遭国民党特务的袭击和威胁。1947年3月2日，《民主报》被国民党当局勒令停刊。其他被国民党查封的民盟报刊还有重庆《民主星期刊》、桂林《民主星期刊》、成都《民众时报》等。在上海，遭国民党当局迫害与摧残的报刊为数更多。国民党还采用特务手段迫害新闻出版界人士，如暗杀李公朴、闻一多。

李公朴是全民通讯社社长，《读书生活》半月刊、《全民》周刊、《青年》周刊及北门书屋的创办者，西南联合大学教授，于1946年7月11日在昆明被国民党特务暗杀。闻一多是中国民主同盟中央执行委员、《民主周刊》社社长，7月15日在昆明被国民党特务暗杀。这连续两起血案激起了全国舆论界极大的愤怒，人们举行了广泛的抗议活动。

在重庆，国民党当局于1947年6月1日出动大批军警宪特，对新闻界人士进行大逮捕，一天之内被捕人员达30多个。

国民党对民营广播电台也不例外。为了遏止民营电台的发展，国民党政府交通部于1946年2月公布了《广播无线电台设置规则》，对电台的设置、公布、数量、功率和内容等均详加限制。国民党交通部上海电信局还奉命自3月起对上海民营电台进行整顿。6月，中央广播事业指导委员会决定，“由交通部限制上海民营广播电台数目，绝对不得超过20座”，并“由交通部指令10个频率（在700千周以上）分配以上20台轮流使用”，“余由淞沪警备司令部执行封闭”。据此，上海民营电台被封闭54家，仅剩的22家中绝大多数必须同其他电台合用一个频率。

5. 走向全面崩溃

在解放战争后期，国民党的统治日渐失败，其新闻机构只是御用宣传机器，尽管新闻机构可看到大量的军队节节败退、官员腐败违法等事实，但呈现给受众的则尽是“战功”，连“撤离”也少见。在辽沈、淮海、平津三大战役中，国民党报刊、电台和通讯社把丢盔弃甲的全线溃逃描述成英明果断的“战略转移”。直至大势已去，蒋介石“引退”求和时，《中央日报》还在大喊“不迁都”“打到底”“安定京沪”“固若金汤”。

新闻统制使国民党加强了反动宣传，失去了监督和纠错机制，也失去了民心。在大陆和中国台湾都是如此。其结果不仅不能从根本上维持国民党统治，使其新闻事业毫无独立根基，而且会随着国民党统治权的丧失而崩溃。《中央日报》在1948年开始筹办台北版。中央通讯社在1948年下半年关闭了开封、济南、长春、沈阳等分社，12月初南京总社也将重要器材运往台北，1949年7月在台北成立总社办事处。中央广播电台在南京被占领前夕将设备运往台湾。

1949年5月27日解放军占领上海，由国民党控制的《新闻报》和《申报》分别于5月25日和27日停刊。

第四节　民营新闻传媒的艰难困苦与玉汝于成

辛亥革命以后，实业救国和民主共和一起成为社会的主流思潮，设工厂、开银行成为一时风气。1927年至1937年，中国的私营经济空前高涨，工商业的发展成绩斐然，以上海为首的长江中下游及沿海地区、以北京为首的华北地区都市群兴起，为产品提供了广阔的消费市场，人们对新闻媒介的信息、广告等需求也迅速增加。

这一时期国内形势错综复杂，局势动荡不定，此时的人民更需要了解真实详尽的新闻，并通过媒体表达自己的呼声。民营报刊具有一定的中立色彩，取得了许多民众的相对信任。

民营传媒业在这一时期完成了原始资本积累，出现蓬勃发展之势，成为报业市场上的主体，并代表了当时的新闻专业化最高水平。然而，民营传媒业也受到政治的很大影响和制约。为了避免国民党当局的干预，许多民营报纸办在租界，或挂在外商名下。1933年国民政府在租界设立新闻检查所之前，租界内没有新闻审查制度。

据统计，1926年全国有报纸600多种，1937年有1000多种。其中绝大多数是民营报纸。报刊品种丰富，各种细分小报出现过1000多种，画报也大量出现，1934年仅上海一地出版的画报（不包括报纸的图画副刊）就有23种。民营的《申报》《新闻报》《大公报》、成舍我办的报纸等，是代表当时最高新闻业务水平的报纸。

“商人办报，文人论政”是当时许多知识分子的新闻理想。《大公报》成为实践这种理想的典范，获得许多人的认同和追捧。中国近现代民营报刊上有各种素质的“文人论政”，其中有稻粱谋者，有官方的御用文人，许多人具有强烈的爱国心和责任感、敢作敢为“成仁取义”精神，以及深广的学识和敏锐的政治洞察力。然而在缺乏真正的民主和自由的环境下，“文人论政”的范围与作用都十分有限，许多论政的文人最终也走向各个政治阵营，部分或全部地成为“政人”。

受到报业发展的推动，民间通讯社也异常活跃，从1926年到1937年，民间通讯社由155家发展到520家以上。1923年中国出现了第一家广播电台，之后广播电台遍地开花，其中绝大多数是民营的，1937年全国已有商业广播电台45座。

一、夹缝中求生

民营传媒处于国共两极新闻事业的夹缝中，受到国民党新闻统制政策的很大限制与摧残，无法完全按照自身的经济规律顺利发展，甚至遇到致命的挫折。

这期间有一些最具有代表性的民营报刊和报人。

1.成舍我与他的报纸

成舍我，原名成勋，后名成平，笔名舍我，湖南湘乡人，出生于南京。从1913年开始，他为安庆《民岩报》撰稿，到1988年在台北创办《台湾立报》，直至1991年去世，其从事新闻业近78年，一生参与创办媒体、刊物近20家，直接创办12家。成舍我于1933年在北平创立世界新闻专科学校，1942年在桂林创立世界新闻专科学校，1955年在台湾创立世界新闻职业学校，该校后升格为世界新闻专科学校（现名世新大学）。

成舍我自办报纸始于“世界报系”：1924年4月，成舍我创办《世界晚报》，次年2月创办《世界日报》，10月创办《世界画报》。“世界报系”言论秉公，内容丰富，副刊出色。《世界晚报》的副刊《夜光》连载了张恨水的长篇小说《春明外史》。《世界日报》的副刊《明珠》连载了张恨水的长篇小说《金粉世家》，达2196次，历时7年，成为风靡一时的小说。该副刊由刘半农担任主编，邀请许多学者名家撰稿。如鲁迅的杂文《马上日记》，张闻天的小说《周先生》，许钦文的小说《我的父亲和兰花》，沈尹默的旧体诗《杂感七首》等，都使副刊增色不少。《世界日报》的销量在1930年底突破1万份大关，至抗战前夕高达3万份，成为北平第一大报。

在林白水被杀害的第二天，成舍我也被军阀抓获，英国路透社甚至抢发电讯："成舍我已被处决。"他的夫人向前总理孙宝琦求助，孙宝琦将他救出。

1928年3月，成舍我在南京创办《民生报》。一年后，该报发行1.5万份，多时发行达3万份，超过了南京《中央日报》的销量。1934年5月，成舍我因《民生报》得罪汪精卫亲信,《民生报》被勒令停办，成舍我被拘留40天。获释后，成舍我又到上海，于次年创办《立报》，创办不到半年，日销量就超过10万份。1937年，该报日销量达20万份，打破了我国自有日报以来发行量的最高纪录。

限于经济实力，成舍我的《民生报》和《立报》都是四开版的小型报纸。在这一时期，综合性大报与政论性报刊占据主导地位，新型小报的发展也达到了鼎盛。据统计，上海在20世纪20年代末30年代初，先后出版的小型报达700多种，几乎占上海小报史上出版总量的四分之三。相较于大报，新型的小报多是廉价化、简洁化的，而成舍我的小报以大报的格局安排版面，以精编的方式组织稿件,《立报》的副刊中复旦大学新闻系主任谢六逸主持《言林》，鸳鸯蝴蝶派作家张恨水、包天笑主持《花果山》，著名报人萨空了主持《小茶馆》。

抗日战争全面爆发后，成舍我在北平和上海的事业丧失殆尽。他于1938年在香港办起了《立报》，香港沦陷后，他又到桂林创办学校，桂林失守后，他转到重庆重新办起《世界日报》和《世界晚报》。直到1949年2月，他的两个"世界"才停止。1988年，即台湾"报禁"解除的第一年，90岁高龄的成舍我又创办《台湾立报》。

成舍我之子、全国人大常委会副委员长、民建中央主席成思危在回忆父亲时，总结了父亲的四种精神——自强不息、刚直不屈、爱国不渝、情深不移。

2.新记《大公报》与张季鸾等

新记《大公报》时期是指1926年至1949年间。1925年11月27日，原来的《大公报》停刊。曾任《大公报》总经理的胡政之与天津盐业银行总经理吴鼎昌、报人张季鸾共同筹办《大公报》新记公司。三人拟定五项原则：资金由吴鼎昌筹措，不向任何方面募款；三人专心办报，三年内不得担任任何有奉给的公职；胡政之、张季鸾二人以劳力入股，每届年终，由报馆送相当股额之股票；吴鼎昌担任社长，胡政之担任经理兼副总编辑，张季鸾担任总编辑兼副经理；三人共组社评委员会，研究时事，商榷意见，决定主张，轮流执笔，最后张季鸾负责修正，三人意见不同时，由多数决定，三人意见各不同时，以张季鸾的意见为准。

1926年9月1日，《大公报》在天津复刊。在《大公报》复刊号发表的《本社同人之旨趣》中，提出了著名的四不社训："不党、不卖、不私、不盲。""不党"，就是纯以公民之地位发表意见，此外无成见、无背景。凡其行为利于国者，吾人拥护之；其害国者，纠弹之。"不卖"，就是不以言论作交易，换言之，不受一切带有政治性质之金钱补助，且不接受政治方面之入股投资。是以吾人之言论，或不免囿于知识及感情，而断不为金钱所左右。"不私"，就是除愿忠于报纸固有之职务外，并无私图，换言之，对于报纸并无私用，愿向全国开放，使为公众喉舌。"不盲"，就是不盲从、不盲信、不盲动、不盲争。

张季鸾，名炽章，祖籍陕西榆林，生于山东邹平，1905年官费留学日本。1908年回国，张季鸾担任《民立报》记者。辛亥革命后，张季鸾担任孙中山先生的秘书，负责起草《临时大总统就职宣言》等重要文件，后因反袁世凯被捕。出狱后，张季鸾先后担任《大共和日报》编译和《民信日报》总编辑，1916年担任上海《新闻报》驻北京记者，1916年至1924年担任北京、上海两地的《中华新报》总编辑，1942年9月6日病逝于重庆，有文集《季鸾文存》传世。

张季鸾文笔犀利酣畅，尤擅新闻评论，曾传授给王芸生二十字秘诀："以锋利之笔写忠厚之文；以钝拙之笔写尖锐之文。"他的三篇被称为"三骂"的社评，脍炙人口。一骂吴佩孚。1926年12月4日的《大公报》社评《跌霸》中说："吴氏之为人，一言以蔽之，曰有气力而无知识，今则并力无之，但有气耳。"二骂汪精卫。1927年11月4日的《呜呼领袖之罪恶》，指斥汪精卫"特以'好为人上'之故，可以举国家利益，地方治安，人民生命财产，以殉其变化无常目标不定之领袖欲"。三骂蒋介石。1927年12月2日发表的《蒋介石之人生观》社评，针对蒋介石因刚与宋美龄结婚而"深信人生若无美满姻缘，一切皆无意味"，并"确信自今日结婚后，革命工作必有进步"的说法，张季鸾以犀利尖锐的笔触指出"蒋氏人生观之谬误"："夫何谓革命？牺牲一己以救社会之谓也。命且不惜，何论妇人？""兵士殉生，将帅谈爱；人生不平，至此极矣。"社评责问，以蒋氏的结婚后革命工作必有进步的说法，来论南京政府军队有数十万，国民党党员也有数十万，"蒋氏能否一一与谋美满之姻缘，俾加紧所谓革命工作？"。

胡政之，名霖，字政之，四川成都人。胡政之1907年自费赴日留学，1911年归国。1912年胡政之担任上海《大共和报》日文翻译，后继任编辑、主笔，1915年被派驻北京，以消息快捷受到关注。1916年安福系王郅隆接办《大公报》后，聘胡政之为经理兼总编。他对《大公报》进行改革，聘请林白水、梁鸿志、王峨孙等为特约访员，每天以电话向天津发消息，或以快件寄稿，新闻因此大有改观。同时胡政之改革版面，抛弃旧式书册样式，改用西式通栏，版面设计不断提高。在张勋复辟、新文化运动中，胡政之发表了不少有分量的报道和文章。同时胡政之也密切注意国际动向，

1918年作为《大公报》记者前往欧洲采访巴黎和会，是与会者中唯一的中国记者。1920年7月胡政之回国后不久辞职，1921年9月1日在上海组织国闻通讯社，1924年8月23日创办《国闻周报》。

在新记《大公报》的“三巨头”中，胡政之主持《大公报》的时间最长，先后达27年之久。他一生以报人自任，国民党政府多次邀他做官，都被拒绝。他曾言：“我与社会上层人物和达官权贵虽多交往，但只有公谊而无私交，所谈皆国内外时势大事，从不涉私，这样对于事业是有利的。”1945年4月，联合国成立大会在美国旧金山举行，他以中国新闻界代表和国民参政会参政员的身份，作为中国代表团成员与会，并在《联合国宪章》上签字。1948年胡政之亲自主持《大公报》香港版复刊工作，4月回上海就医，一年后在上海去世。

《大公报》追求新闻职业理想，表现出很强的新闻职业精神，成为中国新闻专业化的最突出典范，得到了读者，尤其是知识分子的广泛认同。1926年《大公报》续刊时，发行量不足2000份，次年5月升至6000余份，5年后达到5万份，1936年突破10万份，成为全国一流的新闻媒介和舆论中心。

1935年，在国民党一片“剿匪”声中，《大公报》发表了范长江采访延安的稿子，报道了陕北的真相。1935年12月，吴鼎昌出任南京政府实业部部长，辞去社长一职。1936年4月1日，《大公报》创办上海版。“七七”事变爆发后，天津、上海相继陷落，《大公报》力主抗战，表示“一不投降，二不受辱”，天津版、上海版分别于1937年8月5日、12月14日休刊。

抗战期间，《大公报》汉口版（1937年9月18日至1938年10月17日）、香港版（1938年8月13日至1941年12月13日）、重庆版（1938年12月1日至1952年8月4日）和桂林版（1941年3月15日至1944年9月12日）先后创办。1941年4月，《大公报》被美国密苏里大学新闻学院评选为当年最佳外国报纸，授予荣誉奖章。

抗战胜利后，《大公报》上海版于1945年11月1日复刊，天津版于12月1日复刊，香港版于1948年3月15日复刊，重庆版继续出版。

《大公报》一度支持过国民党的内战政策，1948年后因立场有所改变而受到当局迫害，重庆版一度被强行接收。中华人民共和国成立后，《大公报》重庆版、上海版先后停刊，天津版改名为《进步日报》，旋又恢复原名，迁至北京，主要报道财政经济和国际问题，1966年9月10日停刊。香港版出版至今。

《大公报》还培养了范长江、徐铸成、王芸生等一大批著名新闻工作者。

范长江（1909—1970），原名希天，四川省内江人。1927年初范长江进入中法大学重庆分校学习，后加入贺龙领导的国民革命军，并随贺龙参加“八一”南昌起义。范长江随部队转战时遭到围攻，与部队失去联系，辗转到了南京。1928年秋范长江为谋生计考入中央政治学校。该校原名中央党务学校，是国民党政府培养行政干部的大学，蒋介石兼任校长。1932年初，范长江离开南京到北平，同年秋进入北京大学哲学系学习。从1933年下半年起，范长江为北平的《晨报》《世界日报》、天津的《益世报》等撰写新闻通讯，后来专为《大公报》撰稿。1935年7月范长江以《大公报》旅行记者的名义开始西北之行，历时10个月，行程6000余千米，沿途写下了大量的旅行通讯。其中，《岷山南北剿匪军事之现势》和《成兰纪行》两文，公开、客观地报道了红军长征的有关信息，在全国引起了强烈反响。不久，这些通讯被汇编为《中国的西北角》一书，大受读者欢迎，连印了7次。

西北之行结束后，范长江被《大公报》聘为正式记者。1936年12月“西安事变”发生后，他到了西安，采访了周恩来，又于1937年2月9日到达延安。当天下午，抗日军政大学举行了热烈的欢迎仪式，范长江见了林彪、廖承志、朱德等。晚上，毛泽东与他进行了长达10个小时的通宵长谈，并建议范长江立即回上海，利用《大公报》的影响，宣传抗日民族统一战线政策，动员全国人民团结起来一致对外。范长江旋即经西安回到上海，连夜写就了《动荡中之西北大局》，发表于次日的《大公报》上。随后，他连续在上海《大公报》上刊登了《暂别了，绥远》《宁夏进入记》《陇东未走通》等3万多字的长篇通讯。

1937年11月8日，在周恩来的直接指导下，范长江与胡愈之、夏衍等团结全国进步记者，组成了中国青年记者协会，这也是现今中国记者节的由来。1939年5月，由周恩来作为介绍人，范长江秘密加入了中国共产党。抗战胜利后，周恩来指名由范长江任中共中央和平谈判代表团新闻处处长，并担任中共对外发言人。

1949年1月31日北平和平解放，时任新华社总编辑的范长江带队接管国民党在北平的各新闻机构。同年11月范长江任新闻总署副署长，1950年1月至1952年6月任人民日报社社长，后来先后调任政务院文化教育委员会副秘书长、国务院第二办公室副主任、中国科协副主席。1991年，中国记协与范长江新闻奖基金会联合设立范长江新闻奖，这是表彰奖励我国中青年新闻工作者的最高奖项。

3.《申报》与史量才

在1909年国人第二次办报高潮中，《申报》的华人经理席子佩买下《申报》的控股权，1912年控股权转让给张謇、史量才等5人，后张謇等人退出，《申报》由史量才独资经营。1926年《申报》发行量激增至14万多份，全国领先。史量才积极扩大办报事业，尝试实现报业托拉斯。1927年史量才购进《时事新报》的全部股权，1929年又从美国商人福开森手中买了《新闻报》的大部分股权，由于国民党当局的干涉和新闻报社内部抵制，史量才只得放弃《新闻报》的控股权。

从1931年起，《申报》进行改革，聘用黄炎培、戈公振、陶行知等进步人士，《申报》成为当时进步文化和先进思想的传播阵地。“九一八”事变后，《申报》连续发表《日军突然占据沈阳》《国人乎速猛醒奋起》等社评。

史量才认为《申报》在上海租界，国民党政府奈何不了，因而对国民党政府的重大政治经济举措常旁敲侧击地批评。1931年11月29日，在蒋介石的指使下，国民党左派领袖邓演达被秘密杀害，《申报》发表宋庆龄的宣言。

1932年“一·二八”事变后，《申报》积极声援淞沪抗战，及时详尽地报道抗战活动，史量才还带头捐出了20余万元巨款。1932年6月30日和7月2日、4日，《申报》连发三篇关于剿匪的评论，反对蒋介石“攘外必先安内”政策。从7月16日起，《申报》被禁邮，发往外埠的报纸被秘密销毁，史量才通过上层关系方知是蒋介石下的指令。对于《申报》的解禁要求，当局提出三个条件：改变评论的态度，撤换总编等人员，接受国民党派员指导。史量才对前两项暂表让步，对最后一项绝不接受，《申报》被禁邮35天后方恢复。

1932年11月，史量才聘请年仅28岁、刚从法国归来的黎烈文担任《自由谈》主编。从1933年起，《自由谈》发表了许多进步作家的文章，进步作家如郁达夫、叶圣陶、陈望道、胡愈之、夏丏尊、巴金、老舍、李辉英、张天翼、徐懋庸、王任叔等，都是左翼人士，陈子展、曹聚仁等虽非左翼组织中人，也都倾向进步。茅盾说：“左翼作家能在这上海的第一大报、著名的保守势力《申报》上撕破一角，占领一席阵地，无疑是个大胜利。”

1934年11月13日，史量才与妻儿等人由杭州回沪，在私家车行驶至海宁附近翁家埠大闸口时，遭埋伏在路旁的国民党特务阻击追杀，连中数枪身亡。

4.邹韬奋及其报刊

邹韬奋（1895—1944），著名编辑和出版家。他先后主编了《生活》、《生活日报》和《全民抗战》等六刊一报，还创办了生活书店，生活书店后与新知书店、读书出版社合并成著名的三联书店。他撰写了数百万字的评论与通讯，主要著作收于1955年出版的《韬奋文集》。以他的名字命名的韬奋新闻奖是目前我国新闻编辑的最高奖；韬奋出版奖是目前我国出版界最高奖。

邹韬奋，祖籍江西余江，出生在福建永安，原名邹恩润，笔名韬奋。他曾对好友说："韬是韬光养晦的韬，奋是奋斗的奋。一面要韬光养晦，一面要奋斗。"

他求学于上海南洋公学（上海交通大学前身）的下院、中院、上院，即小学、中学、大学。邹韬奋在读大学时学的是机电工程专业，后转入上海圣约翰大学文科。1921年大学毕业后，邹韬奋先后任上海纱布交易所英文秘书、时事新报社办公室主任秘书、上海青年会中学的英文教师，并担任中华职业教育社编辑部主任，主编《教育与职业》月刊。

1926年10月，邹韬奋任《生活》周刊责任编辑。邹韬奋决定根据社会和读者需要，从内容到形式，对《生活》周刊进行大幅度的革新。他确定该刊的宗旨为"暗示人生修养，唤起服务精神，力谋社会改造"。该刊发行量超过了15万份，为一时之最。

1932年邹韬奋参加中国民权保障同盟，当选为执行委员。1933年6月18日同盟总干事杨杏佛被国民党特务暗杀，邹韬奋也被列入黑名单，7月14日出国流亡。12月16日，《生活》周刊被国民党政府以"言论反动、思想过激、毁谤党国"的罪名查封。

1935年8月底，邹韬奋回国，11月16日在上海创办《大众生活》周刊，该刊单期发行量曾高达20万，但又被国民党当局下令停刊，仅出至第16期。邹韬奋被迫再次流亡。

1936年6月7日，邹韬奋在香港创刊《生活日报》，星期日出《生活日报星期增刊》，成为抗日救亡活动的重要舆论阵地。

《生活日报》于1936年7月31日自动停刊，迁往上海，但未获国民党政府登记，不能出版。《生活日报星期增刊》改为《生活日报周刊》，8月下旬迁往上海，改名为《生活星期刊》。11月22日深夜，邹韬奋与沈钧儒等在上海被捕，舆论界称他们为“七君子”。12月《生活星期刊》被迫停刊。宋庆龄领导救国会采取一系列措施营救“七君子”，1937年7月31日邹韬奋获释。

1937年8月19日，邹韬奋在上海创办并主编《抗战》三日刊，同时出版《抗战画报》六日刊。《抗战》于12月16日起迁至汉口出版，1938年7月7日与《全民》月刊合并为《全民抗战》三日刊，邹韬奋担任总发行人，最高单期发行量曾高达30万。1938年10月《全民抗战》迁至重庆，不久停刊。

1938年邹韬奋担任国民参政会参政员。1941年各地生活书店被国民党政府查封，邹韬奋辞去参政员职务，前往香港，使《大众生活》复刊，抨击国民党的内外政策。5月邹韬奋协助成立中国民主政团同盟。1942年1月邹韬奋离开香港到广东东江抗日根据地。10月邹韬奋经上海到苏北解放区。1943年邹韬奋因患癌症秘密回上海治病。次年7月24日邹韬奋在上海病逝。中共中央根据他生前的申请，追认其为中国共产党党员。重庆和延安都举行了追悼会，毛泽东题写了挽词：“热爱人民，真诚地为人民服务，鞠躬尽瘁，死而后已，这就是邹韬奋先生的精神，这就是他之所以感动人的地方。”

二、战争时期举步维艰

1.艰难成长

抗战全面爆发之初，上海是抗日宣传的中心。除了原有报刊，又出现了《抗战》三日刊、《救亡日报》、《文化战线》、《战时妇女》、《救亡周刊》、《战时联合旬刊》等一批抗日救亡报刊，其中大都是民间个人和团体创办的。

1937年11月后，上海、南京相继沦陷，武汉成为中国抗日的军事、政治中心，抗日宣传中心，大批民营新闻机构也纷纷迁至武汉。1938年武汉失守后，报刊又向重庆和桂林转移。

抗战期间，绝大多数民营报纸的态度都很鲜明，宁肯事业受损，绝不屈膝投敌，也不接受日寇的检查，或果断停刊，或辗转迁移，谋求新的发展，表现出了高尚的民族气节。

《新民报》就是其中很有代表性的报纸。该报是由川籍青年记者陈铭德、吴竹似、刘正华于1929年9月在南京创办，报名取“作育新民”之意。1931年“九一八”事变后，该报抗战救国的立场很鲜明，及时报道日寇侵华的消息，反映全国人民抗日救国的活动，敦促国民党政府放弃妥协、抗战到底。该报出版至南京沦陷前16天时停刊。

1938年1月15日，《新民报》在重庆复刊，抗战激情不减，并紧随《新华日报》，多次举行义卖支持抗战。副刊主持人张恨水、张友鸾、张慧剑等均为名流高手，他们以冷峻犀利之笔点评时事，颇具影响力。到1945年1月，《新民报》已在重庆和成都各有日晚两刊。

抗战胜利后，《新民报》总管理处由重庆迁回南京，1946年元旦出版南京版晚刊。10月10日《新民报》恢复出版南京版日刊，此后同时在南京、上海、北平、重庆、成都等五地出版，成为拥有5个分社、日晚刊共8种报纸的民营报业集团。周恩来曾为《新民报》题词："全民团结，持久斗争。抗战必胜，建国必成。"

陈铭德（1897—1989），四川长寿人，青年时代深受五四运动时期思想影响，后加入孙中山先生领导的国民党。1923年陈铭德应邀到北平在《国民日报》担任编辑，5年后到南京国民党中央通讯社担任编辑，1929年9月9日与另外两名中央通讯社编辑吴竹似、刘正华在南京创办《新民报》。1937年南京《新民报》改组为股份有限公司，陈铭德任董事兼总经理。中华人民共和国成立后，陈铭德任上海《新民报晚刊》副社长、顾问，北京市社会福利局副局长，全国政协第六届、第七届常委，中国国民党革命委员会中央委员会常务委员、监察委员会副主席等。

负责经营的陈铭德夫人邓季惺出身于世代绅商之家，其子吴敬琏是当今中国最著名的经济学家之一。1933年，邓季惺从北平朝阳大学法律系毕业。1937年6月，邓季惺担任《新民报》副经理，之后又担任《新民报》成都、重庆、南京、北平分社经理。1948年6月，邓季惺在立法院对国民党政府轰炸开封之事进行质询，《新民报》披露了立法院会议上的争论，引起国民党当局极度不满，7月《新民报》被勒令永久停刊。邓季惺听说政府也对她下了逮捕令，便化名逃往香港。1949年4月邓季惺回到北平，继续主持北平《新民报》的工作。后来邓季惺担任北京市民政局副局长、北京市女记者协会名誉会长等。

2."孤岛"奇观

1937年11月12日，国民党军队撤离淞沪，日军占领上海华界地区，英、美、法等西方国家控制的上海租界因其四周均为日军侵占而形同"孤岛"。这一情形一直持续到1941年12月8日太平洋战争爆发、日军进占上海租界。

1937年日寇占领上海不久便发布告示，对租界内的中国人创办的报纸进行新闻检查，因此中国人在租界出版的爱国报刊也被迫停刊或迁往内地，仅当年就有30种停刊。

进步政治力量和民间人士利用“孤岛”的特殊环境，设法继续办报刊。美商的《大美晚报》中文版和《华美晚报》可免受检查，在中国编辑人员的主持下继续进行抗日救国的宣传报道。由共产党人主持的《译报》于1937年12月9日创办，所刊新闻和言论都译自英、美、法等国通讯社稿件和上海租界出版的外文报纸，经编者的精心选择与改写，客观反映抗战的基本形势，大胆揭露日军的侵略暴行，准确宣传中国共产党实行抗日统一战线、坚持持久抗战的主张。12月20日，在日军压力下，《译报》被租界当局取缔，仅出版了12期。

办“洋旗报”是重要的策略，即聘请外国人担任发行人，或在外国注册，打着“英商”“美商”的招牌创办或复刊，计有17种。

日伪势力对爱国报刊不断压制，至1939年上半年，《每日译报》《文汇报》《导报》等被迫停办，同年和次年，朱惺公、张似旭等爱国报人相继被杀。太平洋战争爆发后，“洋旗报”也被迫停办，只有《申报》和《新闻报》在日伪控制下继续出版。

3.“中间”无路

战前在上海、北平、天津、南京等大城市出版的一批著名商业性大报，战后纷纷迁回原地，其中不少报纸还在其他城市增设分社，推出分版。《大公报》在战后有4个分版（上海、天津、重庆、香港）。陈铭德、邓季惺夫妇主办的《新民报》战前仅在南京一地出版，抗战期间在重庆、成都两地同时出版，战后发展成为拥有南京、上海、北平、重庆、成都5个分社和日晚刊8种报纸的报团组织，单期总销数约12万份。成舍我的“世界报系”、天津天主教报纸《益世报》等，也都有一定的发展。

全面内战爆发后，欲在国共两党之间走中间道路的民营报刊日益艰难，“中间偏左”的更难生存。马叙伦主编的综合性学术杂志《昌言》于1946年5月4日创刊，但在创刊一个月后被国民党当局勒令停刊。唐弢、柯灵主编的《周报》和郑振铎主编的《民主》，也分别于1946年8月24日和10月31日被勒令停办。1947年5月24日，上海《文汇报》、《新民报》和《联合日报晚刊》在同一天被查封。《新民报》于7月30日复刊，但总编辑由国民党派人担任。1948年7月8日，《新民报》南京总部的日晚刊被永久停办。

《大公报》于1945年底恢复了上海版和天津版，1948年3月香港版复刊。

在国民党方面，陶希圣秉承蒋介石的旨意，在1947年11月30日的《中央日报》上发表社论，指名攻击《大公报》总编辑王芸生。

1949年1月15日，解放军攻占天津，津版《大公报》改为《进步日报》。3月初，王芸生等奔赴解放区，解放军占领上海后王芸生又赴上海。6月17日王芸生在沪版《大公报》上发表《大公报新生宣言》，宣布该报归人民所有。

1949年11月30日，解放军占领重庆，渝版《大公报》继续出版，1952年8月4日终刊。后来中共重庆市委在其基础上创办市委机关报《重庆日报》。

倡导自由主义新闻理念的《观察》周刊因国民党真面目的暴露而改变政治立场，为一些失去舆论阵地的民主人士如吴晗、张志让等人提供讲坛，1948年12月被国民党当局查封，主编储安平愤而离沪去了解放区。

第四章
中国当代新闻事业与社会发展

1949年中华人民共和国成立后，中国共产党补充、扩大和加强原有的新闻事业网，同时对私营的新闻传媒实行国有化改造。在继承传统和学习苏联的基础上，建立起了庞大而又高度集中统一的新闻事业体系。

这一体系对社会主义革命和建设进行了有效的宣传、指导和鼓动，规模迅速扩大，新闻业务也不断改进。然而该体系起初没能充分、全面地发挥新闻传媒的传递信息、交流意见、舆论监督等作用，宣传方面也有思想批判运动过火等失误。1956年的新闻工作改革对这些问题采取了扩大报道面、开展自由讨论、改进文风等措施。但这场改革的成果不久便不复存在。我们传统的新闻思想理论过分强调新闻媒介的宣传鼓动作用，忽视和排斥其他作用，难免造成“信息茧房”和“意见回音室”效应。[①]然而当时并未察觉，在经济建设和政治运动中一再强化，在“文化大革命”时达到巅峰，至今仍需吸取经验和教训。

① 信息茧房是指被自己关注的信息所包围，犹如蚕在茧房中。意见回音室是指听到的只是与自己相似的意见，犹如自己的意见在回音室被返回来。领导人的意见还会被加强、放大，犹如经过了扩音器。

第一节　新闻体系形成期

中华人民共和国成立后，党和政府对各行各业进行公有化改造，建立起计划经济。新闻业较早地为党和国家集中掌握，建立了以《人民日报》为龙头，以党报党刊为主体的报刊体系，以中央人民广播电台为龙头的广播体系，以及新华社、中国新闻社两大遍布全国的通讯社系统。国家新闻总署的撤销，标志着党对新闻业管理的集中度加强。

这一时期的新闻报道、思想宣传、采编业务、新闻教育等也都有新的发展变化，出现了学习苏联新闻工作经验的高潮，既产生了很大的积极作用，也遗留不少问题。

一、新闻事业系统

新中国成立伊始，通过对革命战争时期发展起来的新闻事业进行调整与充实，迅速建立起一个遍布全国的公营新闻传媒系统，包括公营报刊系统、通讯社系统和广播系统。对私营新闻传媒自1950年起进行社会主义改造，至1953年基本完成。

1.公营新闻传媒系统

公营报刊以《人民日报》为首，以全国各级党委机关报为主体，还包括《工人日报》《光明日报》等多种报纸。新中国成立后，《人民日报》作为中共中央机关报，很快发展为中国第一大报，并向国外发行。最初，《人民日报》为日出对开6版（有时8版），1951年起改为日出对开4版，1956年改版后扩充为8版。1949年发行量为9万多份，1950年达17万份，1955年至71万份，1956年将近90万份。

与此同时，各大行政区、省（直辖市）级、地（市）级乃至个别县级的党委机关报也相继创办，后来各大行政区党委机关报随大行政区一起被撤销。据1950年全国新闻工作会议文件，当时全国各级党委机关报共151种，约占全国报纸总数的59%。

新中国成立初期的公营报刊，还包括工会、青年团，以及民主党派、社会团体、人民军队、少数民族和人民政府职能部门主办的报纸，如《工人日报》《光明日报》《中国青年报》《健康报》《解放军报》等。

1950年全国各类铅印报纸有382种，1951年增至475种，其中大多数是公营报纸。后经1952年的整顿和1953年的调整，至1954年10月，全国共有报纸248种，均为公营报纸。

在通讯社方面，新华通讯社成为国家通讯社，健全了管理机构，扩大了新闻工作的队伍。新华通讯社在国内外建立分社，集国内报道、对外报道、国际新闻报道等多种功能于一身，并主办《参考消息》等报刊。1952年9月14日，中国新闻社在北京成立，以海外华侨、港澳台同胞和外籍华人为主要对象，介绍新中国和宣传党的华侨工作方针和政策，同时向海外航寄新闻稿《中国新闻》，发行有关中国风光、文物、建设等内容的照片。

这一时期的多数广播电台由各革命根据地的新华广播电台改名而来，如1949年12月5日成立的中央人民广播电台，是由北平新华广播电台改名而来，而北平新华广播电台又是在1949年3月25日由陕北新华广播电台改名而来。上海人民广播电台的前身是上海新华广播电台，组建于解放军南下途中，1949年5月27日上海解放时上海人民广播电台才重新恢复。另外小部分则是由接管、改造旧中国的城市电台而来。

1950年4月10日成立的北京广播电台，用7种外语播音，并用普通话、广州话、厦门话、潮州话和客家话对海外华人华侨播音。

各省市直属的广播电台也纷纷建立。新中国成立初期是我国新闻媒体中使用“人民”一词最频繁的时期，新建的广播电台名称中都有“人民”二字。

有线广播收音网也在全国各地，主要在农村地区普遍建立。“九台式”是新中国成立初期有线广播建设的主要模式。1951年，吉林省原九台县县委书记张凤歧偶然听到县城的有线广播和电话串音，从中得到启发，在召集技术人员进行可行性研究后，决定利用已有的电话线路发展农村有线广播网。1952年4月1日，原九台县广播站建成。同年12月，中央广播事业局主持召开第一次全国广播工作会议，充分肯定了原九台县广播站的经验，把这种利用电话线路建立广播站的方式称为“九台式”，向全国推广。至1954年年底，全国共有县级广播站101座，中小城镇广播站705座，有线广播喇叭49854个。1955年12月，毛泽东在《征询对农业十七条的意见》中提出，“在七年内，建立有线广播网，使每个乡和每个合作社都能收听有线广播”。到20世纪70年代末，全国已有2323个县（市、旗）建立了广播站；4.92万个人民公社建立了广播放大站，占全国公社总数的88.4%；65.5%的农户安上了广播喇叭，农村广播喇叭总数达1.11亿只，其中入户喇叭1.07亿只。直到21世纪初，有些农村地区的有线广播仍然是当地最主要的新闻传媒。

2.私营新闻传媒公有化

完成对私营新闻传媒的改造，标志着社会主义新闻体制的全面确立。据中央人民政府新闻总署于1950年2月28日发布的不完全统计，全国共有报纸281家，其中私营的至少55家，约占全国总量的五分之一。这一年还有私营广播电台34家。

在新的社会环境下，私营新闻传媒既不能担负起指导国家中心工作的任务，也不能具有很强的思想性和群众性，传媒的社会信任度远远不及公营新闻传媒，招揽广告也困难。有的私营新闻传媒因为违反当时的新闻政策规定而被查封。到1951年8月，全国私营报纸只剩25家。

党和政府通过公私合营的形式对私营新闻机构实行社会主义公有化改造。1950年7月《大公报》率先走上公私合营道路，并在报社内建立中国共产党党组。到1952年底，全国私营的新闻传媒都实行了公私合营。而后，政府又逐渐退还私股，将公私合营的传媒改造成国营的。

3. 新闻事业管理

1949年9月21日，中国人民政治协商会议第一届全体会议一致通过了具有临时宪法性质的《中国人民政治协商会议共同纲领》，其中规定了新闻事业的基本法则："中华人民共和国人民有思想、言论、出版、集会、结社、通讯、人身、居住、迁徙、宗教信仰及示威游行的自由权""保护报道真实新闻的自由。禁止利用新闻以进行诽谤、破坏国家人民的利益和煽动世界战争。发展人民广播事业。发展人民出版事业，并注重出版有益于人民的通俗书报。"

1949年10月19日，中华人民共和国中央人民政府任命其各组织机构负责人，其中胡乔木为国家新闻总署署长，胡愈之为出版总署署长。

国家新闻总署领导和管理全国报社、通讯社、广播事业局、国际新闻局、新闻摄影局及北京新闻学校等。当时的主要工作，一是为中共中央和中央人民政府起草、制定一系列关于新闻事业发展与新闻宣传工作的政策、法规；二是主持各类报纸的社会分工事宜，为各类报纸规定各自的服务对象，使报纸各有重点，减少重复，节省财力，使专业化报纸增多、综合性报纸减少；三是提出并贯彻了报纸"企业化经营"和"邮发合一"——报纸发行由邮政局办理。1952年8月7日，中央决定撤销国家新闻总署。新闻事业仍由党中央和各级地方委员会宣传部统管。直到1987年1月，国家重新成立新闻出版署。

4. 学习苏联经验

学习苏联的新闻工作经验是新中国成立初期党和政府对新闻工作者提

出的要求。新闻工作者从1952年起开始系统学习，1954年达到高潮，延续到1956年。列宁、斯大林的办报思想、办报实践和苏联新闻工作的传统，在很大程度上成为我国建立新闻体制的指导思想和理论基础，从事新闻活动的基本原则和工作方法。同时新闻工作者又全面学习和借鉴苏联新闻工作的管理和采编业务经验，新闻机构的社长负责制也改为编辑委员会领导下的总编辑负责制。

学习中也出现了脱离中国实际、一味照抄照搬的教条主义弊病，束缚了自己的独立思考能力和创造性。例如，片面强调报纸上不能有错误，人民日报社学习苏联的《真理报》时，提出“为没有错误的报纸而奋斗”。这显然不利于各种情况的全面报道和不同意见的充分交流。

二、新闻媒介内容

1950年3月、4月间召开第一次全国新闻工作会议，确立了联系实际、联系群众、批评与自我批评的新闻工作方针。新闻机构实行“采编合一”制度和编委会领导下的总编辑负责制。

新中国成立初期的新闻报道以经济、政治和思想文化内容为主，突出宣传建设成就、先进人物与先进事迹。

从1953年起中国开始执行发展国民经济的第一个五年计划，到1957年底超额完成。1957年工农业总产值1241亿元，按可比价格计算，比1952年增长67.8%。其中，工业总产值704亿元，增长128.6%；农业总产值537亿元，增长24.8%。在此期间，新闻媒介做了大量宣传报道，起到了很大的指导和鼓动作用。

然而在新闻工作中往往片面强调宣传指导作用，较少从群众的角度看问题，较少从满足群众需要出发进行报道，对社会主义国家尽量报喜不报忧，对资本主义国家的经济和科技发展也尽量不报道。不同意见的交流、媒介的舆论监督日益稀少。

新中国成立初期，新闻媒介上的批评性内容尚较多。1950年4月19日，中共中央专门发布了《关于在报纸刊物上展开批评和自我批评的决定》。然而，由于当地领导的压制，有些地方执行得也不够好。报纸上文章对此也进行了批评。

1951年12月至1952年10月的“三反”（在党政机关工作人员中开展的“反贪污、反浪费、反官僚主义”）、“五反”（在私营工商业者中开展的“反行贿、反偷税漏税、反盗骗国家财产、反偷工减料、反盗窃国家经济情报”）运动期间，批评性内容大量增加，揭发和批评了许多典型事件。

1953年3月4日，中共广西宜山地委机关报《宜山农民报》在一篇社论中批评宜山地委，这在报社内部及报社与地委之间引起激烈争论。党报能否批评同级党委（严格来说，党报与领导它的党委不是同级），原广西省委宣传部就此请示中共中央中南局宣传部。3月19日，中共中央宣传部给原广西省委宣传部和各中央局、分局并转各省、市宣传部，做出明确指示：党报“不经请示不能擅自在报纸上批评党委会，或利用报纸来进行自己与党委会的争论”。

1954年7月，中共中央发布《关于改进报纸工作的决议》，提出报纸上的批评必须展开，批评必须正确，批评必须在当地党委和报刊社党委的领导下进行。此后，报纸上的批评基本是上级对下级或有关事件处理后的通报批评，相当于党政权力的行使和延伸，主要作用是教育和警示，而不是公众对权力的监督。广播更是如此。在学习苏联新闻工作经验的高潮以后，新闻工作者认为广播听众人数多，文化程度相对较低，不宜在广播中进行批评。

在思想文化方面，当时新闻媒介重视介绍马列主义经典著作，普及唯物主义和辩证法基本知识。但在1951年对电影《武训传》、1954年和1955年对《红楼梦》研究和胡适派唯心思想的批判中，缺乏不同意见的自由讨论，批判发展成政治斗争的方式。

新中国成立初期的新闻业务建设出现了令人瞩目的发展变化。1955年《人民日报》分两批在报纸上刊出141个简化汉字，并首先在报纸上试用。《光明日报》《中国青年报》等10家全国性和省级报纸也开风气之先，在版面编排方面，第一批实现由传统的竖排改为横排。

第二节　全面建设社会主义时期

一、1956年的新闻工作改革

在革命战争时期，中国共产党将新闻事业锻造成强有力的方面军，为夺取全国政权作出了重要贡献，这种经验自然就成为传统，在新中国成立后被继承和发扬。新中国成立之初，中国缺乏建设社会主义的经验，学习苏联也就成为必然的选择。这些都使新闻媒介能够发挥很大的宣传、指导作用。这些作用基本是积极的，在当时是十分必要的，然而也有消极的一面，如开展过火的思想文化批判运动。

新中国成立以后，中国共产党的地位和任务都发生了很大变化。1956年，中国基本完成了对农业、手工业和资本主义工商业的社会主义改造，社会的主要任务也转变为提高生产力、满足人民群众日益增长的物质和文化需要、全面建设社会主义。这些都需要新闻媒介从以组织传播工具为主转变为社会化的大众传播工具，从单一的宣传模式转变为能够充分发挥新闻媒介各项功能的作用，包括信息传递、意见交流、文化集散、舆论监督等。过去的传统和苏联的经验都不足以解决社会对新闻媒介的许多新需求，而且教条主义和机械地学习模仿苏联经验使新闻媒介日益僵化，在报道的客观、全面、充分，以及意见交流、批评监督等方面尤显不足。

1956年春，党中央提出了新的知识分子政策和“百花齐放、百家争鸣”方针，对新闻工作进行改革的时机开始成熟，新闻界掀起了一场以《人民日报》改版为先导的改革，主要改变单一的宣传模式，发挥新闻媒介的多种功能。为此，国家还大力改变文风，反对党八股，清除教条主义。在改革中，国家强调我们的党报既是党的报纸也是人民的报纸，要扩大报道范围，开展自由讨论，改变僵化文风，尽力满足人民的需要。新闻界的思想观念得到很大解放，新闻媒介的面貌焕然一新。随着1957年新的政治运动的兴起，这场新闻工作改革的成果也丧失了，但仍然给我们留下了很多有益的思想和启示。

1.改革过程和内容

1956年初，《人民日报》就开始酝酿新闻工作改革事宜，中共中央也指示《人民日报》改进内容，扩大篇幅，以适应形势发展的需要。4月，《人民日报》编辑部召开新闻工作改革动员大会，中共中央书记处书记胡乔木在会上传达了中央意见，《人民日报》的改版工作开始起步。报社发动全体人员检查工作，并派专人通过个别访问、召开小型座谈会、个别写信和发公开信等方式，向各省委、市委、中央有关部门，以及县以上的报纸编辑部和各界读者征求意见与建议。5月15日，《人民日报》编委会向中央递交了改版报告。两天后，邓小平批复：“刘、周已阅，同意。退邓拓同志。”

7月1日，《人民日报》宣布改版，当天的社论《致读者》提到，《人民日报》是党的报纸，也是人民的报纸，“人民的公共的武器，公共的财产，人民群众是它的主人”。《人民日报》的工作“仍然有很多缺点”，拟着重从三个方面改进：第一，扩大报道范围。文章尽量满足读者多方面的需求。第二，开展自由讨论。社论指出：报纸是社会的言论机关，有许多问题需要在群众性的讨论中逐渐得到答案。我们希望读者注意，我们报纸上的文章并不一定都代表编辑部的意见，这种情形是正常的。第三，改进文风。报纸上的文章力求言之有物、言之成理、言之成章。

自该日起，《人民日报》的篇幅由对开4版改为对开8版，新闻数量大增，每条新闻的字数减少。其中工业建设的新闻增多，会议新闻减少；头版头条开始由经济新闻取代政治新闻；报道面扩大，批评性报道明显增加，言论也明显改进。

《人民日报》的改版受到了各阶层读者的欢迎。1956年8月1日，中共中央向全国批转《人民日报》编委会的改版报告。其中指出，“为了便于今后在报纸上展开各种意见的讨论，《人民日报》应该强调它是党中央的机关报又是人民的报纸”“今后《人民日报》发表的文章，除了少数的中央负责同志的文章和少数的社论以外，一般的可以不代表党中央的意见；而且可以允许一些作者在《人民日报》上发表同我们共产党人的见解相反的文章。这样做就会使思想界更加活泼，使马克思主义的真理愈辩愈明。各地党委今后也要强调地方党报既是地方党委的机关报，又是人民的报纸。我们党的各种报纸，都是人民群众的报纸，它们应该发表党的指示，同时尽量反映人民群众的意见；如果片面强调它们是党的机关报，反而容易在宣传上处于被动地位”，希望各地党报工作也进行检查和改进。

此后，其他新闻媒介也纷纷改版，包括《新民晚报》《文汇报》等非党报，其间提出不少新观念，推出不少新举措。例如，《新民晚报》总编辑赵超构针对过去报纸工作中存在的新闻和文章太长、报道面太窄、文章太硬、有教训人的口气等缺点，提出改进报纸工作的三个口号：“短些，短些，再短些；广些，广些，再广些；软些，软些，再软些。”赵超构对“软”字做解释：“思想既要正确，又要把报纸弄得生动一些，通俗一些。深入浅出，对读者亲切一些。”之后《新民晚报》还加重社会新闻的报道，加强“小言论”栏目，小型评论专栏《随笔》被移至第1版，每天一篇，由赵超构亲自撰写，以“林放”为笔名发表。

新华社在新中国成立后的几年里有很大发展，报道质量明显提高，但也存在严重的片面性，基本上只报喜不报忧，只报成绩，不报困难和缺点；只反映与领导机关意见相吻合的情况，不反映不同的或相反的情况；只报道已有定论的问题，不报道重要但还没有定论的问题；没能全面、客观、及时地反映实际情况，而且只注重完成工作任务，不注重群众的意见和呼声；同时存在严重的机关化作风，工作效率不高。新闻思想和业务问题也妨碍了新华社国外分社的发展。

1955年12月，毛泽东批评新华社在国外业务方面思想保守、行动迟缓，“驻外记者派得太少，没有自己的消息，有，也太少”，“应该大发展，尽快做到在世界各地都能派有自己的记者，发出自己的消息，把地球管起来，让全世界都能听到我们的声音”。

1956年5月28日和6月19日，刘少奇两次同新华社负责人谈话，对新华社提出了更为具体的意见，要求新华社不要老是强调官方身份，不要把自己束缚得死死的，还大胆提出新华社“不做国家通讯社，当老百姓”、做民办的想法。他认为，新华社的新闻“必须是客观的、真实的、公正的、全面的，同时必须是有立场的”；指出现在国内新闻的报道有偏向，只讲好的，有片面性，应该好的要讲，不好的也要讲；提出新闻报道要讲普遍兴趣，多种多样，简短及时，并且在稿件上署名，让记者出名，增强记者的责任心，并以记者的个性风格吸引人。他还提出新华社既要学习塔斯社，也要学习资产阶级通讯社；对社会主义国家通讯社的经验不要迷信，不要盲从；要克服教条主义，发挥创造性。

新华社于1956年8月向中共中央呈送了请示报告，对国内报道提出了一些全新的观念和改进措施。报告提到，“新华社协助党和政府贯彻执行政策，不是简单地宣扬政策的正确，而要反映政策在群众中受考验的情况。因此新华社不应仅只反映政策顺利执行的情况，而且要反映政策在执行中所发生的问题和偏差，以及如何解决这些问题和偏差的情况”，“新华社不能仅只报道已有正确结论的事实，同时也要报道暂时还不能做出正确结论的事实”。

关于国际报道，报告认为要实行“全面的客观真实的报道方针”，“这不但可以使国内读者能够全面地了解国际生活的真实情况，而且可以使新华社的新闻能够在国际市场上同西方资产阶级通讯社进行竞争”。这一年，新华社国外分社由原来的9家增加到19家。

关于新华社的身份，报告认为：“从新华社作为一个舆论机关来考虑，特别考虑到新华社要成为世界性通讯社，要跟西方资产阶级通讯社竞争，采取民办的形式好处较多。因为民办后，政府在外交上对新华社可以不承担什么责任，而新华社可以更自由地进行活动和报道，同时，这样做也可以减少新华社的报道是官方宣传的印象。如作为民办通讯社，可以考虑采取由中国报纸和广播电台联合经营的办法，成为合作企业。但是对于这个问题，我们目前缺乏经验，因此暂时可以不改变目前国家通讯社的形式，今后应该尽可能少用官方的面孔出现，更多采用民间通讯社的做法，在积累一定经验后，再决定是否改变。”

广播工作改革也全面展开：一是改进新闻报道；二是纠正广播不得开展批评的错误观念；三是贯彻“双百”方针，开展自由讨论。

在新闻工作改革中，研究新闻理论与新闻业务的气氛十分浓厚。新闻教育与研究单位对报纸的性质与任务、读者观念、指导性与趣味性、中国报纸的传统等问题开展了热烈的讨论。复旦大学新闻学系主任王中于1956年精心撰写了《新闻学原理大纲》，1957年初应上海人民广播电台等单位邀请，做了多次学术演讲，对报纸的性质与任务等问题做了新的阐释，认为报纸的性能是“为人民服务”，在新形势下，报纸有指导工作、指导生活、扶植民主、培植道德等职能，但不宜继续照搬列宁的报纸是“集体的组织者”的说法，主张“社会的性质变化了，整个人与人之间的关系变化了，那么报纸的性质、办报的方针也应当随着变化”。他还提出，报纸既有工具性，又有商品性，“‘办报卖’和‘买报看’两个方面必须结合”，要求报纸很好地为读者服务，让读者自愿地去买，应根据社会需要、读者需要办报。其中关于商品性和读者需要的新观点，成为后来他被打成“右派分子”的主要罪状，现在看来这无疑是很有远见的。

关于中国报纸的传统问题，普遍认为要予以全面地继承。中国共产党领导的新闻事业，既有在解放区办报的经验，也有在国统区办报的经验，还有在国共合作中常以不偏不倚的面目出现、但本质上倾向进步力量的《救亡日报》等。不少人提出，新中国新闻事业还应借鉴旧中国出版的非共产党的进步报纸、在历史上曾发挥过进步作用及其他在业务上可资借鉴的报纸，使社会主义新闻事业风格多样、各有特色。

2.改革结果

这场改革使新闻传媒更好地为社会和公众服务，主要表现为使新闻传媒从单纯党的喉舌向同时作为党和人民的耳目及群众喉舌转变，多方面满足社会发展与人民群众的需要，在新形势下把媒体的党性和群众性统一了起来。

广大新闻工作者冲破了教条主义的束缚，新闻观念得到了解放和更新，认识到必须从我国实际出发，结合新情况、新问题，实事求是、科学合理地改进工作。

这次改革最明显的具体成效是，新闻的报道面扩大了，质量提高了；开展了自由讨论，群众的声音增多了，不再是编辑部一言堂；拘谨僵硬的文风也逐渐改变。

改革带动了新闻事业的大发展。报纸内容和形式大为丰富，数量从1955年的249种跃升为1956年的1236种，发行量也有较大增加。

然而那些改革思想和成果还没有来得及形成对新闻传媒的多种功能及产业性质的全面认识，形成体制上的保证，就在1957年的“反击右派”运动中夭折了。

这场改革至少可以给我们如下启示。

（1）新闻活动不能固守某种模式，而应随着社会的主要矛盾、党和国家的主要任务而变化，与时俱进。

（2）党的新闻媒介既是党的，也是人民的。在社会主义建设时期，党的新闻媒介既要做好党的喉舌、人民的耳目，也要做好党的耳目、人民的喉舌。

（3）学习外国经验不能照抄照搬，要从中国实际出发，有选择地借鉴。

二、从“整风”到全面调整时期

1957年春，中国共产党开展整风运动，并请党外人士提意见，帮助党“整风”。新闻工作改革也向纵深发展，自由讨论的气氛十分活跃。1957年3月，毛泽东在全国宣传工作会议上发表重要讲话，并在会议期间同新闻出版界代表进行谈话，一再说明“百花齐放、百家争鸣”是一个长期的、基本的方针，同时也提出要批判现代修正主义。

不久，由于对阶级斗争的状况进行了严重的评估，在当年6月开始的“反击右派”运动中伤及许多热情人士，非但没有达到毛泽东倡导的“又有集中又有民主，又有纪律又有自由”的生动活泼局面，反而权力过分集中，个人崇拜严重，政治运动不断，民主法制和多党合作制受损，思想文化领域也由活跃转入沉寂。

1958年，“大跃进”运动在全国展开，新闻媒介起了急先锋和加速器的作用，出现了浮夸宣传，甚至故意造假的报道。

1961年后国家不得不进行反思和调整。然而1962年9月底10月初，党的八届十中全会上重提阶级斗争，强调在整个社会主义历史阶段中资产阶级都将存在，“两个阶级、两条道路”的斗争都将存在，一切工作要“以阶级斗争为纲”。这些认识不断发展，一路走向“文化大革命”。此时的新闻媒介非但没有通过客观、全面的报道充分反映真实情况，纠正认识和决策偏误，反而起了很大的推波助澜作用。尽管如此，这一时期的新闻事业仍有一定程度的发展，在鼓动建设热情、宣传先进典型、丰富文化生活等方面产生了积极作用。

在全国各个领域“大跃进”时，新闻界也在进行“大跃进”，纷纷“制订计划”、“挑战应战”、开展评比。

1958年2月人民日报社举行“大跃进”动员大会，提出“苦战三个月，使报纸面貌焕然一新；苦战三年，使报社面目大大改观”。3月，新华社也提出苦战三年，把新华社建成满足全国报纸、广播电台需要的消息总汇和新闻图片总汇站；7月，又提出苦战两三年，把新华社建成无产阶级的以东方新闻为权威的世界性通讯社。

第五次全国广播工作会议于1958年4月召开，确定了广播工作“大跃进”方针，据此制定了《苦战三年工作纲要（草案）》。中央人民广播电台的新闻节目从每天11次增加到每天15次。

各地方的新闻单位也掀起“大跃进”浪潮。《山西日报》在1958年3月向全国各省发出挑战书，提出苦战一年，在新闻报道、时事评论、抓典型和版面安排等10个方面，进行比、学、赶先进等学习。各省纷纷响应。8月14日《人民日报》介绍了《山西日报》“大跃进”的经验，各地新闻界掀起“大跃进”的新浪潮。

虽然新闻界的“大跃进”也缺乏科学精神，但是客观来看，这一时期的新闻事业还是取得了一些发展，如邮发报纸由1957年的1325种增至1776种。

尤其是电视事业的诞生和新闻教育发展迅速。1955年，发展文教事业第一个五年计划就提出创办电视台，1957年中央广播事业局组建电视实验台筹备机构。1958年5月1日，中央电视台的前身——北京电视台开始试播，9月2日正式播出。同年，上海电视台、哈尔滨电视台、天津电视台也先后建成。至1961年，国家在全国省级行政区建了19座电视台。然而这种扩展缺乏实际条件的支持，两年后全国电视台锐减至5座。

虽然新闻媒介减少了，但人们的精神文化需要、社会和公众对新闻媒介的需求并没有减少，因此新闻工作者尽可能“精耕细作”，突出表现在知识性的加强和杂文的兴起。1960年底，《人民日报》决定部分改版，增强报纸的知识性、艺术性和趣味性。1961年1月，《人民日报》调整星期天的版面，以一半篇幅刊登知识性、艺术性的文章。其他报纸纷纷效仿，副刊风靡一时。一批高质量的杂文专栏应运而生，如《北京晚报》的《燕山夜话》、北京市委机关刊物《前线》半月刊的《三家村札记》、《人民日报》的《长短录》等。

《燕山夜话》的作者和《三家村札记》的主要作者是邓拓，邓拓曾任《人民日报》总编辑，中国科学院哲学社会科学学部委员。1958年邓拓被调离人民日报社，任中共北京市委书记处书记，分管思想文化工作，主编北京市委理论刊物《前线》。

1961年3月，邓拓开始以“马南邨”为笔名在《北京晚报》副刊《五色土》开设《燕山夜话》专栏，共发稿152篇。燕山是北京的一条主要山脉，夜话即夜晚谈心。“马南邨”之名取自“马兰村”，这是抗日战争时期开始办的《晋察冀日报》所在的村子，后来该报成为《人民日报》的前身，邓拓任社长兼总编辑及此后的《人民日报》总编辑。邓拓的杂文爱憎分明、切中时弊，而且短小精悍、妙趣横生、富有寓意，一时全国许多报纸杂志争相仿效，开设了类似的杂文专栏。

三、文化批判升级和典型宣传

1. 文化批判不断升级

1962年9月24日至27日，中共八届十中全会召开，强调阶级斗争必须年年讲、月月讲、天天讲，千万不要忘记阶级斗争。此后，“以阶级斗争为纲”逐步成为全党工作的指导思想，还特别强调舆论战线的阶级斗争，新闻媒体又成为文化批判运动的阵地。

1963年5月6日，上海《文汇报》发表1.3万字长文《“有鬼无害”论》，猛烈批判由北方昆曲剧院演出的昆剧《李慧娘》和廖沫沙发表在1961年《北京晚报》上的《有鬼无害论》。1963年3月29日，中共中央批转原文化部党组《关于停演“鬼戏”的请示报告》，要求全国各地停止演出有鬼魂形象的题材。

文化批判还扩散到了文化学术的所有领域，批判文章日益增多，批判气氛日趋浓重。1964年7月17日《人民日报》发表文章，点名批判杨献珍提出的“合二为一”理论。不久，《红旗》杂志发表《哲学战线上的新论战》，称“合二为一”理论帮助现代修正主义者宣传阶级合作，是意识形态领域的一场严重的阶级斗争。美学界周谷城提出的“时代精神汇合”理论等也遭到了点名批判。

1964年7月1日，“文化革命”的提法出现于《红旗》杂志的社论《文化战线上的一个大革命》中。同月，中共中央文化革命领导小组成立，由彭真、陆定一、康生、周扬、吴冷西五人组成，时任北京市委书记的彭真为组长，陆定一为副组长。

2.批判《海瑞罢官》和典型宣传

1962年，时任中宣部文艺处副处长的江青找到中共中央宣传部、国务院文化部4名正副部长，要批判京剧《海瑞罢官》，遭到拒绝。此后，江青又多次向毛泽东反映《海瑞罢官》有问题，应该批判。1965年11月10日，批判文章在《文汇报》上发表。文章见报时，周恩来和彭真等人研究转载问题，决定采取慎重态度。《人民日报》于11月30日才转载，并按照周恩来、彭真的意见加了编者按，强调开展讨论、实事求是、以理服人。其他报纸也陆续转载了该文，发表了批评《海瑞罢官》或不同意姚文元观点的文章。

1966年2月3日，彭真根据刘少奇、周恩来、邓小平的意见，召集了文化革命小组扩大会议。会上，彭真不顾康生的反对，要求此后的学术批判不要提庐山会议，不要谈《海瑞罢官》有政治问题，学术批判不要过头，要慎重。彭真的意见得到了其他同志的赞同。“文化革命五人小组”写了《文化革命五人小组关于当前学术讨论的汇报提纲》(通称《二月提纲》)，2月12日以中央的名义下发全党。

用典型进行宣传，是长期以来的传统。新中国成立以来，媒体宣传报道了许多先进典型，20世纪60年代的典型宣传达到了空前的声势，其中不乏优秀的报道，如关于雷锋、草原英雄小姐妹、焦裕禄、大庆精神大庆人、大寨之路等，产生了很大的影响；然而又往往仅从宣传效果出发，对先进典型片面拔高，或者为一时一事的政治需要服务，并且把宣传方法推广到所有新闻活动中，而忽视、排斥新闻传播的要求和规律，在“文化大革命”中达到了登峰造极的地步。

四、“文化大革命”时期

在“文化大革命”中，林彪、江青两个集团鼓动和操纵红卫兵、造反派，冲击、占领党政机关和新闻机构，新闻媒体成为他们篡党夺权的工具，其主要作用为：强化领袖权威，以获取信任支持和抬高自己；强烈批判“走资本主义道路的当权派”，以扫平他们篡党夺权的道路；大肆制造造反舆论，以在全国上下、各个领域刮起全面夺权的风暴；强化塑造他们的形象，以不断巩固和提升自己的地位，爬向权力的顶峰。在关键时刻，毛泽东察觉了他们的野心，立即予以防范，使林彪阴谋败落，使“四人帮”得不到最高权力，他们最终被一举打倒。新闻媒介也随之起伏和转折。

1.初期

1966年5月4日至26日，中共中央政治局扩大会议召开，通过了《中国共产党中央委员会通知》(简称《五一六通知》)，宣布撤销和批判《二月提纲》，要求全党“高举无产阶级文化革命的大旗，彻底揭露那批反党反社会主义的所谓‘学术权威’的资产阶级反动立场，彻底批判学术界、教育界、新闻界、文艺界、出版界的资产阶级反动思想，夺取在这些文化领域中的领导权”。8月1日至12日，中共八届十一中全会召开，通过《中国共产党中央委员会关于无产阶级文化大革命的决定》。这两次会议的召开，是“文化大革命”全面发动的标志。

从《五一六通知》发出到1968年10月底党的八届十二中全会，新闻媒介起初是争夺话语权的对象，然后就成为实现“文化大革命”目标的工具。

1966年6月初，改组后的中共北京市委决定撤销《前线》杂志编委会，令其停刊整顿。8月后，《中国青年报》等一大批报刊被停刊。其他地方的新闻单位也有的被“质问”，有的受“通牒”，有的遭强占。全国报纸在

1965年有343种，到1966年底降至49种，总印刷数量降至36.7亿份，期刊降至191种。

1967年元旦，《人民日报》《红旗》杂志联合发表社论《把无产阶级文化大革命进行到底》。1月3日，中共中央发出《关于报纸问题的通知》，提出省、市报社可以停刊闹革命，但不应停止代印《人民日报》《解放军报》《光明日报》的航空版。

在广播电台方面，1967年1月11日，中共中央发出《关于广播电台问题的通知》，宣布所有广播电台实施军管，地方电台停止编播本地节目，只转播中央人民广播电台的节目。电视台在1966年已有13座，1967年除北京、上海、广州外一律停播，剩下的三家也只播重大政治活动，暂停播出其他节目。

掌握新闻媒介的话语权后，林彪、“四人帮”集团利用对仅存的新闻媒体的绝对控制，把新闻媒体变成了他们歪曲事实、煽动群众、实现野心的工具与基地。《人民日报》、《解放军报》和《红旗》杂志（“两报一刊”）职能越位，长期形成“报纸治国”“社论治国”的局面，同时尽力制造个人崇拜和迷信。

“文化大革命”初期，各地小报风行，有的铅印，有的油印，有的是改组原有的合法报纸后出版的。重要文件、首长讲话、档案材料，都是那些小报热衷刊载的。许多小报派性突出，言辞偏激，小道消息泛滥。1967年以后小报逐渐减少，最后全部停刊。

当时媒介舆论完全政治化，并呈现出极不正常的舆论高度一致。“多种媒介，一个声音”。少数人的思想意志通过大众媒介的传播放大为社会的压倒性声音，舆论监督作用更是无从谈起。

2. 中后期

从1968年10月底到1971年9月，新闻媒介主要被用来巩固和发展前一时期的夺权成果。以“大批判”开路，以树立“样板”为手段，大力推进“斗、批、改”，使极左思想和理论深入人心，让极左路线的追随者掌握各个地方、各个领域的控制权，同时给林彪、江青等人贴金，为他们捞取政治资本。

对新闻媒介的集中控制进一步加强，新闻单位被减少到最低限度。1968年底全国正式发行的报纸总数降到42家。一直到1972年，新闻媒介的内容和形式都空前地一致。

新闻报道完全按照宣传需要进行选择、剪裁、制造和编排，报道的虚和假屡见不鲜，甚至达到荒诞的地步。基本由领袖语录、标语口号等组成的文章充斥报纸。

当时党政高层人物变动频繁，人们事先不知道，只能通过报纸上领导人出现的位置、姓名的排序，甚至字号的使用，来估量政治形势和人事变动。这种情形反过来又强化了按领导人地位而非新闻价值安排报道版面的潜规则。

从1971年9月13日林彪、叶群等人外逃，在蒙古国温都尔汗机毁人亡，到1976年10月6日“四人帮”被拘，新闻媒介主要是“四人帮”的帮派武器。

林彪事件客观上宣告了“文化大革命”理论和实践的失败。此后周恩来总理主持中央日常工作，开始批判极左思潮，反对无政府主义。1972年10月，《人民日报》发表《无政府主义是假马克思主义骗子的反革命工具》等文章，同时努力落实党的各项政策，各方面工作有了明显好转，文化科技事业也有所恢复。

1973年3月10日，中共中央出台《关于恢复邓小平同志的党的组织生活和国务院副总理的职务的决定》。8月，在中共十大上，邓小平当选为中央委员，12月任中央政治局委员、中央军委委员。1975年1月，邓小平任中共中央副主席、国务院副总理、中央军委副主席、人民解放军总参谋长，主持党和国家的日常工作。邓小平对各行各业的混乱局面进行全面整顿时，

新闻媒体进行了积极报道，

“文化大革命”中后期，新闻媒介的数量有所恢复。1971年全国报纸数量恢复至195种，到1976年“文化大革命”结束时又降至182种。1971年，电视台发展到32座。1973年5月1日，彩色电视在北京试播出。1973年，我国有线电视诞生。1974年，中央人民广播电台播出调频广播。

1976年1月8日周恩来总理逝世，被“四人帮”严密控制的新闻界得到“不要突出总理”的指示，仍突出强调阶级斗争。1976年3月下旬至4月5日，北京、南京等地兴起悼念周恩来、反对“四人帮”的群众活动。

9月9日毛泽东逝世，“四人帮”在悼念毛泽东的报道中想方设法突出江青，进行大肆宣传，为他们篡党夺权制造舆论。10月6日，华国锋、叶剑英代表中共中央政治局，对“四人帮”及其在北京的骨干实行隔离审查，标志着“文化大革命”结束，拨乱反正开始。

第三节　从拨乱反正到探索新路

从粉碎“四人帮”至今的我国新闻事业发展可分为三个阶段。第一阶段是拨乱反正、探索新路时期，其中伴随着不断解放思想、突破禁区的过程。第二阶段是“内容把紧、经营放开”时期。1989年政治风波后，对新闻事业的管理控制加强，但仍然在1992年邓小平南方谈话和党的十四大确立中国经济体制改革总目标后，扩大了市场化运作范围，提高了企业化管理程度，还借鉴企业集团的形式组建报业和广播电视集团，采用产业化发展的方式提高效益。第三阶段是“三个贴近”、科学发展时期，即新闻传媒努力贴近实际、贴近生活、贴近群众，新闻事业和产业贯彻落实科学发展观阶段。2002年11月党的十六大召开，形成了以胡锦涛为总书记的中央领导集体。会后不久，中央政治局常委李长春提出新闻工作要做到“三个贴近”，这给新闻界的改革与发展提供了重要的指导思想。此后，新闻出版系统探索区分事业性传媒和经营性传媒，进行不同的改革。2003年胡锦涛总书记提出科学发展观，核心是以人为本，文化体制改革和产业发展进一步被提上议事日程。

1976年10月粉碎“四人帮”以后，新闻界对党和国家的拨乱反正、改革开放积极提供舆论支持和思想理论阵地，同时也进行自身的拨乱反正。党的十一届三中全会给思想解放、探索新路打开了新的天地，新闻事业也更大胆地进行拨乱反正和探索新路，突破了一系列思想理论禁区，平反了众多冤假错案，恢复了一大批“文化大革命”前的报刊和栏目；逐步实行新闻传媒的企业化管理和市场化运作，带来了新闻媒介的大发展。

1982年9月，邓小平在中国共产党第十二次全国代表大会开幕词中第一次提出了“建设有中国特色的社会主义”这一命题。他指出：“我们的现代化建设，必须从中国的实际出发。无论是革命还是建设，都要注意学习和借鉴外国经验。但是，照抄照搬别国经验、别国模式，从来不能得到成功。这方面我们有过不少教训。把马克思主义的普遍真理同我国的具体实际结合起来，走自己的道路，建设有中国特色的社会主义，这就是我们总结长期历史经验得出的基本结论。”[①]他的这一观点也成为新闻事业建设和发展的指导思想，影响至今。

在新闻思想理论上，新闻界重新思考新闻的真实性、客观性和全面性，新闻媒介的性质、功能和作用，提出了新闻报道的透明度，新闻媒介的人民性，人民的知晓权、表达权、监督权；同时从国外引进了信息理论和传播学，探讨新闻传者的角色，新闻媒介的多种功能，受众在新闻传播中的

① 1982年9月，邓小平在中共第十二次全国代表大会上［EB/OL］.（2016-05-03）. http://cpc.people.com.cn/n1/2016/0503/c69113-28320150.html.

地位，探讨舆论监督、社会主义新闻自由等。有的观点被作为资产阶级自由化思潮在新闻领域的反映而受到批判。

20世纪80年代末、90年代初，中国和国际局势风云变幻，使中国新闻事业的前行倍加小心谨慎，以致需要克服“一朝被蛇咬，十年怕井绳”的恐惧改革心理。

1992年我国确立了经济体制改革的目标，即建立社会主义市场经济体制，新闻传媒又驶入市场化运行的快车道，并向产业化发展纵深推进，不仅大大提高了经济效益，扩大了新闻事业，还增强了服务意识，提升了媒介质量。与此同时，新闻学界对新闻传媒的经济属性与经济规律也进行了新的认识和研究，与业界的发展相互促进。

20世纪80年代以来的科学技术革命给新闻事业也带来了巨大推动，计算机技术、网络技术、通信技术、激光照排、广播电视技术、新媒体技术，突飞猛进地更新信息采集、处理和传播手段，开启新的新闻传播时空，丰富新闻信息表现形式，提高新闻媒体传播效率，推动新闻传媒转型和媒体融合，也令新闻传播的内容日新月异。其中，互联网作为“第四媒体”，在大众传播领域开疆拓土，势如破竹，表现尤为突出。

在数字化、产业化的推动下，各种媒体和通讯社都有很大的扩展。政治文明的建设，以人为本的思想，对新闻传媒的属性、功能、传播规律、发展规律等的深入认识，大大提升了新闻传媒的内容质量、形式质量和发展质量。党和国家对文化产业改革与发展的高度重视，预示着中国新闻传播事业和产业都面临新的突破性发展。

一、大讨论带来思想大解放，推进拨乱反正

1976年10月，“四人帮”被粉碎，十年“文化大革命”结束，中国进

入除旧布新的转折阶段。中国首先进入拨乱反正时期。这也是一个总结、反省历史、纠正历史错误、吸取经验教训的时期，为以后探索新路、实现突破性大发展打下基础。

新闻界充当了主要的角色，积极参与揭批“四人帮”，大胆否定“两个凡是”，大力推动关于真理标准问题的大讨论，为实现党和国家工作重心的转移作出重要贡献。

新闻界自身也努力摆脱“左”倾思潮的束缚，认识到新闻活动有其自身规律，必须纠正“文化大革命”期间的错误，平反了冤假错案，停办了具有“文化大革命”色彩的栏目和节目，复办或复刊了一批“文化大革命”期间停办的报刊、电台、电视台或报道栏目，逐渐步入正常发展的轨道。

初期的拨乱反正，主要是揭发和批判“四人帮”，纠正“文化大革命”中乃至更早的一些明显错误，重新重视经济建设，恢复技术职称，恢复高考制度，平反冤假错案。这些都成为新闻媒介的重要内容。

然而当时有的领导人对“文化大革命”中的一些错误思想理论和政策措施继续默认，拨乱反正难以深入进行。1977年2月7日，《人民日报》《解放军报》《红旗》杂志发表“两报一刊联合社论”——《学好文件抓住纲》，提出“两个凡是”：“凡是毛主席作出的决策，我们都坚决拥护；凡是毛主席的指示，我们都始终不渝地遵循。”这成为“左”倾错误继续发展、阻止平反冤假错案的理论根据。

4月，邓小平致信党中央，提出了“准确的、完整的毛泽东思想”这一概念。7月，邓小平又指出：“两个凡是”不符合马克思主义，应当完整地、准确地理解毛泽东思想。

1978年3月26日，《人民日报》发表评论《标准只有一个》，指出“真理的标准，只有一个，就是社会实践”。5月10日，中央党校内部刊物《理论动态》发表长文《实践是检验真理的唯一标准》。5月11日，该文又以特约评论员的名义在《光明日报》上公开发表。文章提出：真理标准问题是无产阶级革命导师早已解决了的，但由于"四人帮"的破坏和他们控制下的舆论工具的歪曲宣传，这个问题被搞得混乱不堪。社会实践是检验真理的唯一标准；其自身也必须接受实践的检验。

新华社在同一天播发该文，《人民日报》等30家报纸转载，在全国引起了广泛讨论。新闻界敏感地意识到这场讨论非同一般，基本站在支持该文一边。然而也有些领导人指责该文"矛头是指向毛泽东思想的"。1978年6月2日，邓小平在全军政治工作会议上发表讲话，指出这场讨论"实际上也是要不要解放思想的争论"。他批评坚持"两个凡是"是口头讲毛泽东思想而实质上是反毛泽东思想的，号召"拨乱反正，打破精神枷锁，使我们的思想来个大解放"。6月24日，《解放军报》发表特约评论员文章《马克思主义的一个最基本的原则》，针对真理标准讨论受到的种种责难进行了系统的驳斥，《人民日报》等先后转载。经过讨论，恢复了实事求是的思想路线，给平反冤假错案、老干部复出工作扫平了道路，给进一步拨乱反正和改革开放提供了重要的思想理论基础。

1978年11月15日，新华社播发中共北京市委的意见，确认"天安门事件"是革命行动，同日《人民日报》发表评论员文章《实事求是，有错必纠》。11月25日，中央政治局宣布为"天安门事件"等错案平反。

1978年12月18日至22日，党的十一届三中全会召开，决定把党和国家工作中心转移到经济建设上来，实行改革开放。1980年，刘少奇冤案得到平反。1981年6月27日至29日中共十一届六中全会召开，通过《关于建国以来党的若干历史问题的决议》，选举邓小平为中央军事委员会主席。

二、新闻界的拨乱反正

在为拨乱反正鼓掌和欢呼、为思想解放提供理论武器的同时，新闻界对自身也进行反思和纠错。首先深入揭发批判“四人帮”把新闻媒介作为篡党夺权的工具，摒弃“文化大革命”中的“假、大、空”文风。1978年2月，中央人民广播电台最先停办语录节目，3月，《人民日报》取消了每天在报眼位置的语录专栏。1978年7月22日，《人民日报》引用毛泽东语录时第一次不排黑体字。

此后新闻界的拨乱反正又表现在以下一些方面。

1.突破思想理论禁区，恢复新闻本位

新闻界批判“事实服从路线需要”等造谣理论、“说假话理论”，重新审视长期盛行的“新闻是阶级斗争的工具”“新闻要以政治为标准”等理论，回顾陆定一的“新闻就是新近发生的事实的报道”等思想，重提1956年新闻改革的老课题，提出新闻是信息工具、报纸具有商品性等观点，强调新闻规律和报纸经营管理，尤其是区分新闻与宣传的不同，重视新闻价值，还探讨“独立思考”“新闻真实”等命题。

2.恢复报刊等

1980年前后，许多在“文化大革命”中被停办的报刊纷纷复刊。较著名的如《中国青年》，1966年8月被迫停刊，1978年9月复刊；《北京晚报》，1966年5月被撤销编委会，1980年2月15日复刊；《新民晚报》，1966年8月被迫停刊，1982年元旦复刊。

《人民日报》则于1980年由4版恢复为8版。广播电视也相继复办或恢复了一些“文化大革命”前的优秀栏目，并不断新增栏目和增强可听性、可视性。

三、理论探索

拨乱反正、改革开放到一定程度以后，人们看到仅仅把“文化大革命”中被颠倒的再颠倒过来还不够，还需进一步深入反思，正本清源，以免重走老路，进一步解放思想，大胆探索，以开辟新路。新闻理论的探索也如火如荼，出现了长足进展，给深入改革开辟了道路。

1.新闻本体问题探索

新闻的本体问题包括新闻定义、新闻本源、新闻价值、新闻特点、新闻作品、新闻作用等。对新闻本体的认识，在很大程度上会影响我们对新闻现象的认识，对新闻活动的把握，这引起了新闻学者的高度关注。他们大胆突破“新闻是阶级斗争工具”等理论禁区，深入探讨新闻的定义，在定义中引入信息概念；探究新闻价值的内涵，区分“新闻价值”与“新闻的价值”之异；探究新闻的特点、种类和要素，新闻与宣传的区别等。

20世纪80年代初，新闻界重新学习、研究1943年陆定一提出的新闻定义、1956年新闻工作改革经验，以及刘少奇的新闻思想，引发了一系列新的思考和探讨，包括新闻真实，新闻的客观性、全面性，报纸的性质、功能与作用等。新闻工作者认识到，新闻学是一门探索新闻和新闻事业规律的科学；新闻的本源是事实，真实、客观、全面、公正是新闻报道的基本要求；新闻事业有其自身特点和内在规律；新闻媒介不只是阶级斗争的工具，在社会主义建设时期阶级斗争已经不是主要矛盾，新闻活动要报道各种有新闻价值的事实，新闻媒介要充分发挥传递信息、交流意见、监督舆论等各种作用。同时，新闻工作者对新闻价值、新闻与宣传的关系，以及新闻的特点、新闻作品的语言和文风等问题也都进行了讨论。

2. 新闻传播问题探索

新闻传播包括党的新闻工作原则和方法，新闻业务的改进，报刊、广播电视、网络媒体等各种媒介的新闻传播，政治、经济、文化、科技、体育等各种新闻内容的传播。

20世纪80年代，新闻学界引进了信息理论和传播学。1982年5月，传播学创始人和集大成者之一的施拉姆博士来华访问讲学；11月，全国第一次传播学研讨会在北京举行，确定了我国研究、发展传播学的基本思路："系统了解，分析研究，批判吸收，自主创造"。此后，出现了众多翻译、介绍传播学的著作和文章，如1986年3月复旦大学新闻系教师居延安所著的《信息·沟通·传播》出版。越来越多的人认识到，新闻媒介有传递信息、交流意见、瞭望社会、承传文化、提供娱乐等多种功能，而不是仅有宣传教育功能；社会和公众对这些功能都是十分需要的，而不是仅需要宣传教育功能。在新闻实践中，社会和公众的多种需要得到了空前的重视，传播内容进一步丰富，媒介作用更全面发挥。在新闻学研究中，则借鉴了传播学使用的信息论、系统论、控制论、符号学等一系列新的理论和方法，尤其是传播学的受众、效果等理论，内容分析、抽样调查等方法。从20世纪80年代中期到21世纪初，国内出版了几百种关于传播学的译著、专著和教材。有的学者认为，我们过去几十年里的新闻学理论基本属于党报工作理论，现在还需要根据新闻规律和传播规律，形成新的新闻理论体系。1995年黄旦所著的《新闻传播学》出版。

在这个过程中，新闻观念得到了很大更新，突破了单一的党性观念和党报观念，认为应该在坚持党性的前提下，同时具备人民性、群众性、民族性等；在重视和加强党报建设的同时，要确立国家新闻事业和人民新闻事业的观念；突破了单一的指导观念，认为指导就是服务，在坚持指导性和舆论引导作用的同时，要把新闻媒介的指导性、服务性、思想性、知识性、趣味性结合起来，发挥新闻媒介的信息传递、意见交流、舆论监督等多种作用。

在对“文化大革命”教训进行制度上的反思时，一些新闻界人士提出，怎样才能跳出“党委犯错误，新闻界也必然跟着犯错误”的怪圈？当时《人民日报》违背华国锋等人的意图，编发了一批与“两个凡是”针锋相对的稿件，华国锋和中宣部领导人批评《人民日报》没有党性，被批评者称：我没有你的党性，但我有我的人民性。此后出现了关于党性和人民性的争论。后来的主导性意见是：党性与人民性是一致的，坚持新闻工作的党性与坚持新闻工作的人民性是可以做到统一的；用党性代替人民性，或用人民性代替党性，都是不可取的。

随着政治体制改革的呼声越来越高，关于舆论监督的讨论逐渐升温。1987年10月，中共十三大报告提出了“开展舆论监督”“重大情况让人民知道，重大问题经人民讨论”。1988年12月31日，《法制日报》头版头条发表孙旭培的长文《舆论监督与新闻法制》，提出以法制保护新闻自由和舆论监督，对舆论监督中难以避免的失误应采取宽容的态度等。

这一时期还提出了新闻报道的透明度，社会主义新闻自由，人民的知晓权、表达权、监督权等问题，要求提高新闻报道真实性和透明度，不再对重大事情进行部分报道或不予报道；要求新闻媒介能作为意见交流的工具，正确看待不同声音；要求提高新闻机构的自主权，并通过法制保障新闻活动获取信息和编辑、批评等权利。这些问题引起了广泛讨论，有些观点，尤其是强调人民性、真实性、透明度和新闻自由的观点，被作为资产阶级自由化思潮在新闻领域的反映而受到批判。

新闻业界和学界还深入探讨新闻的宣传价值、教育价值、审美价值，新闻传媒和新闻作品的多种功能、多元作用，不断强化媒介的传递信息、引导舆论、沟通社情、反映民意、传播知识、提供娱乐、刊登广告等功能，又在全面发挥这些功能的过程中不断改变过去千报一面、千台一腔的状况。

新闻传播方面的重要研究内容还有数字化、全球化的影响和对策，公共空间、公民新闻、民生新闻、新闻专业主义，以及新闻传播的法制、道德、职业精神、职业规范等。①

3.新闻事业和新闻产业问题探索

这方面的探索包括新闻媒介的属性，传播自由与社会控制问题，新闻传媒经营管理和产业化发展问题等。1993年孙旭培所著的《新闻学新论》出版，在新闻学界引起了很大反响，尤其是书中的“论社会主义新闻自由”等内容，引起了新闻界的高度关注。

经营管理改革被认为是新闻体制改革中最大的实质性突破，对新闻媒介的内容和形式都带来了很大的影响。理论探索在这方面也提供了有力支持，包括新闻媒介的商品性、私人物品性、产业化发展等研究。1996年《新闻出版交流》杂志发表《市场营销原理在报刊经营中的运用》，提出以受众的利益和需求为中心；从1998年起该刊又发表了一系列关于中国新闻传媒产业化发展的论文。从2000年7月起，在核心期刊上出现了关于中国加入世贸组织对新闻出版业的影响和对策论文。此后一段时期，新闻传媒经营管理和产业化发展成为论文最多的主题。2007年《中国传媒产业概论》和《传媒产业经济学导论》先后出版。

在总结2003年“非典事件”的报道之后，出现了关于新闻专业主义的大讨论。陆晔、展江、吴飞等教授认为，新闻专业主义的核心是新闻报道的客观性，目标是服务于全体公众，强调自己在具有商业和政治双重性质的机构中是公共利益的保卫者，以此获得公众信任。“中立的把关人和客观的反映者”是其主要特征。这场讨论的主要焦点，是如何确保传媒业的

① 谢金文.新闻学导论［M］.北京：清华大学出版社，2014：300-302.

公共性和社会责任，认为新闻专业主义在中国新闻改革的过程中具有重构新闻媒体及其从业者的社会角色与功能，以及改变新闻从业者群体结构的作用。①

四、改革探索

“文化大革命”结束以后的新闻改革包括新闻机构、新闻业务、宏观管理等各个方面，原则、体制、机制、方法等各个层次，其中最重要、影响最大的是体制改革。②

新中国成立后很快形成的新闻体制，沿袭了延安时期的党报体制和苏联斯大林时期的新闻体制，其主要特点是单一党报体系（非党报新闻单位相当于准党报），高度集权调控，强化宣传功能，经济由国家包揽。这样的体制在特定时期有其必要性和积极意义，但也出现了重要信息缺失、意见交流困难、舆论监督缺位、错误宣传风行，以及工作效率不高、官僚主义严重等问题，因此新闻体制需要与时俱进。

从1978年起进行的新闻体制探索，最早是突破了新闻机构的机关化管理，实行企业化管理。这不仅大大提高了新闻机构的经济效益，还使新闻机构产生了满足受众需求的强大动力，从而大大丰富了媒介品种，提高了媒介质量。

在新闻业进行企业化管理改革深入的同时，又进行了市场化运行、集团化整合、产业化发展、法制化管理的探索，以及政企、政事分开，采编

① 谢金文. 新闻的作用与新闻专业主义、专业精神［J］. 青年记者，2020（16）：46-47.

② 新闻体制就是关于新闻传播的体例制度，主要涉及新闻机构的设立和新闻媒体的创办，新闻机构的内部关系和运行方式、外部关系和社会控制。参见：谢金文. 中国传媒产业概论［M］.2版. 上海：上海交通大学出版社，2019：159.

权与经营权分开，电视机构的制播分离等改革。

1.企业化管理

1949年12月，刚成立不久的中央人民政府新闻总署召开全国报纸经理会议，决定采取报社企业化经营，“必须把报社真正作为生产事业来经营，逐步实行经济核算制”，主动刊登有益于国计民生的广告，公营报纸也要争取最大可能的自给程度。

在此方针下，许多报社尽可能提高效率，减少人员，降低开支，并尽力发展广告业务。例如，《新华日报》原来的广告收入只占总收入的28%，实行企业化经营后，增至占总收入的42%。但有些报社的同志仍认为报纸是文化事业，不能当作生产事业来经营，有的仍持“赔多少向公家报销多少”的思想。对此，中宣部在1950年《关于报纸实行企业化经营情况的通报》中进行了批评。1951年，中央和各省、市、自治区的主要报纸基本消灭了亏损。

新闻传媒全部成为公营事业单位之初仍然实行企业管理制度。例如，上海的解放日报社（原为申报馆），自1912年起由史量才独资经营，1941年太平洋战争爆发后被敌伪劫持，抗战胜利后又被国民党把持，大部分为官僚资本。上海解放时对申报馆实行军管，没收其官僚资本部分，保留私人资本；利用其原有设备出版党报，并委任史量才之子的代理人为副经理。1954年6月，华东财政经济委员会根据政务院指示精神指出，党报不应有私股，可将私股股款发还或暂交交通银行上海分行保管，再协商解决。解放日报社随即成为事业单位，但仍实行企业管理制度，并按国家对地方国营企业的规定，向上海市财政局上缴利润。

后来新闻机构事业化程度提高，经济上完全由国家统收统支，管理上如同党政机关。新闻机构成为纯粹的事业单位，其主要特征为：公费兴办、统收统支、专款专用、盈亏归公；没有经济指标、经营责任，不缴税金；

没有经营自主权，价格也按统一指令；宣传按上级部署，其他内容也按上级指导；干部由上级任命，其他人员也由党政部门分配，作为事业单位干部编制中的人员，都由政府提供工资和福利待遇。

这种方式便于党和政府对传媒进行统一调度和控制，并保证新闻单位的社会地位和工作条件。这样的传媒具有很强的组织传播工具性质，为夺取政权时期的革命斗争作出了巨大贡献。然而在实践过程中也产生了不少问题，包括忽视新闻规律、传播规律、经济规律；忽视社会的信息沟通、意见交流、舆论监督需要和受众的获知、表达、娱乐需求；不适当的权力干预过多，对上级的指挥错误或失误非但不能及时纠正，反而推波助澜；缺乏竞争压力，责、权、利分离，工作效率不高，积极性、主动性、创造性不足；任人唯亲、官僚主义、资源利用率不高、浪费严重；等等。过去新闻媒介发展缓慢、内容和形式单一、缺乏创新活力、给国家带来日益沉重的经济负担等问题都与此有关。改革开放以后，新闻媒介大大丰富，受众的选择余地大大增加，接触境外媒介也日益容易，而新闻机构仍以事业单位、机关化管理的方式经营新闻传媒，则会使新闻媒介的吸引力、影响力和国际竞争力不足。

1978年，各行各业都进行拨乱反正、突破禁区、探索改革，有些企业开始实行经济奖惩，工作效率和经济效益大大提高，实现了国家、企业和个人三者得利，然而作为事业单位、实行机关化管理的新闻机构不能发奖金，医疗也实行公费制，但报销金额有限，有些药品不能报销。解放日报社等机构的印刷、发行工人和干部认为，他们的工作与其他企业的性质一样，应像企业那样管理，实行经济奖惩，并享有报销金额不受限制的劳保医疗。报社领导认为这是合理的要求，而且可以改进管理、提高效率，于是试行起来。随后，报社的其他部门提出，在同一个单位，福利、奖金待遇不同，而且脑、体（脑力劳动与体力劳动的待遇）倒挂，有失公平合理，也不利于效率的提高。于是报社全部试行新办法，效果很好，员工积极性、报纸质量和经济效益都得到了提高。

在这样的背景下，人民日报社等8家在京的新闻机构联合给财政部递交报告，以得到财务上的合法性。财政部的批准使其他许多报社也得以名正言顺地实行起来。

此后，管理的企业化程度不断提高，最终完全实现经济上以企业运营方式进行核算，考核经济指标，努力提高经济效益；人员上实行政府和单位不包终身的聘用制，干部实行聘任制，同时定岗定责，工作量化，竞争上岗；分配上薪酬与绩效挂钩，实施经济奖惩；经营上有较多的自主权，积极开展各种营利业务。新闻机构与国家、政府、其他单位的经济关系也相应改变，基本自收自支、自负盈亏、自我积累、自我发展，同时也要偿还贷款、上缴税金。

企业化管理在一定程度上弥补了事业单位的不足，使传媒业在经营上开源节流，管理上制度严密，责、权、利结合，利用竞争和激励机制，媒介内容和形式上重视受众，尽力发掘和满足群众的各种需求，尽力符合受众的接受习惯和心理，传媒的运行效率和经济效益、社会效益都有很大的提高。

企业化管理使新闻机构产生了尊重经济规律、提高经济效益的强大内驱力，有力地推动了新闻机构的市场化运作、集团化整合、产业化发展。

2.法制探索

发挥新闻媒介多种功能的发挥，需要法制的保障，体制探索也包括法制探索。

我国1949年9月底公布的《中国人民政治协商会议共同纲领》有条款规定，保护报道真实新闻的自由。在此后的历版宪法中，都有保护公民言论、出版自由的条款。然而，这些条款的实施经常受到“左”倾思潮的干扰。

在“文化大革命”中，新闻媒介被一些人无法无天地控制利用，封锁重要信息，无视不同意见，不给申辩机会，打击进步力量，制造夺权舆论，为祸甚烈。“文化大革命”结束后，新闻界人士痛定思痛，强烈要求制定新闻法，保护说真话、报道真相的权利。

1980年9月，在全国五届人大三次会议、五届政协三次会议上，来自新闻界的一些代表和委员，就制定新闻出版法和保障公民言论、出版自由等问题发表了不少意见和建议。后来的多次人民代表大会上都有关于新闻立法的议案。

1984年1月，全国人大教科文卫委员会与中国社科院新闻所合建中国社会科学院新闻研究所新闻法研究室（起草小组），由所长商恺、副所长孙旭培分别担任研究室正、副主任。1987年新闻出版署成立后，起草新闻法的工作被划归为该署。在主持这项工作的副署长王强华的提议下，上海也成立了起草新闻法的班子。1987年底，新闻研究室和新闻出版署的起草组及上海的起草组分别独立拟出了草案。这三个文本都把新闻自由作为基本指导思想，对新闻自由下了基本相同的定义；都突破了过去的新闻体制规定，确定了新闻媒介的独立地位，禁止事先新闻检查；都主张新闻工作者的采访、报道、评论等权利，规定国家有保障新闻报道的义务。主要差异是谁可以经营新闻媒体。新闻出版署的意见为“国家机关、政党、社会团体、企事业单位（或加上‘其他公民集体’），可以申请创办新闻报社、通讯社、新闻期刊社、新闻图片社”。上海的意见为“国家机关、政党、社会团体、科学教育文化机构及其他取得法人资格的组织均可申请出版报刊”。新闻研究室的意见还有“报刊的创办也可以由自然人进行”。

最后，各种意见汇集到新闻出版署，新闻出版署又重新拟出一份新闻法草案。这个草案在内部征求意见，先后改了十多稿。有些条文引发了激烈争论，其中允许民间办报还被指为“资产阶级自由化”。

1987年10月中共十三大提出，要抓紧制定新闻出版法。1989年3月，邓小平强调要抓紧立法，包括集会、结社、游行、示威、新闻、出版等方面的法律和法规。1994年，中共中央批准了全国人大党组提出的八届人大期间（1992—1997）立法规划，其中有新闻法和出版法。

在制定《新闻法》的过程中，人们发现许多新闻问题的政策性很强，而政策会有发展变化，一时很难以法律的形式确定下来。孙旭培在《新闻立法：最困难和最需要的立法》一文中指出，主要难点有以下三个。

（1）新闻自由应规定哪些实质性内容。没有此种具体表述，新闻法中的“新闻自由”会像宪法中的“言论、出版自由”那样无法界定，也缺乏操作性。在这些实质性内容中，能否包括新闻活动不受法律规定以外的权力干预？

（2）舆论监督应规定哪些实质性内容。其中能否包括媒介可以批评一切违背宪法和法律的人和事？[①]

（3）谁可以创办传媒机构。公民和法人能否参与创办传媒机构？目前的新闻法草案要求不涉及创办传媒机构，而由出版法规定（出版法草案规定，创办传媒机构须有主办单位和主管单位）。这样的新闻法显然是不完善的。[②]

随着传播技术，尤其是数字化的发展日新月异，传媒的许多新发展很难被预知和事先纳入法律规范，可以先制定相关的行政法规、行政规章及地方行政法规，成熟后再上升到法律。

① 按照1953年至今的政策，我们的党报不得批评同级党委，在实践中又延伸为大众媒介都不得批评同级和上级党委及其领导干部。——笔者注

② 孙旭培.当代中国新闻改革［M］.北京：人民出版社，2004：102.

2003年上半年对伊拉克战争的报道，对“非典”信息的处理，都给信息公开问题提供了很好的经验和教训。尤其是“非典”事件发生时，中国新闻媒体集体失语，引起了新闻界和全社会的反省，激起了关于知晓权、信息公开、突发事件报道、危机信息处理的广泛探讨，使相关党政部门放松了部分不合理的管理规制，改革了对突发事件报道的管理，对其他报道内容调控也适度放宽，并采取了增加政府工作透明度的措施，各个地方、各个领域先后建立新闻发言人制度，同时推进政府信息上网。政府信息公开条例也开始起草，2007年4月国务院发布了《中华人民共和国政府信息公开条例》，该条例自2008年5月1日起施行。一些较为透明的版面、专栏、节目竞相问世。

3.深入改革的设想和试验

1985年以后，在新的政治经济环境下和传媒管理变革中，有些人士提出了新的改革设想，包括增加媒介，形成竞争机制；放开经营自主权，同时让编辑部自己决定内容，外部只进行追惩；采用多种所有制形式，并实行所有权和经营权分离；放宽总量控制和市场进入限制，允许跨媒体、跨地区经营。

一些传媒机构进行了初步的变革试验。媒介开始多样化，媒介之间、媒介机构之间的竞争渐次展开。在一张报纸上也可看到不同的意见。但是不久，有的变革被叫停。新闻传媒继续为经济体制和其他领域的改革鸣锣开道，但自身的改革却相对滞后，其在等待政治体制改革提供基础性条件。一些社会责任心强的新闻学界和业界人士，继续反对僵化封闭、因循守旧的思想观点，反对“左”的一套做法卷土重来，进行改革研究和呼吁。这也给政治体制改革提供支持，如关于知情权、表达权、监督权、政府信息公开的呼声和探索，在中国大陆就是他们最早提出来的。而倡导和践行传媒素养教育，则是更为根本的努力。

与此同时，新闻传媒经营管理体制改革的理论和实践继续向前推进，以产业化带来事业性传媒的内部搞活和体制突破，带来新闻事业和传媒产业的繁荣兴旺。

五、产业化发展

新闻传媒业的产业化发展是使其环境、机构和行为的优化，利用产业发展的规律和方法，以取得更好的经济效益和社会效益。

在我国从计划经济转向市场经济的过程中，国民经济各行各业都有产业化发展的问题，即利用经济规律，进行产业环境、机构和行为的优化，实现科学合理、充分高效的发展。为此，需政企分开，所有权与占有权、使用权分离，建立责、权、利紧密结合的现代企业制度；需从严格的计划控制转向国家调控市场、市场调节企业，建立健全市场体系；需保护和提升产业环境，完善产业政策，健全产业规范，探索产业规律，提高产业效益和国际竞争力。

新闻传媒事业和产业是一个事物的两个方面，二者相辅相成。它们以传播信息为本，是社会信息系统的重要部分，可部分地归入广义的服务业，即第三产业中的信息业。它们又有很强的文化性，很多文化和娱乐内容可部分地归入文化业。新闻传媒业也要通过产业化发展，提高效率、效益和国际竞争力。然而新闻机构要从过去的纯事业单位、机关化管理转向产业化发展，其变化幅度比一般企业更大，涉及的观念、体制、人事、经验方面的问题也更多。

1987年1月，国家新闻出版署成立，直属于国务院，行使对新闻出版事业的宏观管理。2001年，新闻出版署更名为新闻出版总署，升格为正部级机构。

1992年1月18日至2月21日，邓小平视察武昌、深圳、珠海、上海等地并发表讲话，精辟地分析了国际、国内形势，科学地总结了十一届三中全会以来党的基本实践和基本经验，明确回答了长期困扰和束缚人们思想的许多重大认识问题。邓小平还强调：“改革开放胆子要大一些，敢于试验，不能像小脚女人一样。看准了的，就大胆地试、大胆地闯。深圳的重要经验就是敢闯。没有一点闯的精神，没有一点‘冒’的精神，没有一股气呀、劲呀，就走不出一条好路，走不出一条新路，就干不出新的事业。”“社会主义要赢得与资本主义相比较的优势，就必须大胆吸收和借鉴人类社会创造的一切文明成果，吸收和借鉴当今世界各国，包括资本主义发达国家的一切反映现代社会化生产规律的先进经营方式、管理方法。”

邓小平的讲话把改革开放和现代化建设推向新阶段，也给新闻业的改革与发展提供了指引和动力。然而改革会触动一些人的既得利益，而更大的阻力还是来自思想观念。2000年春，有人表示新闻系统不宜提产业化。有学者已经开始发表的关于我国新闻传媒产业化发展的系列论文，也被停止刊登，只得借助电脑软件的词语替换功能，把“产业化”替换为“产业式”，在其他期刊上发表。几个月后，有的期刊又大胆启用了“产业化”的提法，其他期刊相继跟进。

2002年底，中共十六大明确提出，要“积极发展文化事业和文化产业”，作为文化业一部分的新闻业，产业化发展也名正言顺了，这着实让改革倡导者兴奋了一阵子，并酝酿起更大的改革和发展动作，在2003年开始经营性传媒实行企业化转制的试点工作，从2006年起逐步推开。2010年7月23日，中共中央政治局专门就深化我国文化体制改革问题进行学习，胡锦涛总书记在主持学习时指出，要加快文化体制机制改革创新，并强调各级党委和政府要把文化体制改革和文化建设摆在全局工作的重要位置，加快发展文化产业。

1.起步和市场化运作

自改革开放以来，我国新闻机构逐步实行企业化管理，这是产业化发展的重要开头，此后的市场化运作则是又一个里程碑。

市场化运作是相对于计划经济的运作方式而言的，指资源从市场上获得，效益从市场上实现。市场化运作与企业化管理相辅相成、相互促进。例如，实行企业式的自负盈亏，必然促使传媒机构尽可能从市场上获取收益；参与市场竞争，必然促使传媒机构加强成本核算、绩效挂钩等企业化管理。有的行为和措施既是企业化，又是市场化，如开展广告业务等。

在高度计划经济时期，经济单位不需要做广告，新闻机构也不需要广告收入。报刊广告只有节目、书刊预告之类，没有商业性广告。广播电视也没有商业性广告。在“文化大革命”中，广告被作为资本主义的东西，新闻媒介又必须完全为政治服务，因而新闻媒介不得刊登商业性广告。

1979年1月4日，《天津日报》率先恢复刊登商业广告。1月14日，《文汇报》发表文章《为广告正名》。1月23日，《文汇报》刊登了第一条外商广告。1月28日，上海电视台播出第一条国内电视商业广告。3月5日，上海人民广播电台恢复广告业务。3月15日，北京市委宣传部批准首都恢复广告业务。同年11月，中央宣传部发布《关于报刊、广播、电视台刊登和播放外国商品广告的通知》，批准新闻单位承办广告。至1983年，报纸、杂志、广播、电视的广告总收入为1.2亿元，广告经营全面起步。

自改革开放之初，日报等机关报仍然主要依靠公费订阅发行，而晚报和其他社会生活类报纸在许多地方不能进入公费订阅系列，只能在一般市场上销售。市场化运作成了这些报社生存和发展的必要条件。于是能否受自费购买者的欢迎，成了这些报纸生存和发展的关键，满足读者的需要和爱好成了这些报社的核心追求。没几年时间，这些报纸的吸引力越来越强，市场份额越来越大。许多读者甚至宁愿看自费的晚报，也不看公费的日报。

广告跟着受众走，各地晚报及后来出现的都市报（相当于晚报，最初只是为了避免与晚报重名而采用“都市报”之名）的经济效益基本高于当地的日报。有了经济实力后，设施条件、人才队伍、技术水平等也都不断提升，使报纸质量不断提高，形成良性循环。

此后一些机关报社也办起了晚报和其他社会生活类报纸，同时进行机关报的变革，通过一定程度的市场化运作，有力地提高了报纸的受欢迎度。例如，中共广州市委机关报《广州日报》从1992年起便不再要求市委下发订报通知，每年销量却平均递增14%，自费购买率达到四分之三，成为当地最受欢迎、影响最大的报纸。广播电视台也进行相应改革，逐步走向市场。

报刊发行渠道多样化也是市场化运作的成果之一。从1950年起，我国实行“邮发合一”：依靠各地邮局进行报刊征订、运输、投送。如今报社实行企业化管理、市场化运作以后，不满意于完全的“邮发合一”。一是代价高，邮发的费用是报纸零售价的35%，而且收订报纸所得款不是一次性付给报社，而是分期付，不利于报社的资金利用率。二是报社难以考核发行质量。如果出现读者没有收到所订报纸的情况，报社只能与邮局协调，难以采取及时的补救措施，报社也难以因发行质量问题而扣邮局的款。三是邮发不能充分满足读者的需要。不同的报纸对不同的读者在发行时间、方式上有不同的要求，有的要早些，有的要零售点多些等，邮发不能予以充分满足。

从1985年起，有的报纸开始自办发行。至1990年，全国已有三分之一以上的报社自己发行。有些报社的发行又承接其他报社的发行业务，成为新的发行系统。另外，许多地方又建立了专门的发行公司，还出现了非公有制的发行企业。此后，报社可自由选择邮发、自发、委托发行、自己直接零售。各种发行渠道和方式可满足不同报刊和受众的需求，各种发行渠道之间的竞争又使发行工作提高了效率，降低了成本，改进了服务，方便了受众，扩大了发行量。例如，许多邮局为能尽早把报纸送达读者，实行信、报分投。有的邮局为解决报刊丢失、短缺问题，还在内部实行挂号信式的交接制度。

从1985年起，以城市为重点的整个经济体制改革全面展开。与此同时，传媒业的原料、人工等成本迅速上涨，财政补贴所占比例日益减少，只有通过加强经营管理来解决生存和发展的经济条件。新闻机构的企业化管理、市场化运作程度进一步提高，纷纷开展传媒业务以外的经营。

1988年3月，国家新闻出版署和国家工商行政管理局联合颁布了《关于报社、期刊社、出版社开展有偿服务和经营活动的暂行办法》，允许报社开展“与本身业务有关的有偿服务和经营活动”，“可以结合本身业务和社会需要，兴办经济实体”，但“不得从事与本身业务无关的纯商业经营”。

1992年10月，中国报协提出对关于报纸行业产业政策和体制改革的五项意见，建议允许报社从事跨行业的经营活动，“一业为主、多种经营”延伸到传媒以外的业务。

新闻单位日益重视学习、研究和使用市场策划、市场调查、市场定位、市场营销、品牌战略等理论和方法，经营水平大大提高。

市场化运作不仅发挥了市场机制的作用，提高了经济效益，还促进传媒机构尽力满足受众的需求，带来了新闻工作者思想观念的变化，新闻传播内容、方式和技术水平及社会效益的提高。

过去新闻机构在经济上主要靠政府拨款，尤其是广播电视台。1992年政府给广播电视业的拨款为23.8亿元，而仅电视台的广告收入就达20.39亿元，许多广播电视台的经营收入已大大超过了政府拨款。

2.外部“断奶”，内部搞活

新闻界又提出了外部“断奶”、内部搞活。外部“断奶”，是经费不再由国家财政拨款。这不仅解除了政府的经济负担，而且便于传媒的经济自立，取得更多的自主权，从而调动传媒内部上下左右、方方面面的积极性、主动性、创造性。内部搞活，主要是采用干部聘任制、员工聘用制，加强岗位责任制，加大奖惩力度，使每个部门和每个员工的责、权、利紧密结合。外部“断奶”、内部搞活，还要求改进宏观管理，让新闻机构有更多的“找奶”“制奶”的机会和条件，包括管媒介与办媒介分开，扩大传媒机构的经营和管理自主权。

1993年，报社与其他企业一样开始执行财政部该年颁布的《企业财务通则》和《企业会计准则》，新闻机构的联合、兼并、向社会融资、与外商合作等逐渐出现。

1994年，绝大部分省级以上的党委和政府机关报、一半左右地市级机关报走上了“独立核算、盈余留用”的自我发展道路。同时，一部分新创办的非机关报则走上了“自筹资金、自主经营、自负盈亏、照章纳税、自我发展”的纯企业化办报道路。有些经营成效突出的传媒机构已上缴大量税款，如《新民晚报》从1991年到1995年上缴了2亿多元税款，扣除退税部分，纯上缴11 486万元。

3.集团化和资本运作

1994年5月，国家新闻出版署发出了《关于书报刊音像出版单位成立集团问题的通知》，表现出扶持主流传媒机构和加强媒体管理的意愿。1996年1月，国家新闻出版署批准成立广州日报报业集团，同年5月29日报业集团正式挂牌运行。到2000年底，经国家批准的报业集团试点单位有16家，广播电视集团有2家。至中国加入WTO三周年时的2004年，全国经国家主管部门批准组建的报业、期刊、广电、出版、发行、电影各类传媒集团共有67个。至2010年，我国传媒集团已有上百家，其中三分之二左右以新闻机构为主体，在这近70家中又有三分之二是报业集团。

这些集团的核心成员单位仍为事业单位，集团总部、集团核心单位与其他成员单位之间仍然以行政关系为主要联系纽带，因此仍不属于企业集团，但是借鉴了企业集团的组织形态，如以主要新闻单位为核心，形成直接控制的紧密层和与其他机构合作的松散层，成立各种专业性公司，合并一些成员单位相同的机构，在集团总部成立人事、财务、行政等管理总部及各种事业部。有的在集团内部还形成两个集团，一是事业性的媒介集团，二是经营性的企业集团。企业通过集团化整合扩大了供、产、销等各个环节的规模，降低了相关成本，取得了规模效应，同时降低了价值链、产业链上下游之间的交易成本，共享了品牌、技术、社会关系等无形资产，在获取资源、批量销售等方面具有更强的议价能力。然而，由于集团以行政关系为主导，媒介成员单位的自主权比以前更小了，责、权、利之间的关系更松了，官僚主义和“吃大锅饭”现象又抬头了。

2000年前后，一些传媒机构及其主管部门还利用传媒业的有形资产和无形资产优势，积极吸纳社会资金，进入资本运营的高级阶段。如1999年3月，以传媒为主业的公司“电广传媒”上市；1999年6月，由成都商报社控股的子公司受让上市公司“四川电器”的股份，成为其第一大股东，完成借壳上市，资产迅速增值并获得了在证券市场上融资的机会；2001年，国家广播电影电视总局指定的有线电视网络试点企业——“歌华有线”上市。

4.新的改革

从2003年6月起，中央确定的9个省市共35个宣传文化单位进行文化业改革的试点。其中新闻出版系统有21家。这次改革的主要突破，是区分事业性传媒和经营性传媒，进行不同的改革。前者是服务于某种特别目的、必须存在和发展、不能单纯依靠市场收入的传媒，要搞活内部机制，与市场接轨，也可把其中的经营性资产剥离出来成立公司。后者是上述传媒以外的所有传媒，这些传媒机构要由事业单位转制为企业，按企业法、公司法确定其结构，建立现代企业制度，有的可进行股份制改造。

2005年12月，中共中央、国务院发布《关于深化文化体制改革的若干意见》，提出了文化体制改革的具体目标与任务，强调要重塑国有文化市场主体，开展国有文化事业单位的转企改制工作。

2006年5月24日至26日，新闻出版总署在北京举办全国出版发行体制改革培训班，这标志着改革试点结束后全面推开的起步。

2010年1月4日，国家新闻出版总署发布《关于进一步推动新闻出版产业发展的指导意见》，其中提出："认真研究完善出版单位法人制度、准入和退出制度、主管主办制度、新媒体出版服务制度等相关法律制度。"

2010年7月23日，中共中央政治局就深化我国文化体制改革问题进行学习，胡锦涛总书记指出，要加快文化体制机制改革创新，按照创新体制、转换机制、面向市场、增强活力的要求，加快经营性文化单位转企改制，稳步推进公益性文化事业单位改革，构建统一开放竞争有序的现代文化市场体系，提高文化产业规模化、集约化、专业化水平，提高我国文化产业国际竞争力，并强调各级党委和政府要把文化体制改革和文化建设摆在全局工作的重要位置，加快推进文化管理体制改革，深入研究人民群众对文化建设的新要求、新期待，深入研究文化发展的特点和规律，加快发展文化产业。

2010年10月15日至18日召开的中共十七届五中全会提出，"基本建成公共文化服务体系，推动文化产业成为国民经济支柱性产业""要推动文化大发展大繁荣、提升国家文化软实力""深化文化体制改革，增强文化发展活力，繁荣发展文化事业和文化产业"。

2011年10月15日至18日中共十七届六中全会召开，通过了《中共中央关于深化文化体制改革　推动社会主义文化大发展大繁荣若干重大问题的决定》，其中提出健全现代文化市场体系，创新文化管理体制，发挥市场在文化资源配置中的积极作用，深化国有文化单位改革，形成公有制为主体、多种所有制共同发展的文化产业格局。

2003年6月至2012年9月，经过10年的改革，经营性出版单位基本完成了转企改制，随后启动第二步改革“三改一加强”：完善法人治理结构，加快转换内部经营机制，推进股份制改造，加强与民间资本合作，并且要大力推动出版与科技融合，积极参与国际市场竞争。

目前以时事新闻为主的新闻媒介仍都归为事业性，由事业单位主办，实行总量、布局控制和一定程度的行业、地区分割，但不排除在国有资金控股的前提下吸收社会资金。如2012年人民网上市，其他一些主流新闻单位的网站也获得了上市批准；2016年10月，新华网上市。

为了加强集中统一管理，2013年国务院将新闻出版总署、广电总局的职责整合，组建国家新闻出版广播电影电视总局。2018年4月，国家新闻出版署、国家电影局从国家新闻出版广电总局划出，由中共中央宣传部管辖。中央电视台、中央人民广播电台、中国国际广播电台合并为中央广播电视总台。

第四节　全面发展

一、传统媒体的发展

媒介环境的改变，新闻思想的解放和经营管理的改革，突破了新闻媒介发展的许多障碍，解放了媒介生产力，出现了空前的媒介大发展，无论是数量、质量还是社会效益和经济效益，都呈现爆发式的增长和提升。其主要原因：一是以前的基数低；二是受众及广告客户的需要和购买力增长快，这基于经济的高速增长和社会的变动转型；三是政策松绑，如给予新闻机构一定的经营管理自主权，允许进行广告、印刷等各种经营；四是媒介人的努力，包括更新观念，探索改革，积极创新；五是传播技术的发展，如计算机处理、卫星传输、数字化传播等。

从传统媒体的收入可大致看出它们的市场格局。2009年，四大传统媒体的广告收入依次为：无线电视536.2亿元，报纸370.46亿元，广播71.87亿元，期刊30.37亿元。此外，报纸还有发行收入246.9亿元，期刊还有发行收入166.3亿元，电视还有有线电视收入357.4亿元，以及一些节目销售收入。

随着新兴媒体，尤其是移动手持终端的发展，从2013年起，传统媒体的受众数量和市场收入大大下降，而移动阅读、社交阅读成为新的趋势，受众和收入迅速增加。2015年中国网络手机广告营业额达1775亿元，首次超过电视的收入。2016年，中国网络手机广告营业额达2305亿元，是电视1239亿元的近一倍。

二、新媒体迅速崛起

所有新诞生的媒体对于此前的媒体来说都是新媒体，广播对于报刊、电视对于报刊和广播都是如此。而目前我们使用“新媒体”这一概念，已约定俗成地指数字化新型媒体。它们与传统媒体的区别主要在于：在技术上，前者是数字的，后者是传统的；在形态上，前者是多媒体的，后者是单媒体的；在传播方式上，前者是可以双向互动的，后者是单向的。

新媒体中一马当先的是网络媒体，其中以发布、转载新闻和时事评论为主的就是网络新闻媒体。它们既是网络媒体的重要组成部分，又是网络媒体其他功能的支撑因素。2003年11月搜狐网创始人张朝阳说："目前网络广告贡献的收入占我们总收入的30%至40%，但新闻搭建的网站是一个多功能的平台，短信、游戏、商城这些消费者业务全以此为基础，而且媒体角色本身还能起到塑造公司品牌形象的作用。"

手机由通信工具发展成兼具大众媒介的功能，从2003年后开始成为继报纸、广播、电视和网络之后出现的"第五媒体"。2011年6月全世界手机用户突破50亿，中国大陆突破9亿。2013年12月，中国大陆手机网民跃升至5亿，政府发放4G手机商用牌照。2018年底，中国网民有8.29亿，互联网普及率为人口总数的59.6%。其中手机网民8.17亿，占网民总数的98.5%以上，普及率为58.7%。

中国新闻机构也与移动通信运营商、手机制造商等合作，将内容进行分类、浓缩，制作成适合手机传播的形式，以短信、手机报、植入手机的软件等途径扩大传播。

新华社于2003年3月开播新华短信，此后从单一文字短信向多语种、多媒体短信发展；从新闻短信向各种信息短信发展，包括专供领导和高参决策的内容；从单向发布向双向发展，用户可与新华短信平台互动；从境内向境外发展，在日本、马来西亚、中国香港、法国、德国等许多国家和地区开拓手机传播业务。

2004年7月，《中国妇女报》推出全国首家手机报——《中国妇女报·彩信版》。它的第一版至第四版是时政、综合、妇女、文体新闻，第五版至第八版是健康、成长、社会、婚恋、经济女性、国际等内容。

此后，杭州日报集团针对更为广泛的用户群，将其手机报纸划分成精华版、视觉版、社会版、生活版、文体版、时政版、创富版和浓情版。其中的视觉版是以图片讲述新闻或故事。广东移动推出的手机报纸内容相当丰富，移动客户可通过手机上网、彩信等方式阅读《新华社快讯》《参考消息》《南方日报》《羊城晚报》《广州日报》《南方都市报》《新快报》《信息时报》《足球》等报纸的精彩内容。

2005年12月，人民网、新华网和千龙网联合推出“掌上天下”手机网站。2006年1月，解放日报报业集团与中国联通公司共同推出了i-news手机报。

手机又与二维码结合，使报刊、书籍、广告等平面媒体和网络媒体的内容，都可通过二维码和网络媒体连接到手机上，使印刷媒体成为新媒体的窗口或门户，使互联网在最大限度上成为各种大众传媒的核心（书、报刊、广播电影电视、新媒体、各种广告，都可通过有线或无线的数字化传播，紧密地围绕在互联网周围），成为信息社会的核心。这也使手机迅速成为主要媒体之一。

微博使每个有上网功能的手机都可成为大众传播工具。2007年，中国开始出现微博。2009年8月，新浪网推出微博服务，当年就产生了一批有几十万点击量的博主，腾讯等公司也随即推出。一年后，微博用户已超过1亿人。现在人们随时通过网页、WAP（无线应用协议）、手机上传文字图片、音频视频信息，包括新闻和时事评论，其中有些内容被随时插入其他媒体进行广泛传播。由此，新闻传播更多地采用实时+滚动、业余+专业、手机+网络、微博+报道的方式进行传播。

2011年1月腾讯公司又推出了微信，可通过网络快速发送语音、文字、图片和视频，很快超过了微博的走红程度。2013年10月，腾讯网对中国6亿多网民的覆盖率高达89.73%。

网络和手机媒体还衍生出社会化媒体（social media），即由用户自主参与而形成的在线媒体，如博客、微博、播客、论坛、社交圈、内容社区。

其中多数为自媒体，即由公众自己提供内容、自主打理的媒体。按出现的先后，中国的自媒体目前有个人网站、博客、微博、微信。其他社会化媒体有网上论坛、维基平台、播客网站、社交网、内容社区（有文字、照片或以视频为主）。

至2020年底，中国已有手机网民9.86亿人，其中新闻用户7.41亿人，占全国手机网民四分之三。[①]

三、当今新闻媒介的特点、任务和深化改革

1.基本特点

当今中国的新闻媒介主要有以下特点：

（1）共产党领导，以马克思主义新闻观为指导；以国有党管的传媒为主体。

（2）以人民为中心，党性和人民性相统一，是党和人民的耳目喉舌。

（3）以正面宣传为主、舆论引导为重，在此前提下开展批评。

（4）以社会效益为主、经济效益为辅。

（5）新闻和时事评论为主的传统媒体机构都是事业单位，以保障社会效益；但也实行企业化管理，以提高工作效率和经济效益。两者优势互补，但弊病也共存。

数字化、网络化、全球化给中国新闻传播业带来了新的挑战和机遇，包括传统媒体老年化、主流媒体边缘化、国际竞争国内化等问题，同时也带来技术赋能、媒介融合、产品迭代等机遇。

---

① CNNIC发布第47次《中国互联网络发展状况统计报告》[EB/OL].（2021-02-03）. http://www.cac.gov.cn/2021-02/03/c_1613923422728645.htm?eqid=da98f2120015010300000066493e2d5.

2.基本任务

中国的现代化仍然任重道远，仍有待新闻媒介的深入改革和新的发展。

中国仍然是发展中国家，除了要提高经济总量，还要解决经济结构问题，主要表现为“三高一低”问题：高投入、高消耗、高污染、低效益。在社会方面，中国仍面临进行政治体制改革、承担民主政治建设任务，干部素质不高、腐败，管理成本高、资源流失多，发展文化、落实核心价值观，道德、教育，贫富、医疗，人口、就业，污染、安全，老弱病残、青少年等社会问题。这些问题需要从根本上采取措施进行解决，包括思想观念、体制机制，干部任用、权力使用、民主监督等。这些都需要新闻媒介配合与推动。

国际上，世界仍然动荡不安，敌视、遏制中国的势力又有抬头。而我们的力量仍很有限，虽然也要有所作为，但仍要韬光养晦。即使将来更强大了，我们仍要做和谐世界的倡导者、人类命运共同体的建设者。这些也都需要新闻媒介发挥积极作用，防止消极影响。

3.深化改革

有人认为，在当今中国的现代化过程中，经济放开、媒介把紧，是值得商榷的。改革开放和现代化发展，需要新闻媒介全面、充分地发挥作用，给予保障并发挥促进作用。而且新闻媒介本身是文化产业的核心，现代化程度的标志。

我国新闻媒介已有很大的成就和发展基础，给中国的现代化提供了全面支持，然而仍存在不足，需要新的改革与发展来解决，包括信息传递的欠缺、社会瞭望功能的不足；意见交流的欠缺、公共空间功能的不足；宣传效果不甚理想，往往产生副作用；舆论监督软弱和缺位，尤其是对权力的监督。新闻媒介的地区分割、行业分割严重，产业发展很难符合经济规律；外部管理的“人治”普遍，规范化、法制化不够；对外传播力、国际影响力不强，与我国的大国地位不相称。

在市场化运行过程中，有些传媒片面迎合市场，忽视严肃深刻的内容，降低精神文化水准；迁就迎合层次低、数量大的受众，重轰动性、刺激性、娱乐性、煽情性，趋于媚俗和哗众取宠；忽视贫困、弱势人群，仅面向有较强消费能力或较大购买决策权的人，甚至搞“有偿新闻”、广告新闻，为“财源”夸大、编造或缩小、隐匿事实；搞不正当竞争，如垄断信息资源、虚报发行量。

我国的改革开放和现代化发展需要新闻媒介全面、充分发挥积极作用，给予保障和促进，同时防止消极影响。这就要求新闻媒介打破陈旧状态，根据中外经验和教训，社会目标和指标，媒介功能和作用，媒体融合、传播融合、行业融合的现状和趋势，设立多维度、多层面的新闻改革和发展目标及实现方法，从体制、管理、机构、市场等多方面采取措施。

首先，要科学地设立新闻媒介的目标，包括内容目标、效率目标、效力目标、事业和产业目标，以及这些目标之下更具体的目标，如媒介消费水平目标，媒介的信息传递、意见交流、宣传引导、舆论监督等目标，媒介机构的生产力、竞争力目标，媒介的公信力、吸引力、传播力、影响力目标，以及国际传播方面的目标，进而根据这些目标采用相应的方法。

其次，体制和管理也要科学化、规范化、法制化。需要有健全科学的政策法规制定和执行程序，包括征求专家学者和社会公众的意见，防止一管就死、一放就乱。

再次，在机构方面，以事业性为主的机构要保障公益性传播，也要借鉴现代企业制度，实施科学化的经营和管理；经营性为主的机构要实行现代企业制度，责、权、利紧密结合，优胜劣汰，也要以有益的传播承担社会责任。

最后，在市场方面，要建立统一、有序、高效的媒介市场和传媒产权市场，实现传媒资源的优化配置与充分利用，传媒数量、质量和国际竞争力的充分提高，同时防止过于集中垄断及片面迎合市场、损害社会效益的现象发生。

历史证明：祸兮福所倚，福兮祸所伏。悠久的传统文化会让人因循守旧、恐外排外，以致落后挨打；民族危亡激起维新变法、五四运动。革命的成功会让人把革命的经验方法用于建设，发展命令主义、集权主义、个人迷信，搞无产阶级专政下的连续运动、不断革命；国民经济濒于崩溃，倒逼出改革开放。改革开放的成功也会让人忘乎所以、抱残守缺，乃至回头倒退，由后发优势转为后发劣势。因此，要及时防祸止祸，转祸为福，信息和言路要保持畅通。

四、按照马克思主义新闻观建构和发展

当今中国的新闻传播、新闻媒介及其与社会的关系，总体上是按照马克思主义新闻观建构、运行和发展的。

所谓“观”，指对事物的根本看法，如我们常说的世界观、价值观、人生观。新闻观是有关新闻的根本看法。有的人认为新闻就是新的听闻和见闻，应有闻必录；有的人认为新闻就是一种报道，应根据宣传需要用事实说话；有的人认为新闻是一种信息，应客观中立地提供所有适合报道的新闻，这些都反映了不同的新闻观。

我们可从三个维度来把握新闻观。一是新闻及其传播，二是新闻媒介，三是新闻事业与产业。这三方面是什么及对其应持怎样的看法，构成了完整的、立体的、广义上的新闻观（见图4-1）。

第一个维度主要为新闻的内涵、作用和新闻传播的要求，这方面的根本看法堪称狭义上的新闻观，是整个新闻观（包括广义上的新闻观）的原点和基础。

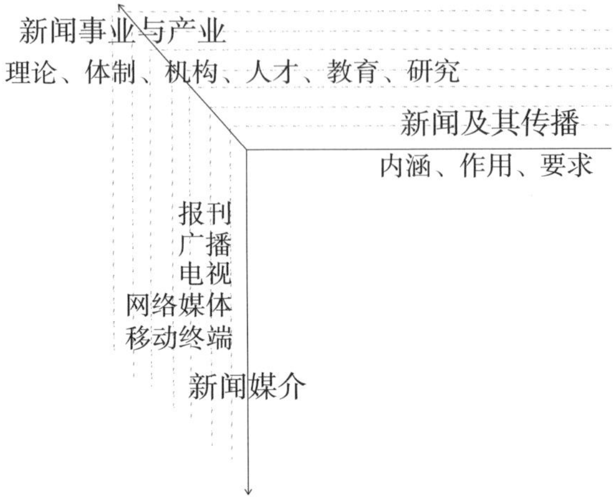

图 4-1　新闻观三维示意图

第二个维度是新闻媒介，其处于新闻传播七大环节——信息源、传者、内容、媒介、受传者、效果、反馈——的中心，承前启后。该维度涉及新闻媒介的性质、特点和作用、社会责任及其实现等问题。

第三个维度涉及新闻传播事业和产业的性质、特点、作用和发展规律，影响因素和管理控制。

对新闻及其传播的认识和要求，与新闻媒介、新闻事业、新闻传播产业的认识和要求相辅相成，共同构成广义上的新闻观。

马克思主义新闻观是基于马克思主义基本理论和方法的新闻观，是符合辩证唯物主义、历史唯物主义世界观和方法论的新闻观。

我们很少看到马克思主义思想家和革命家对新闻本身的直接看法，他们的许多有关论述反映的是报刊思想、宣传思想、传播思想、新闻工作思想，如关于报纸是革命武器、思想中心、理论阵地等看法。有的论述也涉及新闻，但其主旨仍是宣传等，而非新闻，所以仍属于报刊观、宣传观、传播观。

然而，新闻与传播、与报刊等传播媒介，新闻与宣传和舆论引导，都有密切的关系，或多或少、或大或小地相互渗透和影响，我们可把有关的根本看法归为广义上的新闻观。

辩证唯物主义和历史唯物主义是科学，符合科学的才是马克思主义的，可以把马克思主义新闻观称为科学的新闻观。科学是关于宇宙万物变化规律的知识体系的总称，科学新闻观的核心是对新闻规律的认识，是符合新闻规律的新闻观。

以此观之，不符合新闻本体、要求、规律的认识和理论都不是马克思主义的。例如，新闻是一种信息，宣传是一种传播，两者明显不同，即使是新闻传播和宣传，两者的内涵、作用、要求、方法等也不同，但许多人仍把它们混为一谈，以宣传方法代替新闻方法，以宣传规律代替新闻规律，结果难免在信息传递、意见交流、舆论监督等方面都有缺失，不能有足够的公信力、影响力和国际竞争力，还会造成新闻媒介缺位、片面、错误而又得不到及时纠正，甚至被有些人以宣传需要为借口，肆意封锁信息，歪曲事实，操纵舆论。这显然不符合马克思主义。

开放、发展、不断吸收人类文明相关成果、与时俱进的思想理论，才是能保持科学性的，才是马克思主义的。穿了“马克思主义马甲”的，不一定就是马克思主义的，如教条主义、违背马克思主义实事求是精神的，如打着马克思主义旗号捞取政治资本，甚至搞阴谋诡计的。不穿的也不一定不是，如当今中国的马克思主义发展观，名称为科学发展观。新闻观也是如此，不应把“文化大革命”中或之前的新闻观或马克思主义者曾说过什么，都作为今日的马克思主义新闻观。机械、教条、脱离客观现实和历史环境的看法，即使搬用了马克思主义者的许多原话，也不是马克思主义的；反之，我们有许多新闻思想、观点、论著，即使没贴马克思主义标签，也是马克思主义的。[①]

---

① 谢金文.新闻观三维解析：兼论新闻规律［J］.学术界，2020（5）：112-119.

五、新闻教育和研究

中华人民共和国成立以来的新闻传播大致可分为三个时期：第一个30年（1949—1978）为政治传播时期，以政治宣传为主；第二个30年（1979—2008）为经济传播时期，与党的中心工作转移、社会的关注焦点转移相呼应；此后至今为融合媒体、移动传播时期，新媒体、移动终端既融合了传统媒体，又相互融合。

新闻教育和研究也可分为相应的特点鲜明而又相互联系的三个时期。在第一个时期，以政治性强为特色的中国人民大学新闻系最领风骚，该系对党的新闻工作理论、方法、历史的研究和相应的人才培养成果突出，所编教材全国通用。在第二个时期，以新闻性强为特色的复旦大学新闻系（后扩展为新闻学院）大显身手，该系对回归新闻本位、引进传播学、提高新闻业务水平和进行相应的人才培养贡献卓著，所出人才走遍天下。在第三个时期，有强大工科背景或多媒体优势的清华大学、上海交通大学、华中科技大学、中国传媒大学等所办新闻与传播院系发展迅速，多媒体、全媒体人才培养，数字化、移动化、智能化传播研究，成为新闻教育和研究的主流。

（一）新闻教育

1.发展概况

在中国，最早的新闻学教育和研究机构是1918年10月14日成立的北京大学新闻研究会（1919年2月改名为北京大学新闻学研究会），校长蔡元培担任会长。从1920年至1949年，全国出现了59个新闻教育机构。20世纪50年代初，原燕京大学新闻系并入北京大学成为新闻专业，随后又并入中国人民大学新闻系；上海原有的5家新闻专科学校和大学新闻系并入复旦大学新闻系。至“文化大革命”前，已有许多高等院校开设了新闻系或新闻专业，中国记协和各省记协也创办了新闻培训机构——红专学校。“文化大革命”初期高校停止招生，1971年北京大学中文系和复旦大学新闻系开始招收少量的“工农兵学员”。1977年全国恢复高考时，北京大学、复旦大学、北京广播学院和广西大学也恢复招收本科生。

在研究生教育方面，1961年9月，复旦大学首次招收了新闻学研究生。1978年中国社会科学院成立研究生院新闻系，当年即招收6个专业的85名研究生，同年复旦大学和中国人民大学也分别招收新闻学研究生。1984年9月，这两所学校开始招收中国第一批新闻学博士生。

广播电视、公关广告等各种传播的发展、传播学在我国的兴起，使一些新闻院系的教学扩大到各种传播领域，增设了广播电视、公共关系、新闻摄影、广告、国际新闻、新闻事业管理、网络传播、新媒体等专业，学院名称也大都改为新闻与传播学院。1997年，教育部将新闻与传播学列为国家一级学科，1998年以后增设了传播学的硕士和博士点。

随着中国高等教育的大发展和走向大众化，体育、师范、财经、政法、科技、农业等高校也创办了新闻与传播学专业，同时从部属、省属、公办高校向地、市级和民办高校延伸，到2008年，新闻与传播类专业点增至877个，在校本科生达16万人左右。

在高校培养宽口径、厚基础、复合型人才新理念下，许多新闻与传播院系鼓励学生辅修其他专业，从2012年起，复旦大学新闻学院让本科新生先到其他学院读两年，然后再回新闻学院。一些高校面向其他专业的学生开设新闻与传播第二专业，有的还从其他专业选拔学生来培养。现在新闻专业的研究生大多数来自非新闻专业。

数字化传播和媒体融合的发展，使新闻与传播教育日益从传统媒体向新媒体转移，从大众传播向人际传播、群体传播、组织传播扩展，从传统新闻实务向数字化新工具、新技术使用延伸。

2.对象和方法

1978年改革开放以后，中国的高等教育资源较为充裕，新闻教育延伸到广播电视、公关广告、市场营销、行政管理等专业领域，并面向其他专业开设辅修专业。在中国新闻传媒走进市场、媒体竞争变得激烈后，又呼唤新闻教育培养传媒经营管理人才。

新媒体崛起后，新闻机构需要既擅长文字工作，又善于摄影摄像、图片和影像处理的多媒体、全媒体人才，以及新媒体内容和技术人才，新闻教育向数字化传播延伸。

新闻学院可充分利用数字化与互联网带来的便利，开发数字化教学材料，建设教学网站，同时精简课堂教学内容，让学生利用各种网络资源。如有的新闻院系把过去的中国新闻史、外国新闻史或类似名称的课程合并为中外新闻传播史，或仅留中国新闻传播史。

新闻专业的毕业生逐渐多于新闻业的需要，许多人走向其他行业，或报考研究生、公务员。在有些高校，新闻专业的硕士、博士研究生已经多于本科生。硕士生中又分专业型的和学术型的，前者主要向优秀新闻工作者方向发展，有的由高校和新闻机构联合培养，给每位学生各配一名导师，学术型的则主要向博士生方向发展。

现在许多非新闻机构（包括党政部门、社会团体、企事业单位、公益组织等）和个人，也直接在网络或手机上发布新闻和时事评论，而人们接触到的新闻和时事评论比以前更多、更复杂。因此新闻教育对更多的机构和人才都有用，而且普通公众也比过去更有必要学一点新闻学，以提高新闻和传媒素养。新闻教育成了大学通识教育、公民素养教育的内容之一，许多高校开设了这方面的公共选修课。[1]

新闻传播日益转向新媒体，而新媒体基本不受时空限制，优质的内容可获得十分广泛的传播，而一般的内容则乏人问津。新闻教育也要培养具有其他专业知识的人才。而获得那些专业知识所需时间一般更长，于是有的高校让新闻专业本科生进校后先到其他专业学习两年。学生干脆把主要精力放在面向其他专业的公共课、第二专业课和本专业研究生课程上。

许多学生对读书、上课的兴趣远不如在手机、平板电脑等移动终端看视频、微博或聊天兴趣大，上课时也如此，教师与新媒体争夺眼球，难度可想而知。于是一些新闻院系着力培养学生的学习兴趣、潜力和眼界，培养思维、专业、技术能力和延伸能力——向其他专业领域延伸，让学生跨专业、院系，乃至跨校选修课程或辅修第二专业，并引进业界人士任教，还利用数字化技术进行体验式、游戏式教学，以及与其他学校、研究机构等远程合作培养人才，但又不能被工具理性冲击一切，仍要多读“无用”之书，注重培养人文底蕴和职业精神。

（二）新闻研究

1.概况

中国新闻学研究始于鸦片战争之后。最先出版的一批新闻学书，是西方著作的译本。国人撰写最早的是北京大学新闻学研究会导师徐宝璜的《新闻学》，该书于1919年出版。而新闻研究的高潮，则是1976年粉碎“四人帮”、开始拨乱反正以后。研究机构、人物、观点、理论、著作层出不

---

① 通识教育是具有涵盖性、根本性的教育，关乎对所有事物的认识和所有思想行为，包括重要常识，思维方式，人文、社会、审美等基本素养。通识教育包含社会素养、公民素养和传媒素养教育，传媒素养也有助于通识教育。参见：通识教育委员会，教务处.上海交通大学通识文汇［C］//谢金文.通识教育与传媒素养教育.上海：［出版者不详］，2013.

究。其中第一阶段（1978—1992）主要为拨乱反正、回归新闻本位、引进传播学理论、探讨新闻改革。第二阶段（1992年以来）主要为研究和推进新闻理论的现代化，新闻业的产业化发展，数字化、全球化的影响和对策，马克思主义新闻观。

从研究机构来看，1978年中国社会科学院成立新闻研究所，此后，上海、广州、四川等地的社会科学院相继成立新闻研究所，中央级和各省市主要的新闻单位也都建立起自己的新闻研究机构。许多大学的新闻与传播院系则成为新闻研究的主力军。

此时的研究内容可大致分为以下几个方面。

一是新闻本体理论。其涉及新闻的内涵、要素、种类、特点、作用问题，包括新闻定义、新闻价值、新闻真实、新闻与宣传的区别等问题。

二是新闻传播问题。其涉及新闻传播的要求和方法、过程和环节、与社会的关系，以及报刊、广播电视、网络媒体等各种媒介的新闻传播，政治、经济、文化、科技、体育、对外等各种新闻内容的传播，包括新闻生产制作、新闻真实等价值的实现问题，传者、内容、媒介、受传者问题，新闻传播和媒介的影响、作用、社会的调控问题，传播自由、舆论监督和媒体责任、舆论引导问题，新闻法治和新闻素养、媒介素养问题，党的新闻工作原则和方法、马克思主义新闻观等问题。1993年出版的孙旭培所著的《新闻学新论》，在新闻学界引起了很大反响，尤其是书中的“论社会主义新闻自由”等文，被宣传系统高层所关注。不久，孙旭培被免去中国社科院新闻研究所所长、《新闻与传播研究》杂志主编职务，后被华中科技大学新闻与信息传播学院聘为教授，退休后又被河北大学返聘。

从1982年起，我国系统地引入传播学的理论和方法，信息论、系统论、控制论的观念和方法，包括传者、信息、媒介、受众等概念，内容、媒介、受众、效果分析等方法，被认为把传统新闻学发展到了现代新闻学。

1997年出版了黄旦所著的《新闻传播学》。

新闻传播的重要问题还有公共空间、公民新闻、民生新闻，新闻专业主义和专业精神，新闻法治、新闻伦理道德和职业规范，新闻媒介的吸引力、传播力、影响力，数字化、全球化的影响和对策，包括新媒体、移动传播、人工智能传播，以及政治、经济、文化、公关、营销、健康、危机、国际传播等分支交叉学科中的新闻传播问题。

三是事业和产业问题。其涉及新闻事业不同的种类和特点，新闻传播产业的产品、机构、市场、经营，两者的运行、管理、发展、趋势、规律等，包括新闻媒介的商品性，新闻机构的企业化管理、市场化运作、集团化整合、产业化发展，以及媒体融合、传播融合、行业融合等。经营管理是改革开放以来新闻改革成果最丰富的领域，这方面的许多研究在中国都是具有开创性的，又直接为改革实践提供理论支持和方法指导。

四是新闻史。新闻史包括中外新闻通史、专史、简史、断代史、地区史、国别史、报刊史、广播电视史、人物史、思想史、理论史、教育史等。最具标志性的成果是方汉奇教授主编、1992年起出版的《中国新闻事业通史》，该套书至1999年出版了三卷，共263万多字。

五是从研究新闻传播及其媒介看历史、社会等现象、问题和原因。这也是很有价值的，而且能帮助认识新闻传播的历史和环境，可归为广义的新闻研究。如笔者发现，中国封建社会历时特别长、呈现“超凝滞性”、震荡特别剧烈、代价极为惨痛，与当时的新闻媒介只为封建统治服务，缺乏对经济和社会的交流沟通、改良革新作用直接相关。1958年“大跃进”时期经济过热，出现许多违背经济规律的问题，也与当时新闻媒介夸大成绩、报喜不报忧有关。又如清华大学教授郭镇之研究《人民日报》上“人民”“公众”两词出现的频率变化，发现“人民”在1949年新中国成立之初出现的频率最高，所有新建的广播电台名称里都有“人民”二字；1957

年“反击右派”运动以后，所有新建的电视台名称里都没有“人民”二字；1978年改革开放以后出现频率又逐渐升高，伴有意义相近的“公众”逐渐增多，两词出现频率相加一度接近新中国成立之初的“人民”出现的频率。再如有人研究美国主要新闻媒介关于中国的报道中态度肯定、否定、中性的各占多少，在不同时期有何变化。“媒介即讯息”，新闻工作者研究当今新闻媒介，也可更好地认识当今社会。

最重要的是理论发展。这一时期的新闻研究吸收了中外各种理论，包括专业化理论：认为新闻是反映令人关注的新鲜事实，要真实、全面、客观、公正，新闻媒介要客观、中立、独立；宣传化理论：认为新闻是用事实说话，要注重宣传效果，新闻媒介要坚持党性、正确性、战斗性；新闻传播学理论，认为新闻是一种传播内容，要满足受传者的需求，新闻媒介要注重传播效果，发挥正功能，防止负功能；新闻社会学理论，认为新闻是一种信息，要满足社会和公众的需要，新闻媒介要起到瞭望、整合、监督、革新社会的作用，传播自由与媒体责任、社会调控密不可分。

2.研究方法和趋势

从研究方法来看，我们的传统新闻学基本是用质化研究方法，包括文献研究、访问座谈、实地考察、个案研究。20世纪80年代以来新闻学引入传播学、社会学、心理学的定量研究方法，包括抽样调查、统计分析、控制实验、仪器观察（如观察被测试者的眼动心跳）。

在我国的新闻研究领域中，传统观念较深，又与政治关系较近，有些人谨小慎微，缺乏创造性。同时，许多学术期刊追求影响因子，而这些数据只代表平均每篇文章被其他文章引用的次数。于是，一些期刊热衷于发表量化研究、有许多数据可被引用的文章，而对总结经验、发现问题、提出对策的文章不屑一顾，文章也越来越长。这对作者有很强的导向作用。

在新媒体、移动传播时代，新闻传播的内容大大超出了狭义上的新闻，传者、媒介、受传者和传播方式，以及新闻传播、新闻媒介与社会的关系，也都有很大变化，因此，新闻研究要基于广义上的新闻——笔者的定义为真实、新鲜、公众需要的信息，重新审视新闻传播的过程、环节和方式，以及它们对社会的影响、社会对它们的利用和调节控制，用新的概念和理论来总结、解释、指导新的实践，形成、发展用户和电脑参与的新闻生产理论，网络平台聚合的公共空间理论，利用算法的新闻选择、加工、推送理论，包含社会化媒体转发、用户分享和评论的新闻扩散理论，新闻与社会新关系的新闻生态理论，新闻传播事业和产业新变化理论，新闻规律的新理论，等等。

第五章
新闻媒介与中国现代化

中国古代报刊曾遥遥领先于世，后中国又被欧洲全面超越，反映了社会需要和条件的状况与变化，反过来又影响了社会的发展，主要维系了中国古代的超凝滞性，使之没能发展出民主政治、市场经济、现代文化和大众社会。从中可见政治、经济、文化、技术等因素与新闻媒介的相互作用。

中国的近代报刊从形态到内容都与古代报刊不同，具有交流各种信息和意见、传播先进思想文化等功能，给中国走向现代化开辟了道路。

现代化是多层面、全方位的过程，包括思想解放，制度革新，经济、社会等各方面的发展进步。中国的现代化得到了新闻媒介的很大帮助，新闻媒介也在这个过程中发展了自己。现在仍期待新闻媒介更好地发挥作用，以深化改革，促进新闻媒介与社会的互动发展。

第一节　新闻媒介与现代化

一、现代化

“现代”就是现在的时代，可以包括“近代”和“当代”，或指特定的历史时代、历史阶段，如中国现代，通常是指1919年五四运动至1949年新中国成立这个阶段。

“现代化”就是“化”为现代，由传统文明、传统社会向现代文明、现代社会转化，向现代社会的先进水平不断靠拢。

“文明”是社会和文化发展状态。德国学者伊里亚斯在《文明的进程》一书中提出，文化是使民族之间表现出差异性的东西，它时时表现着一个民族的自我和特色，而文明是使各个民族差异性逐渐减少的那些东西，表现着人类的普遍行为和成就。换言之，文化使各个民族不同，文明使各个民族相近。

文明包括物质文明、精神文明、制度文明（主要为政治制度或体制）。人类有过游牧文明、农耕文明、工商文明，现代就是工商文明占主导地位的时代。

现代文明社会的特点有：①保护人的生命和财产权，保障人的生存和安全需要；②保护人的自由和发展权，保障追求幸福的权利；③公平合作、诚信守约，尊老爱幼、除霸扶弱；④民主和法治水平高，包括程序科学、制度完善、执行严格。

现代化就是所有这些方面的进步，包括政治的民主化、经济的市场化、思想的科学化、文化的普及化、社会的公平化等一系列内容。其中，思想文化现代化是国家现代化的引领，制度现代化是国家现代化的保障，人的现代化是国家现代化的基础和动力，经济、科技、国防现代化是国家现代化的具体表现，其他表现还有文化的多元化、公民的主体化、社会的文明化等。

“现代化”是动态的概念，其内容与标准随着现代社会的发展而不断丰富和提升。工业化时代强调电气化、城市化程度，现在则更强调信息化、智能化。即使在工业化、城市化方面，其仍要继续发展，但已不是程度高就是好，而要有节能环保指标、自然保护指标，甚至还要有“乡村，让生活更美好”的指标。

现代化的标准可以有定性的和定量的指标。除了工业化、信息化、集约化、竞争力等经济目标和指标，还要有社会进步和环境保护方面的，包括治安状况、权利保障程度、机会均等程度、恩格尔系数、基尼系数、管理机构开支、高等教育普及率、新闻媒介普及率、医疗条件和健康状况、宏观管理开支、犯罪率等目标，并尽可能把这些目标量化为具体指标。笔者认为在当今中国，还应当把民主政治建设和反腐败的要求融入目标和指标。

二、新闻媒介与现代化的关系

现代社会是以具有现代思想观念的公民为主体的社会，新闻媒介是传播、交流、更新思想观念的重要工具。

现代政治、经济、文化、社会有赖于真实、全面、及时、充分的信息，有赖于理性、明治、及时、公正的意见，有赖于对公众的引导、对权力的监督，新闻媒介是这些条件的重要提供者。要而言之，新闻媒介是物质文明、精神文明、政治文明建设的重要工具，可推动、指导社会的现代化。

反过来，社会的现代化又要求和引领新闻媒介的现代化，包括新闻媒介的总体定位、媒介设计、产业设计、体制设计和媒介内容，同时也给新闻媒介的发展创造了需求和条件。

纵观历史，新闻媒介的兴衰与现代化的起落基本同步，可见新闻媒介是现代化的重要标志和动力，也是中国现代化的重要条件和直接体现。

第二节 中国的新闻媒介与现代化进程

一、中国的现代化进程

中国的现代化经过了四个阶段：①从19世纪下半叶到20世纪初，即从洋务运动、维新变法到立宪运动、辛亥革命；②从1915年开始的新文化运动时期到1949年的新中国成立；③从新中国成立到1978年改革开放，即从新民主主义社会进入社会主义计划经济体制时期；④从1979年至今，即从计划经济转为市场经济时期。

就逻辑顺序而言，现代化包括思想解放，制度革新，经济、社会等各方面的发展进步。然而中国起初是被动进行的，经过了大体逆向的遇阻回溯过程，从经济振兴到制度革新，再到思想解放。接着在思想解放的基础上进行制度变革，但是并不是一蹴而就。到第四阶段进行新的思想解放、体制变革，给经济发展、社会进步开辟了新路，现代化建设突飞猛进。

具体而言，起初是从器物、法度到思想文化的现代化探索，即从物质文明、制度文明到精神文明，此后才倒过来，从思想文化到制度变革，再到生产建设。由于体制问题没有很好地解决，生产建设——物质文明的现代化效果不理想，又重新解放思想、改革体制、解放生产力，形成最近40多年的现代化建设高潮。

二、中国的现代化进程与新闻媒介的关系

上述过程与新闻媒介紧密关联。最初的洋务运动、维新变法、立宪运

动和辛亥革命，是维新报刊、国人第一次和第二次办报高潮的直接因果。五四运动时期伴随着国人第三次办报高潮，开创了中国现代报刊新局面。在第四阶段的思想解放、改革开放和经济发展、社会进步中，新闻媒介立下汗马功劳，其自身也得到了巨大发展。

具体来看，中国曾长期以中央大国自居，直到鸦片战争失败，才深切感受到与西方列强实力的差距，面临亡国之险，于是办厂、开矿、修路，兴起洋务运动，学习西方的物质文明；于是出现了中国人自办的新式报刊，宣传维新改良。当时外国人办的中文报刊也对中国人向西方学习起了很大的作用。

然而尽管物质改观了，船坚炮利了，甲午战争还是惨败于远远弱于中国的日本。康有为、梁启超等先进知识分子看到国内各方面制度的落后是关键问题，于是办报馆、建会党、广泛宣传动员，出现了第一次国人办报高潮，推动了戊戌变法——改变法度，即各方面的制度。

戊戌变法失败后，孙中山领导的同盟会进行更为彻底的变革——推翻封建帝制，建立民主共和国，于是创办《中国日报》《民报》《神州日报》《大江报》等，中国出现了第二次国人办报高潮，推动了辛亥革命。

然而辛亥革命还是失败了，中国还是回到了封建独裁统治，只是统治者由帝王变成了军阀。陈独秀、胡适、鲁迅、李大钊等先进知识分子看到思想文化的落后才是根本问题，于是创办《新青年》《每日周刊》等，倡导民主与科学，中国出现了第三次国人办报高潮，推动了五四新文化运动的发展，传播马克思主义，由此进入新的制度变革、社会变化。

最近几十年里，中国新闻媒介以宣传树立国家形象、贯彻落实政策、凝聚鼓舞人心；以引导化解矛盾、整合社会、团结人民；以交流献计献策，形成共识，达到齐心协力；以反映守望环境、了解民情、监督权力。这些正符合发展传播学的原理[①]，大大加速了改革开放和现代化发展的进程。最典型的是1978年在报刊上开展的关于真理标准的大讨论，其开辟了改革开放新时代，也大大解放和发展了新闻媒介自身。

当今中国的现代化处于前所未有的国内外环境和发展过程中，经济体制变革和社会结构转型同时进行，跨越式发展和发展阶段叠加，[②]在发展理念、条件、阻力、瓶颈等一系列问题上，都有自身的特殊情况，需要新闻媒介及时反映、总结、讨论、引导，不断问需、问政、问责、问计。新闻媒介在满足这些需要的过程中，自身的发展环境和条件也得到了很大的改善，从内容到形式、从数量到质量、从事业到产业，都得到了巨大的增长和进步。

2022年党的二十大报告指出，中国式现代化是人口规模巨大的现代化、全体人民共同富裕的现代化、物质文明和精神文明相协调的现代化、人与自然和谐共生的现代化、走和平发展道路的现代化。

这样的现代化必定是政治民主、经济发达、文化繁荣、社会和谐、生态文明的现代化，必须借助新闻媒介的信息传递、意见交流、宣传引导、舆论监督等作用。例如，发展全过程人民民主是中国式现代化的重要内容，而人民只有充分了解了情况才有发言权，才能做主，这就有赖于新闻媒介提供真实全面的信息；人民只有能获得和表达各种意见才能做主，这又有赖于新闻媒介提供意见交流平台；人民民主包括民主选举、议事、决策、

① 发展传播学认为，国家的发展，尤其是经济的发展，是发展中国家的首要任务。新闻媒介要给发展创造良好条件，通过宣传树立国家形象、贯彻落实政策、凝聚鼓舞人心；通过引导化解矛盾、整合社会、团结人民；通过交流献计献策、形成共识、齐心协力；通过反映守望环境、了解民情、监督权力。参见：谢金文.媒介与社会：新闻传播的视角［M］.北京：中国社会科学出版社，2022：156.

② 李培林.中国式现代化和新发展社会学［J］.中国社会科学，2021（12）：4-21，199.

管理、监督，每个环节都有赖于新闻媒介的信息传递、意见交流和舆论监督。新闻媒介发挥这些作用的水平，也是其现代化的水平。

反过来，这样的社会需求又必然促进新闻媒介充分、全面地发挥其积极作用，走向其自身的现代化。

第六章 西方资产阶级革命前后的新闻事业

外国的新闻媒介也经过了从体语、口语、信号等到文字、书信、报刊等的过程。狭义上的新闻媒介最早的有古罗马的政府公报，其被认为是罗马式民主共和制的重要工具。近现代西方是资本主义从萌芽到成熟、进入垄断的时期，新闻媒介有力推动了这个进程，也在这个过程中大大发展了自己。

在资产阶级革命前，新闻出版普遍遭到封建势力的压制与限禁，英国的出版特许公司、出版法院及其法令是典型代表，并影响到其他国家。在资产阶级革命中，新闻出版发挥了重要作用，并积极争取自身的自由权利。

资产阶级革命胜利后，新闻出版自由并没有一帆风顺地实现，在英国经过了一个半世纪的努力争取；在法国经过了近百年的大起大落、反复拉锯，甚至造成政权更替；在美国新闻出版自由相对顺利些，但也经过了多次抗争和辩论；即使在政治环境比较简单宽松、在世界上最早有出版自由法的瑞典，也经过了长期波折。

1718年瑞典国王卡尔十二世去世后没有法定继承人，国会乘机扩张权力，推举国王的妹妹继承王位，条件是她承认缺乏继承王位的正式权利，批准实行一种新的政治体制。这种体制在国王和人民之间建立一种分权机制，防止君主独裁重现，使国会的权力得到大幅扩张，从此开始了瑞典历史上长达半个世纪的“自由时代”，并于1766年制定了《出版自由法》，其属于世界首创。然而不久，新即位的国王在1772年和1789年废除了“自由时代”的基本法律，《出版自由法》也被一项对新闻出版进行严格限制的新的法律所替代。到19世纪初，瑞典进行宪法改革，并于1810年制定新的《出版自由法》，重新确立了新闻出版自由，之后又有过数次这样的反复。

新闻出版自由的思想理论依据，则从表达和实现真理的需要，保障基本人权的需要，发展到保护人民、制约权力、实现民主政治的需要。这些思想理论有力地支持了西方现代新闻体制的确立，但没料到后来会出现经济权势控制媒介、左右舆论和影响政治的局面。

在资产阶级革命时，支持和反对革命的政治派别都办报宣传，开始了政党报刊时期。革命过后，报刊读者少了，而市场经济仍在初始阶段，刊登广告的需要还不多，加上有的国家还对报刊征收印花税、纸张税、广告税等，因此报刊社在经济上难以自立，在报道和评论上也不得不偏向于资助者——主要是党派。各党派也直接办报刊宣传自己、攻击对方，尤其是在竞选时期，通过报刊呼朋引类、党同伐异达到不择手段的地步。在美国，这段时期被称为“政党报刊的黑暗时期”。直到工业革命深入发展以后，独立的商业性报纸由弱转强，逐步走向主流，才使党派报刊由盛转衰，最终退出西方历史舞台。

要而言之，革命成本大，改良速度慢。当改良无法进行时，就不得不革命，资产阶级革命便是资本主义在封建主义的压制下不得已而为之。革命是手段，不是目的。革命要为改良社会创造条件，而不是消灭改良，也不应给改良设置障碍或禁区。法、俄与英、美在这方面最重要的不同，不是有无革命，而是革命后能否保障言论出版自由，实现媒介和社会的不断改良，与时俱进。

第一节　英国资产阶级革命前后的新闻事业

一、革命前的印刷出版管制

在15世纪，欧洲的机械印刷术大大推进了文明传播。文艺复兴运动倡导人文主义，对当时以宗教为重要手段统治国家、控制社会，构成了极大的威胁。统治者对出版物的管制势在必行。

在社会和政治上，圈地运动激化社会矛盾（被称为“羊吃人”），农民造反迭起，如1536年至1537年的农民起义。统治者设法加强对社会的控制，包括言论出版管制。

1484年，英国国王理查三世曾经为了促进国内印刷业的发展，发布了鼓励外国人在英国经营印刷业的诏令；而到了1528年，英国国王亨利八世则下令，不许外国出版商在英国设立新厂，现有外国出版商的学徒人数不得超过2人；1529年列出禁书目录；1530年特许托马斯·希顿售卖《圣经》，此举开创了出版特许制度的先河；1538年正式建立皇家特许制度。

从16世纪30年代起，欧洲新教运动兴起，新兴的基督教教派新教将印刷品作为扩大影响力的重要工具。16世纪中叶，居于统治地位的天主教不再鼓励人们识字和阅读，甚至禁止出版方言版的《圣经》及其他一些书籍。

英国国王亨利八世为了维护自己政治、经济和宗教统治，与罗马教皇决裂。1534年，英国议会通过了《至尊法案》，宣布国王为英国教会最高首脑，拥有任命教职和决定教义的权力，宗教法庭改为国王法庭。同时，英国教会接受了加尔文教、路德教的某些思想，并保留了天主教的基本教义、主教制度和宗教仪式等许多传统，形成了安立甘教，又称圣公会，即英国国教。

1553年，信奉天主教的玛丽继位，她恢复天主教，残酷迫害新教徒，烧死异端达300多人，被称为“血腥玛丽”。1557年，她下令成立皇家特许公司，经国王特许的印刷商才能成为其会员，非经特许者一律不得印刷和出版。

1558年，信奉新教的伊丽莎白成为女王，她恢复了国教，在“血腥玛丽”时代逃往欧洲大陆的新教徒纷纷回国。

英国新教获胜，客观上有利于资本主义的发展，但封建专制统治的不断加强成为新的障碍，而此时的英国国教会作为封建专制统治的重要支柱，遭到资产阶级和新贵族的反对。从16世纪60年代起，英国出现了反对国教会的“非国教徒”，他们主张依照加尔文教来“纯洁教会”，要求清除国教会中的天主教教义和教规仪式，他们被称为清教徒。

1570年，英国成立皇家出版法庭，即臭名昭著的“星室法庭”（因屋顶有星形装饰而得名）。1586年颁布“出版法庭命令”，即“星法院法令”，包含以下内容：印刷商的印刷机必须在皇家特许出版公司登记；在伦敦市外，除了牛津大学和剑桥大学，一律禁止印刷；除非教会同意，不再允许新的出版商登记；制定特许制的各项规定；印刷任何刊物均须事前申请许可，否则处以12便士至14先令罚款或坐牢；皇家特许出版公司对非法秘密出版物和印刷机，有搜索、扣押、没收及逮捕犯罪嫌疑人的权力；出版商的学徒不得超过3人；牛津大学和剑桥大学的出版商各限有1名学徒。①

17世纪的英格兰还施行严厉的诽谤法，任何对国王和议会的批评都按诽谤论罪。

① 张隆栋，傅显明.外国新闻事业史简编［M］.北京：中国人民大学出版社，1988：11-12. 郑超然，程曼丽，王泰玄.外国新闻传播史［M］.北京：中国人民大学出版社，2000：56.

这些措施导致新闻出版发展缓慢，最早的英文近现代报刊是17世纪初荷兰出版商在荷兰编印、运往英国销售的周刊，内容译自荷兰等报刊。直到1621年，才有英国人自己出版的类似周刊，内容也是译自国外。英国规定不得报道国内的政治新闻。

二、革命中争取出版自由

英国早在1215年6月15日，贵族们与国王签订《大宪章》，限制了国王及皇室官员的行为，使王权受法律的约束，这成为英国建立君主立宪制的开始。它同时确立了一些平民享有的权利与自由，衍生了人身保护的概念，规定除非经过法律程序，任何自由的人不应被拘留或囚禁，或被夺去财产，或被放逐，或被杀害。1566年至1609年，尼德兰人民进行了反对西班牙殖民统治者的战争和资产阶级革命，率先建立了资产阶级共和国。此后，英、美、法也相继爆发资产阶级革命。其中，1640年开始的英国资产阶级革命不仅为本国资本主义发展开辟了道路，也深刻影响了欧美其他国家，被认为是世界近代史的开端。

1.革命的发端

17世纪前期，英国苛捐杂税多而重，资本主义经济和资产阶级利益受到很大限制，大量工人失业，农民失地，底层人民经常暴动。资产阶级革命已地火涌动，而喷发口则是反对国教。

1603年，苏格兰国王詹姆士·斯图亚特继承了英国王位。他一登台便鼓吹“君权神授”，三次解散议会，且不关心英国的海上贸易，不重视建设海军。这些都引起了资产阶级和新贵族的强烈不满。1625年，查理一世继位。1630年，他要征收新税，议会不同意，他又多次解散议会。

1637年，查理一世命令苏格兰长老会在祈祷时必须使用英国国教的祈祷文，这引起苏格兰人民极大的不满。1638年苏格兰人在贵族的领导下，签署了《民族圣约》，声明准备发动一场全国性抵抗运动，保卫他们真正的宗教。1639年2月苏格兰起义军进入英国边境。

为筹集镇压起义的经费，1640年4月查理一世被迫召开议会。资产阶级和新贵族联合起来，拒绝通过国王的要求，并对国王进行了抨击。查理一世于5月初又将议会解散。

然而苏格兰起义仍在扩大，11月议会再次召开。资产阶级和新贵族占主导地位的议会又要求取消专卖权、限制王权等。

2.冲击出版管制

大革命起步时，政论性小册子等出版物起了很大的作用。1641年6月和7月，议会先后取消了皇家特许出版公司和“星室法庭”。各种报刊和新闻印刷品纷纷涌现，同时也打破了以往新闻书的形式和不刊登国内政治新闻的限制。

这一时期还出现了对言论出版自由的强烈要求，为西方报刊的集权主义理论向自由主义理论蜕变提供了理论基础和现实武器。

当时主张和论述过出版自由的人很多，而最受西方新闻界推崇、被视为新闻出版自由思想奠基人的，是思想家、政论家和诗人约翰·弥尔顿——叙事长诗《失乐园》、《复乐园》和《力士参孙》的作者。

约翰·弥尔顿在革命爆发后发表了许多文章并出版了一些政论小册子，抨击封建统治和宗教旧规，阐述自由民主思想。1643年，保皇派也办报刊进行反动宣传，议会通过法案规定未经出版检查官审阅批准，不许印刷任何出版物，并成立出版检查委员会。约翰·弥尔顿对此十分反感，径自出版了两本关于离婚的小册子，遂被召至议会的出版检查委员会受质询。他借机慷慨陈词，以杰出的雄辩否定出版检查制度，阐述出版自由思想。

当年答辩词不经许可就匿名出版了，第二年获得许可后又署名出版，这就是著名的*Areopagitica: A Speech for the Liberty of Unlicensed Printing, to the Parliament of England*。这本小册子后来被称为《论出版自由》，中文译本名为《论出版自由：主张无许可印刷自由的演说》。

书中主要内容是反对强权控制，让知识、智慧、真理能被自由地认识和表达。

（1）书报检查制度限制人们获得知识和智慧，积极作用没有多少。约翰·弥尔顿说：杀人只是杀了一个理性的动物，而禁止好书则是扼杀了理性本身。真理能够战胜谬误，怀疑真理的力量而实行许可制和查禁制，是伤害了真理。意大利、西班牙的宗教法庭对书籍的限制极为严格，因而那里的风气却比其他地方更差。

（2）言论出版自由是最重要的自由，是一切伟大智慧的乳母。“它像大国的嘉惠，使我们的精神开朗而又高贵。它解放、扩大并大大提高了我们的见识。”约翰·弥尔顿呼吁：“让我有自由来认识和表达，凭良心做自由讨论。”

（3）革命者决不能因自己集团的利益而食言，恢复旧时钳制出版的政策。约翰·弥尔顿对议员们说：“你们以英勇而自如的指挥谋划，为我们带来了这种自由，……现在除非培育我们的诸位议员对纯正自由的爱已经不如往昔，否则就无法使我们在能力、知识和追求真理的热情上倒退。我们可能再度变为愚昧、粗暴、拘泥和奴性化，一如诸位当初所发现的那样，但诸位必须首先变得暴虐、武断和专横，一如旧统治者那样。”

作为约翰·弥尔顿论点成立的前提，假定人们运用理性可以辨别好与坏、正确与错误。而要运用这种理性，人们就必须不受限制地去了解别人的思想观点。只要让真理参加“自由而公开的斗争”，真理本身就具有战胜其他意见而生存下来的无可比拟的力量。后来从约翰·弥尔顿的这种思想演绎出了关于“观点的自由市场”和“自我修正过程”的理念，即让所有人都自由表达自己的思想，人们会做出理性的选择；正确的思想、真理，会通过吸收新的观点来自我修正和发展，最后战胜虚假和错误的思想观点而留存下来。

然而，人并不总是理性的，正确的思想往往会被多数人的非理性和少数人的别有用心所淹没。此外，约翰·弥尔顿也认为，可以对自由讨论的权利加以限制，对不诚者不给予充分的自由，只是诚实而认真严肃的人可享有不受政府检查的自由。当时英国的报业还处在初创阶段，良莠混杂，约翰·弥尔顿甚至把新闻书排除在出版自由的适用范围之外，他还担任了克伦威尔政府的新闻检查官。可是，如何判断、谁来判断“诚实而认真严肃”与否？少数判官就一定正确？

约翰·弥尔顿的演说在当时的英国影响虽然有限，但给思想家们很大的启示。约翰·弥尔顿后来的文学成就使他名声大噪，又带来“人以文传、文以人传”的循环效应，在他去世一百余年后，《论出版自由》又再版，在不久后的法国大革命中，被译成法文广为流传，成了人们争取新闻出版自由的重要武器。

与约翰·弥尔顿同时代的约翰·利尔本（又译李尔本）则从人的权利角度，给言论、出版、新闻自由提供了支持。利尔本是代表小资产阶级和中下层农民利益的平均派领袖，在1645年，即《论出版自由》正式出版的下一年，他推出《天赋人权辩护书》，1649年，以他为首的平民党发表了新《人民公约》。他认为人人生而平等，都应享有自由权利，包括选举权；立法权只能源于人民，由人民意志所选择的机构行使；法律面前人人平等，一切特权都应废除；出版自由十分重要，是人民的天赋权利。

新闻出版自由的每一步发展都经过反复的斗争，但由于政治和文化传统的影响，这种斗争在英国的形式不是“你死我活”，而是经过震荡反复和相当长时间“量”的变化，才转化为“质”的进步。

3. 重陷出版管制

1642年初查理一世离开伦敦，8月22日发动内战。资产阶级、新贵族、自耕农和城市平民组成议会军，他们大多是清教徒。在两次重大战役中，他们大败王党军队。1649年1月30日查理一世被斩首，5月19日英国宣布成为共和国，成立克伦威尔为首的政府。这实际上是军事独裁政府。在出版领域又实行了特许制度，还恢复了皇家出版公司制。革命初期一度兴盛的定期出版物纷纷消失，只有两家政治性周刊被特许出版。

1660年查理二世复辟后，以其父亲的一套出版管制代替了克伦威尔的军政府控制，以另外两家特许周刊代替了克伦威尔时期的两家周刊，在1662年再次颁布印刷品检查法，许多人因言获罪。

4. 出版自由曙光再现

1688年，支持议会的辉格党人与部分托利党人邀请詹姆士二世的女儿玛丽和女婿威廉（时任海峡对岸荷兰的执政）回国执政，发动宫廷政变，推翻斯图亚特王朝，建立了资产阶级、新贵族与皇室妥协的君主立宪制。这次政变因没有流血而获得成功，因此史称“光荣革命”。

第二年，英国颁布《权利法案》，标志着英国君主立宪制确立。其中规定：“议会内之演说自由、辩论或议事之自由，不应在议会以外之任何法院或任何地方，受到弹劾或询问。”这虽然只是对议员议会言论特许权的规定，但是连同法案中规定的人民请愿权，被认为是最早在宪法中就言论自由做出的规定。1694年英国废除了出版特许制，报业逐步活跃起来。

1702年出现了日报《每日新闻》。该报开始为半张，单面印刷，每版两栏，主要刊登国外新闻，后来两面印刷，增加船期消息和广告。

同时还出现了一些有较大影响的带有新闻性的刊物，最著名的有：《评论》（1704—1713），周二刊，后改为周三刊，主编是著名作家、《鲁滨逊漂流记》的作者丹尼尔·笛福；《闲谈者》（1709—1711），周三刊，主编是著名作家斯蒂尔，该刊后改为《旁观者》(1711—1712)，每日出版，由斯蒂尔和著名作家艾迪生担任主编。

这些刊物上只刊载少量新闻，主要刊登社会政治性的短论和小品、随笔、故事等，文字或优美生动，或诙谐幽默，更近于杂志。

三、革命后的政党报刊时期

英国革命以资产阶级和封建贵族的妥协而告终，资产阶级报业所受的桎梏并没有完全解除，只是过去的封建统治者主要采用的是专制主义粗暴手段，而革命后的统治者——大资产阶级与资产阶级化的新贵族联盟，主要采用的是资本主义经济手段。

1712年议会通过法案，开始对报刊征收印花税，同时又征收纸张税和广告税，此三税及后来增加的报纸副刊税等，被统称为“知识税”。

政府又采用津贴制贿赂报社和编辑记者，对不太俯首听命者形成了不公平竞争，还沿用封建时代的煽动诽谤罪，加强对新闻出版的控制。

这些措施对新闻出版的发展形成沉重的压制。知识税开征半年内，伦敦12家报刊就停了7家，包括著名的《旁观者》。英国第一家日报《每日新闻》也因经费困难，不得不于1735年并入《每日公报》。

英国报刊市场成了政党报刊的天下。当时英国已形成两大政党：一个是代表土地贵族和高级教士利益的托利党（爱尔兰语为“歹徒”）；另一个是代表工商资产阶级利益的辉格党（苏格兰语为“强盗”）。名称都是对骂的结果。它们分别是后来英国保守党和自由党的前身。为了影响选举、争权夺利，两党分别控制或创办报刊，于是出现了世界报业史上第一批政党报刊。

1710年，执政的托利党领袖首先主持出版了党刊《考察家》(又译《观察家》《检查者》，1710—1714），聘请著名作家斯威夫特为主笔，经常以尖刻泼辣的文章批评辉格党。托利党又于1720年创办《每日新闻报》，其成为第一家政党日报；1726年出版《艺人报》。

辉格党与托利党针锋相对，也于1710年创办了《辉格考察家》，后来又出版《自由人》（1715—1716）、《自由英国人》（1729—1735）等。

两党还通过津贴资助收买其他报刊的主办者。辉格党资助《闲谈者》和《旁观者》等，后来又将接受其资助的报纸《每日新闻》和《伦敦新闻》与其自办的《自由英国人》合并为《每日公报》（1735—1748）。托利党也资助一批报刊。据说，《评论》杂志的丹尼尔·笛福刚开始接受辉格党的津贴，杂志停办后，又接受托利党的津贴再办。执政党上台后，一般都用政府资金搞津贴，为自己收买舆论工具。

人们对这些妨碍新闻出版发展的措施进行了自发抵制、舆论反抗和议会斗争。1792年，议会通过法案使诽谤罪按新法判定和处置，并由陪审团审定，限制了当权者的自由裁量权。18世纪末，津贴制在舆论压力下基本结束。

知识税还被多次增加，到1815年，每份报纸的印花税高达4便士。有的报刊设法逃税，还有的干脆不贴印花而径自发行。

到19世纪30年代，政治改革的呼声日益高涨，反映各种思潮的抗税报纸也此起彼伏地行销各地，政府的每一次查禁都会带来一阵抗议，乃至集会示威，法院往往只得宣判被捕者无罪。一些上层人士也建议彻底废除知识税。如议员李顿爵士于1832年6月提出议案，认为印刷者和出版物能够比监狱看守和刽子手更好地服务于一个自由国家的和平与荣誉，廉价的知识与经费巨大的惩罚制度相比，是更好的政治工具。后来一些知名人士还发起成立了废除知识税联合促进会、废除广告税伦敦委员会（后改为争取废除纸张税联合会）等组织，利用各种方式向社会宣传、向议会请愿。

在各个方面的压力下，政府不得不逐步降低知识税。1836年印花税从每份报纸4便士降为1便士，报纸发行量很快有了明显上升。以后又经过一系列斗争，终于使议会在知识税开征141年后的1853年取消广告税，又于1855年取消印花税，1861年取消纸张税。

这使英国报业活力大增，1855年内就有多家周报改为日报，并有17家省报创刊。全国报刊数量在1851年为563家，到1862年报纸猛升至1165家、杂志213家，到1880年报纸1986家、杂志1097家。此后发展平缓，1900年报纸2234家、杂志1778家。

四、新闻出版自由理论的形成

在英国新闻出版自由原则的确立过程中，有四位“约翰”起了非常关键的作用。除了约翰·弥尔顿、约翰·利尔本，还有约翰·洛克和约翰·密尔（又译穆勒）。他们还影响了法国的《人权宣言》和美国宪法第一条修正案。

约翰·弥尔顿和约翰·利尔本的新闻出版思想在广为传播的过程中不断得到修正和补充，形成了系统的自由主义新闻和传媒理论。其间两个最重要的里程碑，是另外两个英国“约翰”竖起的。

1.约翰·洛克及其《政府论》(1690)

约翰·洛克是英国革命后期的资产阶级思想家，自由主义的奠基人，欧洲资产阶级启蒙运动的先驱，古典自然法学派的杰出代表人。

洛克出身于一个律师家庭，父亲是个清教徒。1652年，20岁的洛克进入牛津大学的基督教会学院学习哲学、物理、化学和医学。当时学校主要负责人都支持资产阶级革命，主张实行君主立宪制。

洛克最初的成名之作是《人类理智论》(1690)，在该书中他论述了人类知识的起源、性质及局限性。洛克的观点基本上是经验主义的，明显受到弗朗西斯·培根和勒内·笛卡尔的影响。

洛克的政治性论著影响更大。在《论信仰自由书》（1689年初次发表时未署名）中，洛克主张国家不应干涉宗教信仰自由。洛克虽然不是提出宗教信仰自由的第一位英国人，但是他提出的有力论证成为公众支持这种方针的因素之一。

洛克最重要的著作是《政府论》（1690），在该书中他提出了自由和宪政民主的基本思想。洛克坚信人人皆有与生俱来的权利，这些权利不仅包括生命权，还包括个人自由和拥有财产。洛克声言政治的主要目的是保护个人的财产，这种观点有时被称为“更夫政治”。

洛克还认为：“人民仍保留有一种至高无上的权力，当他们发现立法机关的行为与其职责相违背时，就会将其取消或改组……”

洛克从理论上论证了天赋人权，形成了“主权在民”学说。为了保障民权，他还提出了分权学说，立法权与执行权分开，到了18世纪，法国思想家孟德斯鸠将其发展成立法、司法、行政三权分立、互相制衡学说。

洛克关于思想言论自由的具体观点如下。

（1）人有四项自然权利：生命、自由、财产和惩罚权。自由是其余一切的基础。

（2）自由权利包括使用各种词汇来表达自己的思想。

（3）不应指望任何人抛弃自己的观点，盲从于不可理解的权威，无论人们的理解怎么错误，理性是其唯一的向导。

2.约翰·密尔及其《论自由》（1859）

约翰·斯图尔特·密尔是19世纪英国著名哲学家、逻辑学家和经济学家，从一定程度上说他也是一个政治理论家，甚至还是一个政治活动家。他曾长期在东印度公司供职，后来又做过英国议会的议员。更重要的是，他是西方新闻传播自由主义理论的集大成者。

密尔出身于一个教育环境良好的家庭，其思想受到他的父亲及英国和法国经验主义和实证主义者柏克莱、休谟、边沁、孔德等人的影响。密尔著作较丰富，除了《论自由》，还有《逻辑体系》《政治经济学原理》《代议制政府》《功利主义》等。密尔是古典自由主义最重要的代表人物之一，自由主义的几乎所有原则在密尔的著作中都有论述。

密尔的代表作是《论自由》。其目的是要在充斥着宗教不容忍与伪善的社会里，为个人抵御这些压迫势力提供一些保护。《论自由》的第二章专门探讨了言论自由问题，标题就叫“论思想自由和讨论自由”，这部分论述对报刊自由主义影响最大。

《论自由》中有一句话最能揭示全书的主旨：“如果整个人类，除一人之外，意见都一致，而只有那一个人持相反意见，人类也没有理由不让那个人说话。正如那个人一旦大权在握，也没有理由不让人类说话一样。”这部著作的要义可以概括为：只要不涉及他人的利害，个人（成人）就有完全的行动自由，其他人和社会都不得干涉；只有当自己的言行危害他人利益时，个人才应接受社会的强制性惩罚。

密尔的这种个人自由观念是建立在“最大多数人的最大幸福”这一功利主义原则之上的。他认为，人类的一切行为都应该是为绝大多数的人创造幸福、维护幸福和增加幸福，社会为此所能做出最大贡献的主要方法之一，就是保障其成员有自己思想和行动的权利。人类难免犯错，自由讨论才是最有可能发现新真理的途径，而对任何探究的封杀和排斥都会对人类造成损失，因而都是不明智的。他还认为，只有通过争辩，人们才能学会更好地表述和捍卫真理，并使真理保持旺盛的生命力。没有争辩，或者不允许争辩，只会让已经建立起来的真理变得不堪一击。其关于言论自由的基本逻辑是：任何见解都有可能是正确的，或多少包含了一些正确和错误、合理的和不合理的成分，所以在压制任何论点的时候，都有可能在压制正确的论点，或使社会失去言论中正确、合理的那部分。某种见解即使全错了，也仍有存在价值，可帮助我们认清正确见解，以免正确见解因“养尊处优”而缺乏生命力。

然而他没有料到，意见的自由市场也会失灵，媒介也会由自由竞争走向垄断竞争和寡头垄断，正确的意见即使没有被故意压制，也会由于声音微弱而遭淹没，或干脆进不了市场。

第二节 法国资产阶级革命前后的新闻事业

一、从报刊出现到大革命时期

法国在15世纪已空前统一，从而长期实行中央集权的封建统治。新闻传播也有官方一统天下的特点。从1474年起，法国就着手管理出版业；1537年建立出版检查制度。早期的正式报纸都是经国王特许发行的。

法国在15世纪80年代出现手抄报纸和印刷新闻纸。最早的近现代报刊是1631年出现的两种周刊。一种是1631年1月由书商路易·旺多姆在巴黎创办的《各地见闻》，但该刊仅出版了10个月。另一种是同年5月获得国王路易十三特许出版的《公报》，该刊由勒诺多家族经营出版，直到1762年由外交部接办。在官方支持下出版的报刊还有《学者报》和《文雅信使》。这三家官方特许的报刊分别在新闻、科学、文学方面占据垄断地位。

从实行特许制至1789年法国大革命期间，也有一些未经许可出版的报刊，但其随时随地会被查禁。报刊内容也受到严密控制，不能自由报道政治新闻。

18世纪20年代至70年代思想启蒙运动兴起，出现了孟德斯鸠、伏尔泰、卢梭、狄德罗等一批启蒙思想家。他们出版了许多具有重大影响的著作，提出一系列政治、哲学、社会思想。如孟德斯鸠的《法意》阐述政治自由和三权分立学说，被法国《人权宣言》所吸收。伏尔泰主张开明君主制度，大力宣传民主、自由、平等，“我不同意你的观点，但我誓死捍卫你说话的权利”。卢梭提出“社会契约论”“主权在民”等思想。狄德罗的《百科全书》（1751—1772）概括了当时的启蒙运动精神。

启蒙运动为法国人民向封建阶级夺取政权、建立资本主义制度提供了舆论和意识形态准备，包括新闻出版自由的理论基础。

法国启蒙思想家主要在书籍和小册子中阐述自己的学说，而对官方控制的缺乏思想性、文学性的报刊很鄙视，几乎没有在报刊上发表文章。这种情况直到大革命爆发后才有所改变。

1789年5月，国王路易十六在经济困境的压力下，被迫召开由僧侣、贵族、平民三个等级的代表参加的三级会议，以增收新税。第三等级代表提出取消封建特权、把三级会议变成最高立法机构等要求，遭到拒绝，遂退出会议，自行召开国民会议，与王室发生冲突。

7月14日，人民举行武装起义，攻占了巴士底狱。此后革命的发展经过了以下三个阶段：1789年7月至1792年9月，主张君主立宪的斐扬派执掌政权；1792年9月至1793年6月，代表工商资产阶级的吉伦特派控制国民公会，执掌政权；1793年6月至1794年7月，代表小资产阶级的雅各宾派取代吉伦特派，采取一系列激烈措施，实行雅各宾派专政。

革命兴起后，封建王朝对新闻出版的种种禁限令全部失效，各种报刊、传单、小册子纷纷涌现。1788年革命爆发前夕的法国仅有报刊60种左右，1789年增加到250种，整个革命时期出现过的报刊达1350种。其中有不定期出版的刊物或小册子，也有期刊和日报。最著名的报刊有斐扬派米拉波主办的《普罗旺斯邮报》；吉伦特派布里索主办的《法兰西爱国者报》；雅各宾派主办的《人民之友报》《杜歇老爹报》《法国和布拉班革命报》；社会俱乐部主办的《铁嘴报》（宣传分配土地，主张财产均等）；保皇派主办的《政治及国家报》《国王之友》。

二、法国新闻出版自由的确立

1.大革命时期的争取和反复

攻占巴士底狱之前，新闻出版自由问题已成为一个焦点。第三等级的不同阶层和派别都要求新闻自由，原属于第二等级（贵族）的米拉波伯爵将弥尔顿的《论出版自由》译成法文广泛发行，他又在议会上慷慨陈词，主张给报刊以“永久的、不可侵犯的、无限制的”自由。1788年12月，国民议会宣告：报纸应享有最大的自由权。他在议会上说：“法律应赋予报纸永久之自由权。报纸若无自由权，其他法律将无效可言。”1789年5月19日，国王路易十六不得不在自由出版报刊方面做出让步。

大革命爆发前的6月，国民议会（7月9日改为制宪议会）开始讨论人权宣言中关于新闻出版自由的条文，革命中的几位主要代表人物西哀士、拉斐德、罗伯斯庇尔、莱维-米尔普瓦斯公爵、罗什福科尔公爵等都提出了自己的条文。

8月26日，制宪会议通过《人权与公民权宣言》（简称《人权宣言》），共十七条，第一条宣告：“在权利方面，人们生来是而且始终是自由平等的。”第十一条是：“自由传达思想和意见是人类最宝贵的权利之一，因此，每个公民都有言论著述和出版的自由，但在法律规定的情况下，应对滥用此项自由负责。”这比美国宪法第一修正案订立早一个月，生效实施早两年多。1791年，法兰西共和国第一部宪法正式将出版自由纳入其中。

1791年8月22日，制宪议会通过新闻责任法对滥用出版自由做出规定。至此，新闻出版自由的法律已经较为完善，但很快就因一系列政治权力的变更而被搁置。

1792年9月吉伦特派代替斐扬派掌握政权，保皇派的报刊被取缔。1793年6月雅各宾派取代吉伦特派掌握政权，实行极左恐怖统治，主要领导人声言主张无限制的出版自由，实际上取缔了许多反对派报刊，只允许少量报刊继续出版。1794年7月底热月党人推翻雅各宾派政权后，仍对新闻出版实行高压政策，对拥护政府的报刊给予津贴。在此期间，一些所谓的革命报刊互相攻讦谩骂，成为权力斗争的工具，新闻政策随权力而变，无视法制。

2.大革命以后的反复和争取

（1）第一帝国时期（1799—1814）。

1799年11月拿破仑·波拿巴发动政变上台，任第一执政，后来成为法兰西第一帝国皇帝。革命中取得的新闻出版自由也被从法制上排除。1800年1月法国颁布法令，取缔了60家报刊，重建出版许可制。从1805年起，各报编辑部内设立新闻检查官。1810年8月法国又规定，每省只准出版一种报纸。1811年时巴黎只剩4家报社，全部为国有。拿破仑曾说："我绝不容忍报纸说出或做出于朕不利之事。"拿破仑主张严控新闻报道：当传来于政府不利的消息时，在它成为众所周知之前，切莫公布于众。

（2）复辟王朝时期（1814—1830）。

拿破仑战败后，波旁王朝复辟。然而经过大革命洗礼的法国，民主意识已经深入人心。国王路易十八在1814年5月保证尊重新闻出版自由，然而同年10月颁布法令，又借口整顿秩序，继续维持出版许可制和印花税。1819年3月，司法大臣塞尔尝试制定新闻法，其中的条款较为开明。但三个月后该法被废除。此后历届内阁对新闻出版的管制层层加码。1830年7月，首相波林尼雅克公爵颁布新法律，取消报纸发行权，实行新闻检查制，引发了七月革命，复辟王朝被推翻。

（3）七月王朝时期（1830—1848）。

七月革命后，建立了主要代表工商业和金融资本家利益的君主立宪政权，在新宪法中扩大了选民范围和议会权力，并规定了有利于新闻出版自由的条款，取消新闻检查制。1830年10月和12月政府颁布法令，减少出版保证金的数额，出版诉讼中陪审团有裁决权。

1835年发生了图谋杀害国王的事件，议会通过法令，将出版保证金增加一倍，并建立对报刊漫画的预审制度。由于官方腐败和连年经济危机，1848年法国爆发二月革命，推翻了七月王朝，建立起法兰西第二共和国。

（4）第二共和国时期（1848—1851）。

1848年2月底革命胜利，临时政府宣布共和国成立，很快颁布法令，实行比较彻底的民主，废除报刊印花税和保证金制，出版报刊基本不受限制。几天内，巴黎的新办报刊达450家。然而同年7月至8月，政府公布的两项法令又恢复了保证金制，以及对报刊连载文学作品的印花税。

（5）第二帝国时期（1851—1870）。

拿破仑·波拿巴的侄子路易·波拿巴在1848年12月获得大批尊崇皇帝的农民所给的选票，当选为共和国总统；1851年12月法国发动政变，解散议会；1852年12月经公民投票，共和国改成帝国，史称法兰西第二帝国。

路易·波拿巴采取的是民主的形式，但实为独裁。政变后法国立即恢复对报纸的限制和控制，并将新闻罪作为刑事罪，不再由轻罪法庭审理，接着又恢复新闻检查制。海峡对岸的英国从1853年至1861年逐步取消了知识税，法国对报刊的严控也从19世纪60年代有所松动，1868年5月废除了新闻检查制。

此时出现了几家影响较大的报纸。例如，《费加罗报》，原为讽刺性周刊《油灯》，1854年改名为《费加罗报》，此名源自法国剧作家博马舍的名剧《费加罗的婚礼》，座右铭“倘若批评不自由，则赞美亦无意义”也是取自这一剧作。该报在1866年扩大为日报，至今仍为法国的主要报纸。《时报》，1861年创办，很受欧洲政界重视，“二战”德军入侵时停刊。其他还有1863年2月创办的《小新闻报》，销量创一时之最；1868年创办的政治性报刊《觉醒报》《灯笼》周刊，以政论犀利著称，可惜存续时间不长。

总之在第二共和国、第二帝国期间，法国报业环境从宽松到严控，又到相对宽松，党派报纸和商业报纸并行发展。从1852年至1870年，巴黎报刊的发行量由15万份上升到100万份，外省由45万份增至90万份。

（6）第三共和国初期和《新闻出版自由法》（1870—1881）。

第二帝国在1870年的普法战争中垮台，9月4日巴黎爆发革命，宣布建立共和国，过去的新闻出版自由立即完全恢复。1871年3月28日巴黎公社成立，第三天宣布，除了波拿巴派的报刊，要保证各党派的出版自由。5月巴黎公社失败后，法国的报刊被置于保守派政府的控制之下，共有28家日报被查封，20家日报停刊。从1873年起制定宪法，1875年全部条文获得议会通过，实行议会民主制。从1878年起制定新闻法，1881年7月29日，《出版自由法》获得议会通过。

该法规定：报刊只要申报其名称、出版方式、经理姓名地址、报刊承印人，即可自由出版，无须事先获得批准，无须交纳保证金，政府不得干预报刊的出版业务；规定了出版物煽动犯罪、妨碍公共事务、侵犯个人权利等行为的界限、处罚办法和诉讼程序。1889年，议会又通过了对《新闻出版自由法》的补充条文，禁止政府未经法院裁决而查封报社。

第三节 美国资产阶级革命前后的新闻事业

一、从报纸出现到政党报纸水火难容

1. 报纸出现

1607年至1733年，美国的前身——13个英国殖民地先后建立，对印刷出版活动也严加控制，出版报刊必须经过许可。

1690年9月25日，被伦敦当局追捕而逃亡到美国的英国出版商本杰明·哈里斯在当时美国最大的城市波士顿创办了美国第一份报纸《国内外公共事件》。可惜该报只出了一期即遭查封，由此引发了对殖民地当局不太有利的舆论，还引发了关于它是不是美国第一份报纸的争论。

此后，第一份报纸诞生于14年之后。1704年，波士顿邮政局局长约翰·坎贝尔在波士顿创办《波士顿新闻信》，使之成为整个北美洲真正意义上的第一份报纸。邮政局局长办报的最大便利，是可以利用手中掌握的邮政发行管道和运送工具，但是《波士顿新闻信》完全是一份私人报纸，没有官方色彩。当然，在早期政府对报纸严加控制的环境下，办报人有一个政府职员的身份，也有利于获得办报许可。

此后较著名的报纸有：坎贝尔的继任者威廉·布鲁克于1719年创办的《波士顿公报》，詹姆斯·富兰克林于1721年创办的《新英格兰新闻报》，以及1728年在费城创刊的《宾夕法尼亚公报》——该报于第二年濒临倒闭，由23岁的本杰明·富兰克林接手，他后来成为著名的思想家、政治家、科学家和办报人。

美国早期报纸的形成和发展深受英国影响。英国在日报诞生83年后，著名的《泰晤士报》才于1785年在伦敦问世。而美国的报业史恰于这时开始与英国接轨。1783年，美国的第一份日报《宾夕法尼亚晚邮报》创办。

2.政党报纸水火难容

美国的政党报刊源于独立战争时期。当时殖民地的政治力量分化为爱国派和保皇派，报纸也参与了他们之间的政治斗争。1783年美国独立后，联邦党和民主共和党利用自己所创办或控制的报纸，在政治哲学、建国方略等问题上展开争论，互相批评指责，甚至进行人身攻击。到19世纪30年代以后，美国形成了民主党和共和党，也以报纸相互攻击。政党报刊时期被称为美国新闻史上的黑暗年代。

1775年美国独立战争爆发前，美国的报纸就已经有“效忠”和“爱国”的观念分歧。战争爆发后，几乎全部报纸立即划分为立场分明的两派，或效忠于英国统治者，为保守派；或支持独立战争，为激进派或爱国派。

保守派托利党的代言人詹姆斯·里文顿于1773年创办了《纽约公报》，其后又有《记事报》等。自由主义的辉格党也有自己的舆论阵地，如《纽约新闻报》和《国民通讯员报》。比辉格党人更激进的“爱国派”则办有《波士顿公报》等。

美国独立战争之后，出现联邦派和反联邦派两大党派之争。前者主张建立权力集中于中央的联邦政府，后者也称民主共和党派。

美国现存最古老的报纸《纽约邮报》，其前身《纽约晚邮报》是联邦派领袖亚历山大·汉密尔顿创办的。之后，他又出资创办了被公认为联邦派喉舌的《合众国公报》。反联邦派以杰弗逊为首，代表性报纸是《国民公报》《曙光女神报》。其他很多报纸也纷纷卷入党派之争。

19世纪初，联邦派的报纸有157种，民主共和党派的报纸有158种。19世纪20年代，保守的联邦派日趋没落以致瓦解。而执政的民主共和党派又逐渐分化出了一个代表工业资产阶级的派别，称为辉格党，即现在共和党的前身；留下的部分为民主党。它们各自办了报刊，原有的报刊在新的角逐中又重新站队，从而形成新的对峙局面。

这些报纸有时为了获得民众支持，达到自己的政治目的，不惜歪曲事实，捏造对手的罪名，进行人身攻击。新闻的选择和处理仅为证明自己的政治观点，没有新闻职业道德和公共利益至上原则。

二、美国新闻出版自由的确立

1.“曾格案件”和《印花税法》

美国历史上1733年的“曾格案件”，在争取新闻出版自由方面起到了巨大的鼓舞人心的效果。曾格于1733年在纽约创办了《纽约周报》，在一些人的支持下，刊出不少揭露、攻击当地总督和官僚当局的内容。总督指控曾格“对政府进行无耻中伤和恶毒谩骂，试图煽动反政府情绪”，令首席法官对曾格法办。第二年11月，曾格被以“煽动闹事”的罪名逮捕，直到9个月后的1735年8月才开庭审理。

按当时英国及其北美殖民地的惯例，凡是对政府进行揭露和批评，法庭可以不允许被告证明自己所言属实而当予免责，而直接以诽谤罪论处，依据的原则是“越是事实，就越构成诽谤”，理由是会激起社会不安，破坏社会安宁。

年已80岁的著名律师汉密尔顿从费城赶来为曾格出庭辩护。他首先强调，谎言才构成诽谤，然后请求陪审团凭自己的良心证明被作为指控理由的两篇文章的真实性，指出本案事关说真话的自由权利。他在最后辩词中说：

我虽已老迈，然而一旦有必要，哪怕是走到天涯海角也在所不辞，只要我的服务，能对检察官因告发而燃起的起诉火焰起到一点儿扑灭作用。这种起诉做法是由政府实行的、旨在剥夺人民对那些当权者独断专行的意图提出抗议（还有申诉）的权利。正是那些人伤害和压迫在他们统治下的人民，才激起人民呐喊和控诉，但他们又将人民的控诉作为新的压迫和起诉的根据。

……但是总而言之，法庭，还有你们陪审团的先生们所面临的问题，既非小事，亦非私事。你们在此审理的，并不仅仅是那位可怜的印刷商的事，也不仅仅是纽约的事。不是的！它的后果会影响到美洲大陆上在英国政府统治下生活的每一个自由人。它是最重要的事，它是有关自由的事。我毫不怀疑，你们今天的正直行为将不仅赢得你们同胞们的爱戴和尊敬，而且将受到每一位宁要自由、不要奴役生活着的人赞美和钦佩，因为你们挫败了暴政的企图；你们以公正清廉的裁决奠定了一个崇高的基础，保证了我们自己、我们的后代，还有我们的朋友应享有的那种东西，即大自然和我们国家的法律赋予我们的应有权利：自由——就是把事实真相说出来和写下来，用以揭露和反抗（至少在世界上的这些地区）专横权力的自由——和真理。

陪审团被汉密尔顿的雄辩所折服，最后认定曾格无罪，法官服从了陪审团的意见，由此确立了“谎言才构成诽谤”的原则。

1765年北美人民的反印花税斗争是美国大革命的前奏。英国政府由于连年进行殖民战争，国库空虚，这一年起在北美颁布了《印花税法》，宣布从当年11月1日起施行，几乎所有文件和印刷品都必须贴上印花方可生效或流通。殖民地人民予以强烈抵抗，其间反英报刊起了重要作用。它们不仅详细报道抗议运动的消息，登载愤怒的读者来信，发表各种评论，同时也采取各种方法抗税，最后迫使英国政府撤销了《印花税法》。

2. 杰弗逊的影响和宪法第一修正案的通过

美国《独立宣言》的起草人之一杰弗逊（又译杰斐逊）开创了新闻自由“至上论”。

1776年7月4日，美国的大陆会议宣布北美13个殖民地从英国独立出来，1787年美国制定宪法，但没有把言论出版自由等公民权利列进去，此后对要不要列进去展开了激烈论战。联邦党人反对把言论出版自由等原则列入宪法修正案，反联邦党人则针锋相对，尤其是其领袖杰弗逊。

托马斯·杰弗逊24岁时当律师，两年后当选为弗吉尼亚州议会议员。1775年杰弗逊参加第二届大陆会议，与B.富兰克林等5人起草《独立宣言》，杰弗逊执笔，1776年7月4日《独立宣言》经大陆会议通过。马克思称《独立宣言》为“人类第一个权利宣言”。杰弗逊自1779年起任弗吉尼亚州州长，1781年辞去州长职务，1785年任美国驻法全权公使，1789年9月出任美国国务卿。

关于新闻出版自由，杰弗逊认为，新闻出版自由是人民的需要、社会的需要。他表示，民意是政府存在的基础，要向人民提供关于他们自己事务的全部情况，给人们打开所有通向真理的道路，最好的办法是新闻出版自由；正派的政府不会被言论打倒，绝不能限制出版自由，除非对公民的名誉造成伤害。

他还认为，“离开了对新闻出版自由的保障，其他自由也就无保障可言”，“没有监察官就没有政府，但是哪里有新闻出版自由，哪里就可以不需要监察官”，对诽谤也不必恐惧，人民能做出公正的判断。

他在1787年致友人的信中说：“如果让我选择有政府而无报纸，或是有报纸而无政府，我将毫不犹豫地选择后者。”①

---

① 陈力丹. 世界新闻传播史［M］. 2版. 上海：上海交通大学出版社，2007：162.

关于新闻出版与统治者的关系，杰弗逊认为，“人民是他们统治者的唯一监督者，甚至他们的错误也有助于促使统治者恪守他们制度的真正的原则。过于严厉地惩罚这些错误，就等于压制公众自由的唯一捍卫者”，“必须发展新闻事业，通过报纸使他们充分了解国家大事，并且努力使这些报纸深入整个人民中间去”，“……那些害怕他们的行为受到调查的人首先关闭的就是新闻媒介”。

他还说：“我主张出版自由，反对用暴力而不是用理性压制我们公民对他们代理人行为的不满或批评（不论对或错）的一切违反宪法的表现。”他在《致美国总统乔治·华盛顿》的信中主张：“任何政府都不应当没有批评者，而在新闻自由的地方，也不会有任何政府会没有批评者。”

在拿破仑执政后，法国从有限专制退到无限专制，该国的新闻业也随着受到了前所未有的压制。杰弗逊在《致托马斯·库珀》的信中认为：“一个国家的唯一警钟——新闻业在那里完全无声无息了，取得全面成就的一切手段都丧失了。……我完全相信，公众思想的躁动将增加它的力量，自由和专制两点之间的每一次震荡都会使自由有所收获。人们的知识越多，他们的统治者就越会尊重他们。”

杰弗逊还在一封信中驳斥了新闻出版自由会危及国家稳定的观点：“我心甘情愿贡献出自己，作为一次伟大实验的对象……以证明所谓新闻出版自由与安邦定国水火不容这种说法纯属一派胡言。”

针对由于滥用新闻而导致报纸腐败，杰弗逊认为办报的最好方针为只限于刊登事实和合理的原则。

1789年9月，即法国通过《人权宣言》后一个月，美国国会制定了宪法的十条修正案，此修正案后来被称为《权利法案》，该法案于1791年12月正式生效。其中第一条规定，“国会不得制定下列法律：尊崇和确立宗教或禁止信仰自由；剥夺人民言论或新闻出版自由；剥夺人民和平集会及向政府请愿申冤之权”。

不久，美国的新闻自由经历了一次严峻的考验。18世纪90年代是美国历史上党派政治斗争最为激烈的时期之一，出现了许多社团组织。杰弗逊也于1793年底辞去国务卿职务，建立民主共和党，与联邦党相抗衡。以亚当斯总统为首的联邦党人认为，一些社团党派具有分裂国家性质，应对他们进行压制，这些社团奋起捍卫自己的“自由质询”和“自由交流”的权利。恰值此时，美国与法国有爆发战争的可能。这使得联邦党人认为，政府不应受到美国公民和外侨的攻击和批评。于是，亚当斯政府在1798年实施了4项惩外治乱法，其中主要为《敌对外侨法》和《煽动叛乱法》。这导致了一场重大的政治危机。

《敌对外侨法》允许政府将被视为有危险的外国人解递出境。共和党人认为这无异于否定了美国是自由的避难所。

《煽动叛乱法》规定：“凡书写、印刷、以口头或书面方式发表……任何捏造的、诽谤的和恶意的文字……攻击合众国政府，或国会两院中任何一院……或在职总统，或在合众国善良的人民中间煽动反对他们的情绪……或抵制、反对与蔑视此类法律者……惩以2000美元以内罚金并处两年以内监禁。”法令颁布后，20多人被告上法庭，包括反对派的国会议员、报刊编辑和示威者，甚至有向总统胡言乱语呼叫的醉汉，其中10多人被定罪，6人被处以罚款或被判监禁，最长的刑期一年半。

这激起了以杰弗逊为首的大多数美国人士的不满，这些人对这些法令进行谴责，并否定了习惯法中有关联邦政府有权惩罚“煽动性言论”的传统。杰弗逊认为，这些法令是违反宪法的，因为它们侵犯了宪法保障的言论和新闻出版自由，更为严重的是，暴政导致了美国人因心理恐惧而不敢自由地发表言论。

杰弗逊和麦迪逊分别起草了《肯塔基决议案》和《弗吉尼亚决议案》，

反对该法令，呼吁兄弟州一致宣布上述法令无效，并要求下届国会将它废除。

亚当斯政府践踏民主、侵犯新闻自由的行为导致了信任危机，以杰弗逊在1800年的总统选举中获胜而告终。杰弗逊还挫败了联邦党人要延长《煽动叛乱法》的企图，促使众议院在1801年2月以53票对49票使该法在1801年3月3日到期失效。

1800年起，参加竞选总统的杰弗逊遭到对立派的不断指控和诽谤，称他是一个危险的政治煽动家，无信义、不道德、反宗教者，独立战争中的懦夫，乔治·华盛顿的诽谤者，渴望独裁统治的人，等等。1801年杰弗逊当选总统后，这种指控和诽谤仍在继续。他在1802年的一封信里说："他们在其报刊中塞满谎话、诽谤和狂言。……我们正在进行一项实验，看看不用胁迫的方法进行的自由讨论是否足以宣传和保卫真理，是否足以使一个政府在其行动和意见方面保持纯洁和正直。……他们选中我来担任这一光荣的角色，同时又以世上任何国家闻所未闻、见所未见的凶恶方式来攻击我。但是我将保护他们造谣和诽谤的权利，而且我仍将珍视这一权利……"1805年杰弗逊再次当选总统，这证明在开放的环境中人们能对公众人物做出自己的判断。

后来美国还逐渐形成了关于报道和评论公众人物的原则，即越是有权、著名、对社会影响大的人物，越应该受到新闻媒介的监督，即使对他们的报道和评论有所失实和过火，也应予以容忍，因为他们有纠正的机会，而如果不允许有丝毫失实和过火，就会把必要的监督也扼杀了。①

新闻出版自由的确立带来了媒体的大发展。1783年美国独立时，美国有报刊50多家，明显少于英国或法国；1800年报刊上升为512家，其中日

① 任东来.新闻自由与个人名誉的艰难平衡：关于美国媒体的诽谤诉讼［J］.南京大学学报（哲学·人文科学·社会科学版），2004(3)：21-29.

报24家；1833年报刊达到1200家，其中日报65家，已远远超过英国或法国。美国众议院在1789年建立后便准许记者采访，参议院在1795年起专设记者席，1802年时还准许记者直接进入议员席，这走在了英国的前面。但是国家发展进入垄断资本主义阶段后，新闻媒介也日益被垄断巨头所控制，这是杰弗逊始料未及的。

第七章

工业革命时期的新闻业

从18世纪60年代至19世纪三四十年代的第一次工业革命，由一系列技术变革引起和推动，用机器代替了手工劳动，使工厂代替了手工工场，极大地提高了生产效率。这场革命始于英国，席卷法、美、德等欧美国家，历时七八十年，使欧美大国基本实现工业化，由农业国变成工业国。

从19世纪六七十年代到20世纪初又出现一系列重大的技术和生产方式的突破，形成了第二次工业革命浪潮。现代数字化又带来了生产和社会的一系列重大和深刻的变化，被称为第三次工业革命。

工业革命使社会生产力得到突飞猛进的发展，进而引起了生产关系和上层建筑的一系列重大变化，也对新闻业产生了巨大影响。在此仅看第一次工业革命及其余波时期。

第一，改变了报刊环境，扩大了报刊需求。

经济上，生产技术升级换代，煤铁、纺织等产品的生产规模、数量、质量大幅度提升，交通运输和商贸领域也相应发生变革，由此带来了对报刊的大量需求，包括对经济信息的需求和广告宣传的需求。

政治上，新兴阶级、阶层与既得利益阶级、阶层的矛盾，包括资产阶级与封建阶级、无产阶级与资产阶级的矛盾，以及殖民扩张新势力与旧格局之间的矛盾，宗主国与殖民地之间的矛盾，都刺激了报刊的发展，包括无产阶级报刊的诞生。

社会和文化上，工业革命推进了城市化进程和新兴阶级、阶层的发展，以具有公民意识的公众为主体的大众社会形成；推进了文化、科技、教育水平的提高，新的思想观念、文艺浪潮产生；推进了生活水平、精神需求和报刊购买力的提高，由此给报刊带来了大量的新内容和新读者。

第二，催生了廉价报纸、通讯社和新闻传播产业。

由于蒸汽印刷机、轮转印刷机的使用，交通、通信条件的改善，报刊可以大量制作、广泛发行，加上纸张、油墨、铅字等生产技术的改进，大大降低了报刊的成本，再加上广告收入的提高，每份报刊的价格大大降低。加上广告后收入占报纸收入的比重越来越高，报纸相当便宜。那些售价远低于已经不高的成本、连工人也消费得起的商业化廉价报纸，使报纸真正成了面向广大公众的大众媒介。

报刊读者的大大增加，又进一步吸引了广告客户，并形成报纸以广告收入为主的经营模式。其意义远不止于经济贡献。更重要的是，使报纸尽力满足公众需求而非党派利益，并由经济独立而获得报道和评论的独立，同时也带来以经济利益为导向的问题，那种“满足”和“独立”也是以不损害报刊老板利益为前提的。

报刊社的增多和通信方式的进步催生了通讯社。反过来，通讯社进一步降低了报刊社的成本，促进了报刊的大众化和市场化。

廉价报纸、报刊广告和通讯社使新闻传播经济也有了一定的规模，形成了产业。于是新闻业既有事业性质，又有产业属性。

第三，革新了报刊内容和报道方式，催生了无产阶级报纸。

报刊社在经济上取得独立，使得它们在新闻和言论方面可以独立行事，有关国内情况的报道和评述增多，并能相对客观公正地报道和评论。

廉价报纸的成功使报刊内容更趋于迎合大众口味：以新闻为主，而不再像过去的报刊以评论为主；拓宽报道领域，尤其重视地方新闻、社会新闻，以及其他休闲趣味性、煽情性的新闻；大量刊登非新闻和时事评论内容，如诗歌、散文、连载小说、读者来信等。

报道方法和报刊文体也发生了很大变化。市场化报纸和通讯社要获得尽可能多的客户，就不能在新闻产品中有明显的倾向性，于是采用和发展了客观报道的方法。

工业革命以前的西方新闻报道仍然沿用早期的报刊文体，写出的新闻不像新闻，更似散文。例如，英国的新闻写作基本上沿用当时流行的散文笔法，把叙事、抒情、议论混合在一起，讲究辞藻，文笔优美；德国的报纸搬用宫廷文学的手法，典雅华丽；美国报纸则采用短篇小说的手法。而商业性报纸兴起以后，新闻的客观性、时效性格外受到重视，客观、迅速报道的原则和方法，以及相应的注重导语、采用倒金字塔结构等文体也发展了起来。

工业革命引起了生产关系和社会关系的改变，使工业无产阶级和工业资产阶级规模扩大，矛盾加深，无产阶级开始成为独立的政治力量登上历史舞台，其报刊作为无产阶级争取社会地位、实现经济要求和政治目标的工具应运而生。

从世界范围来看，工业革命使西方相对先进，东方开始从属于西方，加快了亚、非、拉等地区的殖民地半殖民地化进程，西方的近现代报刊及其办报模式也流传到其他地方，一方面服务于殖民和掠夺，另一方面也催生了其他地方的近现代报业。

第一节 英国独立报刊的出现和《泰晤士报》

一、英国工业革命和独立报刊出现

世界工业革命发源于英格兰中部地区，英国利用工业化先发优势，确立了“世界工厂”的地位。

工业革命始于英国，是有政治、经济和科技前提的。英国资产阶级革命推翻了封建专制制度，建立了资产阶级和土地贵族联盟为基础的君主立宪制，成为世界上第一个确立资产阶级统治的国家。资产阶级利用国家政权，加速推行发展资本主义的政策和措施；加快了圈地运动，产生了大批无产者。海外贸易和殖民地开发，需要更大规模的生产和运输，同时有大量财富集中到英国资产阶级手中，成为资本。经典力学、热力学等学科的理论创新也为工业革命提供了条件。

工业革命创造了巨大的生产力，包括传媒生产力，也使大量人口向商业中心集中，推动了城市化进程，大大增加了人们对新闻媒介的需求。工业革命促使产生工业资产阶级和无产阶级，他们要通过新闻媒介发出自己的声音。

在1861年以前，由于英国政府仍然对报刊征收印花税，报业面临的经济压力一直没有减弱，但由于工业革命的影响，英国报刊的种数和销量仍不断增加，1724年日报仅有3家，1776年增至53家。在工业革命中，印刷机、交通工具、通信工具等条件的改善，也使报刊的数量和传播范围大大增加。

物质基础使报刊有了经济上独立的可能，又促进了新闻报道和评论的独立，比当时的政党报刊客观公正得多。这一时期具有代表性的英国独立报刊有《每日广告报》《大众广告报》《早晨纪事报》《晨邮报》，尤其是《泰晤士报》。

二、《泰晤士报》

美国总统林肯曾说："除密西西比河外，我不知道还有什么东西能有《泰晤士报》那样强大的力量。"《泰晤士报》创办于1785年元旦，原名《每日天下纪闻》，3年后改为现名。《泰晤士报》的英文名是*The Times*，中文译名应为《时报》。这是世界上第一种以"Times"命名的报纸，现在世界各地还有许多名为"Times"的报纸，如《纽约时报》（*The New York Times*），为了方便辨别，《泰晤士报》有时被英语使用者雅称为"伦敦时报"（*The London Times*）。而"泰晤士报"之名，则是根据与"Times"读音相近但毫无关联的"泰晤士河"（River Thames，流经伦敦）而来，系误译，但因约定俗成而沿用至今。

《泰晤士报》创办人是印刷商约翰·沃尔特，创刊伊始便采用了新式印刷机，印量大，成本低，售价也低。《泰晤士报》还最先将新闻视角延伸欧洲其他国家，尤其是大革命时期的法国。这为《泰晤士报》在政界和金融界赢得了很高的声誉。

1803年沃尔特之子小沃尔特接手《泰晤士报》后进行了全面改革，完全割断与政府的经济联系，仅依靠广告和发行收入获得充分自立，大量刊登国内外要闻，言论崇尚独立和反映舆论，同时继续重视新技术，率先采用蒸汽印刷机、轮转印刷机，不断提高印刷质量和速度。

《泰晤士报》的影响力巨大，与当时英国处于资本主义上升时期和殖民扩张鼎盛时期密切相关。1850年前后英国廉价报纸也迅速崛起，对《泰晤士报》构成了很大的市场压力。

第二节 廉价报纸的成功

工业革命带来经济和社会的大发展，进而带来廉价报纸和通讯社的成功。这些工业革命的产物又相互影响和促进，形成良性循环。

在工业革命以前，西方报刊因成本高、价格贵，只能主要面向上层社会人士。一般民众对报刊缺乏购买力，也少有购买需要。工业革命期间，在美国、法国、英国等资本主义国家先后出现一种新型报纸。其特点是：①面向社会中下层；②标榜超党派且独立；③实行商业化经营，价格低廉，以广告为主要收入；④内容上除了少数鼓吹社会改革、宣传改良主义的主张，一般着重于地方新闻、社会新闻、警事新闻、体育新闻及种种软新闻；⑤文字简短通俗，编排活泼花哨，它们被称为“廉价报纸”，或“便士报”“美分报”“大众化报纸”。

通讯社的前身，最早可追溯到欧洲14世纪至15世纪向商贸机构提供信息的“手抄新闻”。此后，这种信息的社会需求始终存在，这种服务也就总有市场，但基本上由日报提供。直到19世纪30年代，也就是在第一次工业革命基本完成和廉价报纸成功之时，既向商贸机构又向报社提供新闻的通讯社才成功建立，此后发展成为对世界新闻传播影响最大的新闻组织形式。

一、美国的廉价报纸

美国在19世纪初至少出现过十几种廉价报纸，但由于经济和社会条件尚不成熟，都难以持久，直到1933年《纽约太阳报》获得成功。

这一成功引来大批效仿者，因此竞争十分激烈，各种廉价报纸千方百计迎合市场，争取尽可能多的读者，以获取尽可能多的广告收入。低俗性、刺激性、轰动性内容大行其道，故意造假也屡见不鲜，廉价报纸成了低级报纸的代名词。然而其市场在不断扩大，有些人避开血拼的“红海”，寻找新的市场空缺，设法满足既要廉价又要有高级内容的读者，出现了以纽约《论坛报》为代表的高级廉价报纸。

1.纽约《纽约太阳报》

《纽约太阳报》由印刷商人本杰明·戴于1833年9月3日创办。他善于经营，宣称要办一份“人人都能买得起的报纸”。该报每份四版，仅售1美分，不仅一直低价发行，内容和文风也很平民化，尽量迎合大众口味，突出人情味、离奇性，只要是大众喜爱看的就可以成为报道内容。该报在立场上标榜超党派，强调独立性；在经营上实行企业化管理，商业化经营，广告是主要的收入来源；在形式上，文字简短通俗，编排活泼花哨。

《纽约太阳报》作为以街头零卖为主的报纸，主要刊登地方新闻、社会新闻及各种富有人情味的故事，也不乏低级、庸俗、耸人听闻的内容。这份报纸格调不高，但很受读者欢迎。该报创刊时印1000份，4个月后销售就达5000份，成为纽约报界的龙头。此后发行量稳步上升，三年后达到3万份。其传播优势为该报吸引了大量的广告。办报人因此大发其财，为报社设备的更新提供了充裕的经济保障。该报于1837年起采用当时最先进的滚筒印刷机，从物质技术上保障了它的大量发行。

同年，《纽约太阳报》被本杰明·戴卖给他人。1868年著名报人查尔斯·达纳接手，并担任主编达29年之久。其间，《纽约太阳报》出现了一个中兴阶段。1876年，日发行量曾达13万份之多。达纳主张简洁明了的新闻文体，坚持“以极其简明易懂、生动活泼”的形式，为普通美国人呈现“全世界每日活动的真正景象”。该报于1920年停办，晚报于1950年并入其他报纸。

《纽约太阳报》一扫政党报刊死气沉沉、长篇大论的做派，而改为大量刊登富有人情味的社会新闻、公众关心的本地新闻及耸人听闻的黑幕新闻。这为该报吸引了大量的读者。所以，美国政党报刊的黑暗时期也随着廉价报纸的迅猛发展而结束。

2. 纽约《先驱报》

该报由贝内特于1835年5月6日在纽约创办，每份1美分，第二年价格提高到2美分。该报过分渲染犯罪场面、侮辱教会、随意诽谤其他报人，曾遭到社会各界对它发动的“道德战争”。该报由于有这段历史，且南北战争期间又站在南方一边，马克思称该报的业主和主编为“臭名远扬的贝内特”。

不过该报及其老板也有长处。该报除了有较多地方新闻、社会新闻，还注重经济、金融和社交新闻。贝内特起初只有500美元资金，在华尔街的地下室创办纽约《先驱报》，办公桌是一张木板搭在两个圆桶上，自己身兼数职——既是打字员，又是勤杂工；既是出版商，又是记者；既是小职员，又是编辑；既是校对者，又是印刷工。他精通新闻业务，又深谙经营之道，使该报出版6周后，单期销量达7000份，第二年单期销量近2万份。1846年,《先驱报》最先向欧洲发行海外版；19世纪60年代，该报的单期发行量达6万份，超过《纽约太阳报》，成为全国第一。

3. 纽约《论坛报》

该报于1841年在纽约创刊，每份4版，售价1美分，第二年提高到2美分。出版7周后，每日销量即达11 000份。从1841年9月2日起，该报社另外发行《论坛周报》，这是日报精华的汇编，每期销量大于日报。

创办人霍勒斯·格里利是美国历史上著名的报人和政治活动家。他出身于贫苦的农家，从15岁起给乡间印刷商当学徒，工作之余刻苦自学，20

岁时只身来到纽约当排字工人，之后与人合办印刷所。1833年格里利与人合办廉价报纸失败。1834年至1841年，格里利主办文学和新闻周刊《纽约人》销量不错。格里利同时为辉格党的《宪法报》当编辑，并成为辉格党成员。在1838年的州长选举和1840年的总统选举中，他为辉格党编辑竞选报刊，选举成功后，他也成为纽约辉格党三巨头之一。

同情下层民众、具有空想主义思想的格里利决心创办一份高雅而有思想的便士报。他在纽约《论坛报》的创刊广告中宣称：它将努力维护人民的利益，增进他们的道德和社会、政治权益；它将摒弃许多著名便士报上不道德的、下流的警察局新闻、广告和其他材料，尽心尽力把报纸办成善良而有教养者嘉许的、受欢迎的家庭“常客”。

该报赢得了社会的高度评价，被称为“伟大道德机关报”。它成为美国第一家全国性日报，也成为美国大众化报刊进入成熟阶段的标志。

卡尔·马克思曾任该报驻英国的通讯记者，在1851年至1862年间，格里利与恩格斯一起给该报写过500多篇关于欧洲重大事件和问题的述评。马克思和恩格斯的思想也许对格里利也产生了一定的影响，他的报社最早让员工入股。

《论坛报》的销量虽然始终落后于《纽约太阳报》和《先驱报》，但它在舆论界的影响远远超过那两份报纸。1872年格里利去世之后，《论坛报》的影响大不如前，1924年该报与《先驱报》合并为《纽约先驱论坛报》，至1966年停办。

二、英法的廉价报纸

英国在1730年就有了广告报，开创了报纸以广告收入自立的先河。由于沉重的知识税，报纸难以廉价，也就难以扩大销量。政府还在1819

年规定，报刊售价不得低于6便士。有些报纸以逃税的方式实现廉价发行，如世上最早的廉价日报《便士伦敦邮报》，从1744年至1745年持续了300天；后期著名的廉价报纸《人民便士报》(后改名为《穷人卫报》)，从1830年1月起持续了5年。至1836年2月，这种“非法”报纸的发行量超过了纳税报刊的发行量。

自19世纪50年代起取消知识税后，英国报刊进入了降价时期，原有廉价报继续发行，新的报纸也纷纷涌现。过去廉价报纸基本上是星期日报或周报，影响不太大，此时廉价日报也发展了起来。

《每日电讯报》原名为《每日电讯邮报》，是英国第一份成功的廉价日报。该报于1855年6月29日创办，标志着英国报业发展进入大众化时期。它的口号是：“最大、最好、全世界最便宜的报纸。”

该报借鉴美国报纸的做法，一方面，该报采用大字、多行标题，使重大消息更加醒目；另一方面，该报通过增强内容的趣味性来吸引更多的读者。1877年，该报日发行量近25万份，至1888年达30万份。

1928年该报被贝瑞兄弟购得。报纸风格较过去庄重一些，开始脱离大众报纸行列，演变为相对“高级”的报纸。1994年11月15日，该报社推出欧洲第一份网上报纸。

法国在1830年七月革命后，报刊获得了较为宽松的体制环境，有了明显的发展。政党报刊增多了，有亲政府派的《论辩报》《立宪党人》，自由派的《国民报》，民主共和党派的《改革报》，天主教的《宇宙报》，还有拥护波旁王朝的《团结报》《法兰西报》等。同时，廉价报纸也迅速崛起，其中最著名的是《新闻报》和《世纪报》，两家都是1836年创办于巴黎的日报。当时一般日报的全年订价为80法郎，而《新闻报》便宜一半，其零售价为每份一苏，创办3个月后单期发行量为1万份，1848年达到7.8万份。《世纪报》售价与《新闻报》相同，但销量超过《新闻报》。

第二共和国建立之初，法国废除了报刊印花税、保证金制和其他限制，各种报刊纷纷涌现，售价也大都低廉，然而不久又恢复了保证金制等。

第二帝国中后期，法国放宽了对报刊的管制，报刊业又繁荣起来，其中新创办的最著名的廉价报纸是《小新闻报》，该报于1863年创办，为小型报纸，每天4版，以社会新闻和荒诞连载小说为主要卖点，两年后单期销量达20万份，1869年达到创纪录的35万份。

第三共和国初期，《小新闻报》的销量增长了50%以上，而于1876年创办的《小巴黎人报》成为廉价报纸的后起之秀。

三、廉价报纸成功的原因和意义

这种廉价的综合性报纸的出现与工业革命密不可分。工业革命使报纸的成本降低，读者面扩大，广告增多。例如，法国国民识字率在1826年至1846年提高了50%。

政治民主化的进展、新闻出版自由的环境也是廉价报纸成功的重要条件。英国的工业革命早于法国和美国，但廉价报纸的成功，在英国是于19世纪50年代取消知识税时，而在法国是于19世纪30年代七月王朝建立、取消了对新闻出版的诸多限制时，在美国是在19世纪30年代，虽然那时美国的经济水平远不如英国、法国，距美国第一份日报诞生也仅50年。

廉价报纸出现和存在有以下意义。

1.使报纸成为大众媒介，与大众社会互动

廉价报纸使新闻媒介的受众主体由上层人士扩展到了普通民众，报纸真正成为大众媒介，开启了大众报刊时代。这种报刊是大众社会构建和运行的重要条件。

大众社会是工业化、城市化、市场经济的社会，以具有公民意识的公众为主体。而在此前的传统社会中，生产是以农业和手工业为主，经济形态以自给自足的自然经济为主，生活大都局限在较小的范围内，家庭、血缘、乡规民约、传统信仰、风俗习惯等有很大的影响和制约力量。

与之相应，传统社会中的信息、观点、思想、意见的传播主要通过人际传播和群体传播，虽然那时已有印刷书籍和古代报纸、商务报刊、政党报刊等，但传播范围很有限，只为少数人所用。人们的思想观念很狭窄，变化很慢。

大众社会给大众报刊提供了巨大的、多方面的社会需求。反过来，大众报刊对市场经济、城市社会的发展起了很大的促进作用，还大大拓宽了人们的视野，大量传播了科学文化知识和现代政治、社会理念，如宪政、法制、市场经济规则等，更新了人们的思想观念，树立了现代公民意识。

2. 使报纸现代化，由近代报纸走向现代报纸

廉价报纸带来新的办报理念和方法，新的报纸内容和形式。报纸因其经营模式是以低廉的价格、读者喜闻乐见的内容和形式扩大销路、吸引广告，因此努力面向读者需求，满足公众需要，并摆脱对政府和党派的依附，独立进行报道和评论。其他报纸为了增强竞争力，也不得不有所改变，如法国的党派报纸《论辩报》《立宪党人》都增加了多种新闻报道和连载长篇小说。

廉价报纸提高了新闻传播水平。激烈的市场竞争使报纸的新闻性、时效性、接近性、趣味性都受到格外重视，报道方法和文体也得到了相应改进。

廉价报纸的发展使报刊业也成为一大产业，不仅新办的廉价报纸规模扩大了，创造了经济效益，其他报纸也纷纷仿效。巴黎报刊的单期发行量在1836年至1847年由8万份上升到18万份。

在廉价报纸的基础上，商业性报纸由通俗走向高级，逐步取代了党派报纸的主流地位。

第三节　通讯社的诞生和初步发展

通讯社是以批量采集、供应新闻及相关信息材料为主的传播机构，有文字、图片、数据、图表、音响、影像等产品，由报刊、广播电视等新闻机构采用，或直接向个人、团体订户传送。

通讯社和近现代报纸都源于欧洲14世纪至15世纪的“手抄新闻”，通讯社的诞生又受到报纸发展的推动，尤其是廉价报纸，不仅其自身获得了发展，而且带动整个报业，从注重宣传、言论为主转向注重信息、新闻为主，使通讯社有了大量的市场需求，并发展了客观报道的方法。

工业革命带来的经济、交通、通讯的发展，以及人们对外地或外国信息需求的增长，既促进了报业，也直接帮助了通讯社。起初通讯社依靠信鸽、马车、火车、轮船、火车传送新闻稿。1832年出现了世界上第一台电报机，1839年出现了世界上第一条商业电报线，1844年美国人莫尔斯发明了莫尔斯电码，1850年第一条海底电缆把英国与欧洲大陆联结起来，1866年海底电缆通过大西洋把欧洲和美洲联系起来了，这些电报线又不断辐射到更多的地方。电报大大提高了新闻传播的时效性。通讯社是电报的最早用户之一。后来电报又通过无线电报、无线电波传输，现在则广泛使用移动通信和互联网，在一定程度上实现了全球范围的文字、图片、音视频等信息资源的同时共享。

通讯社丰富了新闻媒介的内容，提高了新闻媒介的质量，又在一定程度上影响了新闻媒介的观点，进而对整个社会产生越来越大的影响，其中既有正面积极的影响，也有负面消极的影响，使新闻媒介中的信息和意见单一化，而且主要反映通讯社发达国家的新闻选择和意见观点。

一、首批新闻通讯社

1.哈瓦斯通讯社

法国人查理·哈瓦斯早在1826年就组建了一个新闻社，为贸易、金融界人士和外交官提供新闻和翻译材料。他也向报社推销，但遭到拒绝。法国出现廉价报纸后，哈瓦斯于1835年正式创办哈瓦斯通讯社，一些廉价报纸纷纷成为其客户。

巴尔扎克于1840年在他主编的《巴黎杂志》上写道："一般人都认为巴黎有好多家报纸，但是说老实话，严格来说，全巴黎只有一家报纸，那就是曾在卢梭大街开过银行的哈瓦斯先生经营的'哈瓦斯通讯社'编发的新闻稿。这家通讯社的办事处坐落在邮局前面，因此世界各地的报纸都会很快就到哈瓦斯的手里，换言之，哈瓦斯先生比巴黎的任何人都最先获知世界各地的消息。"

1840年，哈瓦斯开始驯养信鸽，展开了布鲁塞尔—巴黎和伦敦—巴黎的信鸽传递业务。1845年哈瓦斯通讯社在罗马、布鲁塞尔、维也纳、马德里等地设立分社，1848年开通了巴黎与布鲁塞尔间的电报传稿。

1857年，哈瓦斯通讯社又与法国广告机构和地方报刊签约，以通讯社的新闻稿交换各报社的若干广告版面，然后将版面卖给广告客户。

1859年，哈瓦斯通讯社又与英国路透社、德国沃尔夫社签订交换新闻的合同。这种交换模式一直沿用至今。

1940年德军占领巴黎，接管了哈瓦斯通讯社。同年12月，法国傀儡政府收买哈瓦斯通讯社的全部股票，将该社分解为广告社、法国新闻社和世界电讯社。法国光复后，几家参加抵抗运动的通讯社在原哈瓦斯通讯社的基础上共建了法国新闻社（简称法新社）。

2. 沃尔夫通讯社

德国人贝纳德·沃尔夫于1849年建立沃尔夫通讯社。他是柏林一个银行家的儿子，1848年在哈瓦斯通讯社当过译员，同年回到柏林，创办《国家日报》。1849年从柏林到边境城市亚琛的电报线开通，沃尔夫便兼办通讯社，以收集和发布股票行情等经济信息为主，1855年起逐步增发政治新闻和其他非经济信息，成为德国报刊重要的新闻来源。

1933年，希特勒上台，政府接管了沃尔夫通讯社，沃尔夫通讯社改组为德国通讯社，“二战”后解体。

3. 路透社

1851年，路透社创办于英国伦敦。创办人保罗·朱利叶斯·路透原是德国籍犹太人，当过银行职员，与人合开过书店。1848年路透也在哈瓦斯通讯社当过译员，1850年在亚琛建立办事处，主要收集、出售经济金融信息。当路透获悉联结英伦三岛和欧洲大陆的海底电缆即将铺设完成后，转移到伦敦营业，于1851年10月在金融街租了两间房，成为路透办事处，帮手只有他妻子和一名12岁的少年。

伦敦是当时英国和世界的经济金融中心，路透办事处的生意很好，逐步增加与经济形势息息相关的军事、政治、外交信息。

1865年路透办事处改为路透电报公司，兴建经由德、俄、伊朗通往印度的电报专线。1870年至1872年，电报线路延伸到新加坡、上海、长崎、横滨。路透分社也沿途逐一设立。1873年、1874年，路透社的业务扩展到了澳洲和南美洲。

英国一些报社于1868年合办报纸联合社，其简称为报联社。斗则两伤，合则两利，路透社与报联社达成协议，前者专营国际业务，后者专营国内业务，彼此又交换新闻稿。后来，报联社买下了路透社的大部分股票。

4.纽约港口新闻社——美联社的前身

大西洋海底电缆铺就之前，美国报纸的许多新闻由远洋轮船带来。为了提高效率、降低成本，《纽约太阳报》等6家报社于1848年5月成立联合采访机构，1849年1月正式组成港口新闻社。6家报社共同负担经费，租用快艇登上进入哈利法克斯（位于加拿大东海岸）和波士顿港的远洋轮获取新闻，用电报专线发回纽约。1851年《纽约时报》创刊后加入其中。

1857年港口新闻社和当地成立于1850年的“电讯与一般新闻社”合并，组成纽约联合新闻社。业务扩展到其他地方，参加的报社不断增多。那些地方报社合办的地区分社与纽约总部在新闻供应和收费问题上常有摩擦。1892年，位于芝加哥的西部联合新闻社宣布成立独立公司，名为美国联合通讯社（简称“美联社”）。至1895年，其成员和订户达到700家，东部地区，包括纽约的报社大多也加入其中。1900年美联社将总部迁到纽约，规定自己为合作性质的组织，费用由全体成员分担。

二、早期合作与竞争

从19世纪50年代起，哈瓦斯通讯社、沃尔夫通讯社、路透社三家通讯社就有过一些交换信息的双边协定。1859年三社达成协议，相互交换新闻，并大致规定各以本国为市场范围，互不侵犯。19世纪60年代，它们的业务日益发展到了其他国家，形成激烈竞争，于是在1870年1月签订了“联环同盟”协定，划分各自的垄断范围，避免相争俱伤，并以交换新闻取得互利共赢。纽约联合新闻社也加入其中，但不能插足美国以外的地区，所以该协定通常称为“三社四边协定”。各社具体范围如下。

哈瓦斯社：法国、瑞士、意大利、西班牙、葡萄牙、埃及（与路透社共享）、中美洲、南美洲。

路透社：大英帝国、埃及（与哈瓦斯社共享）、土耳其、远东。

沃尔夫社：德国、奥地利、荷兰、斯堪的纳维亚、俄国和巴尔干各国。

纽约联合新闻社：美国及中美洲一部分。

1892年美国联合通讯社取代纽约联合新闻社后，重新与三大通讯社缔约，取得了向加拿大、墨西哥、中美洲等地发展的权利，但没有专利。

这些通讯社助推了全球信息沟通，经济、贸易的发展。另外，当时正值殖民主义鼎盛时期，这些通讯社也帮助了宗主国扩大商业和政治利益。

1907年，美国合众通讯社诞生。它不受上述协定约束，努力向拉丁美洲和远东、欧洲发展。于是，美联社于1914年退出“联环同盟”，也向南美和远东发展。报业巨头赫斯特创办于1909年的国际社，至1930年也成为世界性通讯社。1934年，各大通讯社废除多边协定。

第四节　无产阶级报刊出现和马克思报刊活动

一、无产阶级报刊在英国出现

无产阶级报刊也是工业革命的产物，与大众化廉价报纸同时出现于19世纪20年代。它们的活动与早期工人运动一样，尚停留在经济领域斗争，如要求保障工人生活、增加工资、改善劳动条件等。它们大都受到资产阶级政府的压迫和迫害，在困难的条件下坚持出版，并在19世纪30—40年代工人运动的诉求由经济发展到政治时迅速繁盛。

20世纪40年代后期，马克思、恩格斯创立了科学社会主义理论，并使之与工人运动相结合，使无产阶级报刊也逐渐走向成熟，在宣传革命思想、启发工人觉悟、组建无产阶级政党等方面发挥了重要作用。

当时比较重要的报刊有以下几种。

《贫民导报》：英国第一批合法工会组织诞生时期的报纸，1830年创办，1835年停刊。发刊词中明确提出工人阶级要得到出版自由。它最早通俗地介绍空想社会主义基本概念，还公开抵制知识税，以1便士的价格出售。

《北极星报》：1837年11月11日由英国宪章运动左翼力量创办，1852年停刊。报道广泛及时，语言生动，主张所有国家的工人阶级联合起来，吸引了大量读者。马克思和恩格斯称《北极星报》是真正民主的、没有民族和宗教偏见的报纸，在各方面都成为欧洲最优秀的报纸之一。

《共产主义杂志》：共产主义者同盟的中央机关刊物，1847年9月在伦敦创刊。封面印有“全世界无产者，联合起来！”。由于缺乏必要资金等原因，该刊仅出版一期就停刊了，但其开创了共产主义机关报刊的历史。

《蜂房报》：该报创办于1861年，本来是英国工会联合会的机关报。1864年第一国际在伦敦成立后，确定它为自己的机关报。该报于1876年停办。

二、马克思的早期报刊活动

卡尔·马克思出生在德国莱茵省南部小城特里尔，父母都是犹太人。父亲是律师，在当地颇有名气，母亲操持家务。1835年10月，马克思进了莱茵省一所大学的法律系，1836年7月转到柏林大学。1841年3月30日马克思获毕业证书，4月6日将博士论文寄往耶拿，4月15日被耶拿大学授予哲学博士学位。同年马克思试图作为编外讲师在波恩大学任教未果。从1842年夏天起，马克思作为《莱茵报》的自由撰稿人，共在11期报纸上发表了文章。

《莱茵报》的前身是亲政府的报纸《莱茵总汇报》。1841年底，科隆（又译科伦）市的一些不满封建政府的资产阶级人士集起巨资，买下了这家因拥有官方许可证而十分昂贵的报纸，将其副题定为“莱茵政治、商业和工业日报”，并使之成为德国第一家从当时通行的四开纸改为对开的报纸。该报于1842年1月1日出版。

马克思向它投过二三十篇文章，由于检察机关扣发等问题，仅刊出一半左右，都不署名。1842年10月15日，24岁的马克思应邀从波恩来到科隆，担任该报《政治》栏和《新闻》栏的责任编辑，迅速成为该报的“思想中心”。

1842年11月10日，莱茵省总督冯·沙培尔在一份报告中写道：我在8月6日的报告中曾经预测，《莱茵报》由于订户很少，必将自动停刊。很遗憾，我的这个预测没有实现，相反，据我从可靠方面获得的情报，这家报纸的销售额最近有了很大提高，据说已达到1820份。由于这个订数已能确保该报继续出版，而且该报的倾向越来越放肆，越来越抱有敌意，因此，必须对它采取严厉的措施。

1843年1月21日当局下达了内阁指令：从同年4月1日起查封《莱茵报》。罪名是：散布对教会和国家现有秩序的仇恨，煽动不满情绪，恶意诽谤国家行政机关，等等。

报社的股东及各地的支持者纷纷发出请愿书，请求国王准许继续出版。马克思发表声明，退出编辑部，以求获得对报社有利的裁决。报纸内容随即改弦易辙，但当局还是根据3月21日国王签署的特别令，封闭了该报。

三、《新莱茵报》时期和余波

1848年，革命风暴在欧洲大陆此起彼伏，德国也在3月发生了武装起义。马克思决定回德国办报。考虑到首都柏林封建势力比较强大，没有办报自由，马克思选择了莱茵省，那里经历过法国革命，实施《拿破仑法典》，具有现代法的观念，可自由办报，而且那里发展了规模极大的大工业，当时在各方面都是德国最先进的地方。①

30岁的马克思和28岁的恩格斯又来到他们第一次见面的地方、当年《莱茵报》编辑部所在地、莱茵省中心的科隆市，于1848年6月1日推出了《新莱茵报》，副名是“民主派机关报”。马克思为总编辑，他不在时该报由恩格斯负责。

该报的政治纲领，一是推翻封建制度，建立统一的、民主的德意志共和国；二是推进对欧洲反动势力的支柱——沙皇俄国的战争，主要是为无产阶级的胜利准备条件。

恩格斯在谈到德国无产阶级革命发轫之初时说：“当时德国工人应当首先争得那些为独立地组成阶级政党所必需的权利：出版、结社和集会的自由——这些权利本是资产阶级为了它自己的统治必须争得的，但它现在由于害怕工人竟不赞成这些权利。”②马克思、恩格斯在他们创办不久的《新莱茵报》上，刊出了提交法兰克福国民议会委员会修改的《德意志人民的基本权利》草案，其中第四条是：“口头与书面言论自由。新闻出版的自由不再受审查、许可制及押金的限制。新闻出版方面的定罪由陪审法庭判决。”③

---

① 中共中央马克思恩格斯列宁斯大林著作编译局.马克思恩格斯选集：第四卷［M］//马克思和《新莱茵报》(1848—1849).2版.北京：人民出版社，1995：182.

② 中共中央马克思恩格斯列宁斯大林著作编译局.马克思恩格斯选集：第四卷［M］//马克思和《新莱茵报》(1848—1849).2版.北京：人民出版社，1995：182.

③ 参见1848年6月19日《新莱茵报》第4版。

从1849年春季起，报纸的语调越来越猛烈和热情。每一期报纸、每一个号外，都指出一场伟大战斗正在准备中，指出在法国、意大利、德国和匈牙利各种对立的尖锐化，号召人民抗税和准备战斗。

他们身处于普鲁士王国的堡垒中，面对着8000驻军和警察，编辑室内备着8支步枪和250发子弹，排字工人戴着红色雅各宾帽。

在不到一年的时间里，政府对该报人员的诉讼案件达20多起，马克思多次受到传讯和庭审。在1848年11月的一次庭审时，数百人陪他去司法大楼。科隆首席检察官向柏林报告说："当马克思返回时，这数百人以雷鸣般的欢呼迎接他……并且毫不讳言地表示，一旦马克思被捕了，他们就会用暴力营救……"

法院把两个案件放到1849年2月7日和8日一起开庭审理，以使马克思没有足够的时间和精力辩护。7日指控的罪名是在报纸上侮辱政府官员，起因是1848年7月《新莱茵报》报上的一篇文章。8日指控的罪名是搞武装反抗和煽动叛乱，起因是发表了民主主义者莱茵区域委员会号召拒绝纳税的呼吁书。内务大臣亲自过问"马克思案件"。

两案的结果，都是陪审员认定无罪。1849年5月8日，部务顾问西蒙在给内务大臣的信中说："我认为，由检察机关对这家报纸提出追究是不适宜的。对于莱茵省来说，现有的法律中没有适用于这个目的的条文……鉴于立法的现状，对该报进行法律追究会使人产生怀疑，更何况根据新的诉讼法，陪审法庭才有权认定政治的和出版的违法行为。"

第二天，内务大臣下达命令，要把马克思驱逐出普鲁士。5月16日，为报纸筹款刚从外地回来的马克思接到了政府的驱逐令："查最近几号《新莱茵报》愈益坚决地煽动居民藐视现政府，号召暴力革命和建立社会共和国，故该报总编辑卡尔·马克思博士应予被剥夺其外国人待遇法，因它已遭彼粗暴之破坏。鉴于彼未被允准继续留居普鲁士国土，应令其于24小时之内离境。若彼对此项要求不服，应着即押送出境。”

马克思于1845年底在普鲁士政府的迫害下放弃了普鲁士国籍，1848年8月提出恢复国籍的申请，当局不批，只允许其在科隆居留，为驱逐他留下了借口。

报纸的其他编辑也大都被指控或被作为非普鲁士人驱逐，该报于5月19日出版了最后一期。“对此是无可奈何的”，恩格斯在35年后回忆道：“因为政府有整整一个军团作为后盾。我们不得不交出自己的堡垒，但我们退却时携带着自己的武器和行装，奏着军乐，高举着印成红色的最后一期报纸为飘扬旗帜”。马克思在这期报纸上发表《致科隆工人》，告诫科隆工人不要举行没有希望的起义，并且对他们说：“《新莱茵报》的编辑在向你们告别的时候，对你们给予他们的同情表示感谢。无论何时何地，他们的最后一句话将始终是：工人阶级的解放！”

马克思为《新莱茵报》倾尽家产。其中一部分是现金，来自他和妻子的财产，一部分是用他可继承的遗产抵押借款，直到1863年他的母亲去世后，他才用遗产偿清了剩下的债务。

《新莱茵报》停办后，马克思再度流亡，先去了巴黎，后来到伦敦，和恩格斯在1850年3月6日创办了《新莱茵报·政治经济评论》，总结革命经验和教训，发展、宣传革命理论，准备迎接新的革命高潮。

1851年至1862年，马克思还担任美国《论坛报》驻英国的通讯记者，每周供稿，生病或来不及写时由恩格斯代写。

马克思在1849年春季得了肝病，此后经常发作，还有许多并发症，如剧烈的头痛，使其不得不一再中断工作，他的《资本论》的写作进度也因此受到耽搁。1883年3月14日，马克思在伦敦寓所辞世。

第八章
垄断早期的新闻业

19世纪末和20世纪初，世界主要资本主义国家从自由竞争的资本主义进入垄断资本主义，新闻业也随之进入垄断时期。

垄断时期大致可分为三个阶段：19世纪末到第一次世界大战；第一次世界大战到第二次世界大战；第二次世界大战之后。我们这里探讨的是第一阶段和第二阶段，即垄断早期的新闻事业。

与此前相比，这一时期的西方新闻事业有明显的变化发展。独立于政府或政党的商业性报纸取代了政党报纸的地位，成为新闻事业的主体。报纸进一步普及，已覆盖整个社会，形成一种知识产业。在市场竞争中，报业逐步兼并集中，拥有多家报纸的报业集团开始向垄断发展。在发行量增加的同时，报纸品种数和独立的报业机构却在减少，这标志着垄断的形成。垄断资本控制报纸的所有权和内容，形成垄断竞争，并在许多地方形成寡头垄断，这使报刊更具有独立的地位，成为司法、立法、行政权力之外的制衡力量，即所谓的“第四权力”，且更具有经济效益，以及相应的经济、技术、人才等条件。同时，报刊日益成为经济利益集团的工具，信息和舆论、社会思想和行为日益受其左右，加上新闻媒介过度忽视和危害公众利益，引发了极端自由主义媒介理论危机和社会责任论的出现。

而在德、意、日法西斯主义集权制时期，土地贵族与资产阶级上层的联盟占据统治地位，新闻媒介也受到集中控制，以至成为侵略战争的工具。

第一节　美国的报刊业

一、总体发展

经过工业革命和南北战争的美国，经济得到迅速发展，在19世纪末向垄断时期过渡。工业产值跃居世界之首，同时人口成倍增加，交通、邮电事业空前发达，初等教育基本普及。从1879年至1900年，报纸销量增加了近6倍，报刊经营全面商业化，开始了兼并、集中，形成报团（按美国新闻学者的定义，报团指在两个以上城市拥有两家以上日报的报业公司）。

19世纪末，美国第一个报业集团诞生，即斯克里普斯报团（也是世界上第一个报业集团）。在随后的世纪之交，被称为黄色新闻鼻祖的赫斯特也组建了报团。第一次世界大战前后，美国报业掀起了新一轮兼并热潮，出现了芒西报团等疯狂兼并报纸的报团。此后，报业竞争和垄断进一步加剧，报团的数量和规模不断扩大。

1900年，普利策的《世界报》和赫斯特的《新闻报》双双突破100万份发行量大关，至1910年，美国的日报数量已达2433种，遥居世界各国之首，与1870年相比较，40年内数量翻了近4番，而非日报社更达8100多家，为他国望尘莫及。

新闻要新，报道要快。1919年广播事业出现以后，以新闻和时事评论为主的报纸曾一度销量大跌，然而时效性更差的同类周刊却安然无恙，《时代周刊》的创办和成功更令人大跌眼镜。之所以出现这种状况，实际上是由于媒介市场已有条件进一步细分。周刊可精选内容，采写时间相对充裕，可更充分地收集、核对材料和分析、撰写、修改，满足那些阅读时间少、质量要求高的社会中上层人士的需求。

二、著名报纸

1. 普利策和《世界报》

普利策出生于匈牙利，应募从军来到美国，复员后以干杂活为生，自学英语和法律。1866年普利策受雇于一家德国报社，1878年买下《圣路易电讯报》，1883年买下纽约《世界报》。他以国内外重大新闻为骨干，辅之以轻松或有刺激性的新闻以吸引读者；经常发动社会运动，推动改革，扩大影响。报纸版面由对开8版逐步增至40版，开美国厚报之先河。《世界报》是现代报纸开始成熟的标志，普利策也成为当时影响最大的报业巨头，并捐资创立哥伦比亚大学新闻学院和普利策奖。

2. 赫斯特和《新闻报》

赫斯特于1887年从父亲手中接办《旧金山考察家报》，1895年来到纽约，买下一家陷入困境的报纸，将其更名为《新闻报》，开始同《世界报》竞争。

《世界报》为了吸引读者，在星期日版开辟了一个引人注目的漫画专栏 *Yellow Kids*（《黄孩子》）。由于漫画多以当时社会新闻为主题，趣味盎然，于是 *Yellow Kids* 在纽约家喻户晓。赫斯特把漫画家奥考斯特等《世界报》星期日刊人员挖来，《黄孩子》出现在了《新闻报》上。普利策又请拉克斯到《世界报》主持《黄孩子》漫画，于是为了 *Yellow Kids* 的版权，两报诉诸公堂。两报都充满刺激性新闻，人们将这种新闻与《黄孩子》漫画联系起来，称它为“黄色新闻”。

3. 奥克斯和《纽约时报》

《纽约时报》作为美国最有威望的庄重报纸，在黄色新闻浪潮中开创了美国高级报纸的新传统。其前身是雷蒙德于1851年创办的《纽约每日时报》。该报创办之初就模仿《泰晤士报》的风格，较为严肃庄重，在黄色新闻猖獗时期，《纽约报纸》坚持严肃报纸的标准，树立了独立、公正的良好形象。1896年奥克斯接管该报后，强调“刊载一切适于刊登的新闻”，以消息灵通、言论权威著称。报社还注重印刷质量，保持低价发行，1901年每期发行量超过10万份，成为面向中上层读者的严肃型现代报纸的典范。

三、报团

报团是报业垄断的初级形态，它是在19世纪末期开始的报业竞争与兼并的过程中形成的。1900年，美国有8个报团，控制日报27家，占全国日报总数的1.3%和全国日报总发行量的10%；至1930年，报团增至55个，控制日报311家，占全国日报总数的16%和日报发行量的43%。

斯克里普斯报团形成于19世纪80年代，至1911年时，已拥有18家报纸，大多是廉价的大众化晚报。为了给这些报纸提供新闻，该报团还于1907年创办了合众通讯社。

赫斯特在世纪之交大肆扩张，至1935年已拥有26家日报、17家星期日报，还拥有3个通讯社、14家杂志社、8个电台和2个电影公司。

办杂志出身的佛兰克·芒西自1916年起买下了纽约、华盛顿、费城、巴尔的摩等地一批著名报纸，被称为“报业绞肉机”。1925年，芒西在进行收购谈判时去世，其报团随之瓦解。

美国早期的著名报团还有甘尼特报团、奈特·里德报团、考克斯报团、纽豪斯报团等。

垄断化使报业机构可以整合各种资源，创造规模效应，增强经济实力，更有条件招揽和培训人才，更新技术、装备和设施，得到更多更好的新闻和评论；可以减少拼价格、拼低俗的恶性竞争，转向拼质量、拼服务的高级竞争；经济上强大，还能更独立于政治、经济权势之外，坚持新闻自由。

但是，垄断导致媒介资源过度集中，少数人控制信息和舆论，有违信息的多样化和意见的多元化。垄断者大都倾向于把报纸办成自己利益集团的工具，而不是社会的公器。

四、新闻性期刊

19世纪末，美国进入马克·吐温所称的“镀金时代”，经济快速增长，资本垄断加剧，城乡矛盾加深，官员腐败严重，许多工人，尤其是童工和女工处境悲惨，假药和不洁食品充斥市场……种种问题激起了揭露黑幕运动，俗称“扒粪运动”（当时的总统将一些黑幕揭露者称为“扒粪者”，揭黑人士欣然接受，将其视为光荣的勋章），在1900年至1915年间发表了约2000篇揭黑文章，主要刊登在期刊上。

正当报纸受到广播日益明显的冲击时，1923年《时代周刊》诞生于纽约，报道和评论一周内最值得关注的国际、国内新闻，不惜工本精血精编，终于成为迄今最成功的新闻性周刊，现在有美国版、国际版、欧洲版、亚洲版、南太平洋版等。

创办人亨利·卢斯出生于中国山东蓬莱，是传教士之子。他与哈登共同创办《时代周刊》，后来又办了《财富》（1930年）和《生活》（1936年），被丘吉尔称为美国最有影响力的七个人之一。

美国三大新闻周刊的另外两家是1933年创刊的《新闻周刊》和1948年创刊的《美国新闻与世界报道》。前者是因评论优秀而获得荣誉最多的周刊，发行量仅次于《时代周刊》，有时广告收入超过《时代周刊》。后者以专题报道美国国内外问题及美国官方人物访问传记为特色。

第二节　新闻专业主义的形成

新闻专业主义的基本逻辑是新闻报道要客观和有价值，因此要中立和独立，并要具有新闻专业知识和技能，遵守新闻职业规范。新闻专业主义是随着客观报道原则产生、公共服务角色确立，以及新闻职业道德规范、新闻教育和研究而逐渐形成的。

新闻专业主义有助于新闻工作者明确职业理念，树立职业精神，加强职业规范，提升专业水准，也有助于提高新闻工作者的职业地位，调节他们与社会的关系。

然而在现实世界中，新闻工作的客观、中立和独立就像新闻自由一样，只能在一定范围内、一定程度上实现。在西方有西方的范围和程度，在中国有中国的范围和程度。例如，西方的私有新闻传媒，其编辑部的独立自主权只能在不损及老板利益的范围内行使，老板即使“不踏进编辑部一步”（默多克购买《泰晤士报》时的表态），仍然有足够的途径影响媒介内容，包括通过人事安排。《纽约时报》这样的“高大上”媒体上也出现过许多故意造假的报道；加拿大首都的一家报社因报纸批评了总理，总编辑被老板撤换，引起读者纷纷退订该报。西方公众对新闻媒体信誉的总体评价历来不高，标榜新闻专业主义的西方新闻媒体，在追求盈利和党派倾向的影响下，也难以完全客观和中立。这不是倡导者的虚伪，而是现实的无奈。

在中国，新闻报道也要真实全面、客观公正，富有新闻价值，新闻媒介也要发挥信息传递、意见交流、舆论监督等作用，新闻机构也要采编和经营分开，提升职业道德和职业精神。然而我们的新闻传媒还要做好党和政府的喉舌，宣传党的方针政策、国家的建设成就、社会的先进典型等，我们还要探索有中国特色的新闻专业理论和实践。

新闻传播的“纯客观”是达不到的。但主观性难以避免并不等于可以取消客观的要求，更不应成为滑向主观主义的借口。新闻工作者应把客观作为一种追求，一种努力方向，一种无法完全达到但可以更加逼近的目标。这种追求甚至还能突破报道者的思想局限和偏见。对新闻专业主义也应如此。

不过从字面来看，“主义”指人们十分推崇的观点、主张、理论、学说或理想，往往具有很强的排他性，并被强力推行。而倡导新闻专业精神则无此问题。

一、客观报道原则的产生

客观报道是尽可能客观地反映报道对象的方法。它有两层含义，一是客观地认识和选择新闻事实，按照事实的本来面目进行报道，避免报道者的主观倾向；二是采用客观化的手法，如以细节描述代替主观叙述、多用直接引语、语言准确朴实等。

客观报道是在与主观报道的竞争中逐渐发展起来的。英美资产阶级革命后都出现过政党报纸时期，美国到1870年，党派报纸的发行量仍占总量的四分之三左右。这些报纸以宣传作用为重，以政论为主，新闻报道的选择和处理则是依据自己的立场和观点、需要和利益，把新闻价值放在次要的地位，全面、客观、公正则没有地位，不予报道、部分报道，或突出报道、反复报道，或夸大或缩小报道。有些报道即使是真实的，甚至是准确的，但仍带有主观片面性。这种报纸的公信力越来越低。

19世纪30年代以后，西方兴起廉价报纸，那些报社获得了经济独立，有条件采取客观中立的立场，报纸以扩大销量为基本目标，以新闻为主要内容，力求满足更多人的需求，而不明显偏向于某个党派，使其他读者生厌，甚至被得罪。客观中立的廉价报纸逐渐取代了主观片面的党派报纸的市场地位。

以新闻为主的廉价报纸需要大量的、较为客观的报道。1835年至1851年，四大通讯社分别在西方主要国家应运而生。它们的目标是要让尽可能多的报社等机构采用它们的稿件，为此必须避免主观偏见，客观地呈现事实，要求记者把事实与自己的价值判断分开，只报道新闻，不掺入评语，全面、平衡地报道，不带偏向。

客观报道的方法逐渐成为主流，并形成日渐成熟的原则和规范。美国在1865年至1874年，报纸上已有“倒金字塔”格式为代表的客观报道方式，但为数不多；而到1885年至1895年，已有一半左右；到1905年至1914年，达到了三分之二，占绝对主导数量。客观反映事实还被上升到新闻职业道德要求，进入新闻教育和培训。新闻活动成为应按这些原则和规范进行的专业活动。

二、公共服务角色的确立

许多资产阶级政党报纸也打着为公共服务的旗号，实际上却是从自己的一党之利出发。在廉价报纸成功之前，也有不少人办过这样的报纸，大都因经济上难以为继而倒下了，因此对于刚获成功的廉价报纸来说，争取盈利成了第一要务，甚至成为许多报纸的唯一目的。于是读者要什么，报纸就给什么，低俗、煽情、血腥、炒作、制造新闻等成为常态，走向与政党新闻相对的另一个极端，也日益引起公众不满。

随着经济和社会的发展，严肃的、中高端的独立报纸也有了成功的可能。其中以《泰晤士报》为佼佼者。该报起初也接受官方资助，后来完全独立，以发表有价值的新闻和公正有益的评论为己任，赢得了广泛的声誉和经营上的很大成功。随着英国人和《泰晤士报》走向世界各地，该报的办报模式也被其他地方报纸所效仿，如中国的《申报》、美国普利策的《世界报》和奥克斯时代的《纽约时报》。

《世界报》被认为是以煽情新闻刺激销量，以揭露社会弊端、发动改革运动提高声誉，而其社论中提出的解决社会不公平问题的“十大纲领”，明确表达了该报关注社会公益的态度。这种态度贯彻在该报众多的新闻和评论中，使该报成为当时最有影响力的报纸。

《纽约时报》在1896年由奥克斯接办后，标榜新闻全面、评论公正、内容高尚，从当年10月5日至今，每天在报眼的位置印有：“刊载一切适于刊登的新闻。”

从1870年至1900年，在美国人口居前50位的城市中，独立报纸的数量从23种增长到125种，发行量从报纸总量的25.8%增长到43.8%。它们既有条件，也有必要通过公共服务提高声誉，扩大销量。

20世纪20年代在英、美出现新闻业托管模式的萌芽，这种模式认为新闻工作者应是公众利益的专家，主张由媒介人代表公众创办媒介，行使公众耳目喉舌的职责，犹如受信托管理公众权益。然而新闻业离不开政治和经济的压力，托管模式只能是一种倡导和追求。

三、新闻学和新闻教育的出现

新闻学和新闻教育最早出现于近现代报刊发源地之一的德国。1845年出现了世界上最早的新闻学科专著《德国新闻事业史》。在19世纪末和20

世纪初，德国的学界对新闻学能否作为一门学科出现争议。虽然一些历史学家、法学家、社会学家、政治学家、文学家早已开始思考新闻的作用等，新闻业界更希望能有一个属于他们自己的学科，以提升自己的专业水准和职业声誉，但仍有许多人认为报纸操纵舆论、愚弄民众、缺乏操守、唯利是图，不值得成为一门学科的对象。

对此，经济学家卡尔·毕歇尔进行了大力反驳，提出在大学创办新闻学专业符合国家利益。1895年在德国出现了新闻学研究所。

1893年，美国宾夕法尼亚大学开设了一门新闻课程。1903年，俄克拉荷马州的中央州立大学设立新闻系。1904年，伊利诺伊大学和威斯康星大学开设4年制的新闻专业。1908年，密苏里大学成立新闻学院。

普利策于1903年立下遗嘱，决定捐资设立新闻学院。他又在1904年5月的《北美评论》上发表《新闻学院》一文，其中说，新闻学院提供做记者才需要的专业知识，就像律师、医生等行业一样，并说："我们的共和国与报业共兴衰。一个有力的、公正的、富有公共精神的新闻界，具有训练过的智慧，了解自身权利并有勇气去实现其权利，能保持我们共和国的品德，而如果缺乏品德，所谓'受到拥护的政府'只不过是虚假和讽刺而已。"1911年10月29日，普利策逝世。根据他的遗嘱，1912年成立了哥伦比亚大学新闻学院，1917年设立普利策奖，现在该奖已经包含新闻奖、创作奖和历史奖。

1917年美国成立新闻教育协会，到1940年，其会员单位从8个增长到了32个。

四、新闻职业道德规范的产生

随着大众化报纸的发展，大量下层民众逐渐成为报刊市场的主体。许多读者缺乏对媒介的批判和监督能力，又倾向于接受低级趣味的内容。一些报刊便降低格调，大量采用黄色新闻手段，渲染肤浅庸俗、刺激轰动、色情暴力等内容，或侵犯个人隐私，同时忽视有意义的内容。迎合大多数人的媒介还起了维护现状、阻碍社会变革的作用。

被企业收买的事情也屡见不鲜。在《旧金山公报》当了23年编辑的弗里蒙特·欧德在他的“忏悔录”中就承认，该报多年来一直接受南太平洋铁路公司和其他公司的贿赂。

19世纪末20世纪初美国进入垄断时代，一些垄断性报刊机构只传播于己有利的信息和意见，多元化、自由竞争、“意见的自由市场”遭到垄断的破坏，商业利益与公众利益的对立更加明显。

在“一战”之前，通过公共关系手段来影响媒体的做法已经出现。“一战”期间，美国总统威尔逊的公共信息委员会所做的工作，客观上推广了公共关系手段。此后，公共关系方法被许多公司广泛采用，专门的公关公司也纷纷成立。这对媒体内容的新闻价值、客观公正也带来了负面影响。于是媒体的公信力日益下降，消极作用日益严重，加上新闻媒体的社会影响力迅速增长，社会责任也日益加重，对新闻媒介的批评和要求其遵守职业道德、具有职业规范的呼声也就日益高涨。

在美国，19世纪末为求发行量而采取的黄色新闻等煽情和低俗做法，以及广告对报纸的负面影响，在20世纪初受到了广泛批评，甚至发展成声势浩大的抵制黄色新闻运动。报业内外的许多人士，包括政治家，纷纷呼吁建立新闻行业规范。

1909年美国成立记者协会，1922年成立报刊编辑协会。后者于1923年通过了《新闻界信条》。其中包括报纸要为公共利益服务，不得受任何经济的、政治的不当影响；新闻报道必须诚实、公正、准确，不得包含任何偏见，表达党派意见只可在评论中，不得在报道中；记者不得利用报纸服务于其私人利益或其他不适当的目的。“无论出于何种理由，为了与公共利益相悖的任何私人利益，都与诚实的新闻活动不相容。”

1934年，美国记者公会推出《新闻工作者道德律》。1947年，媒介的社会责任理论诞生，建议将新闻的职能定为从事专业化的公共服务。1954年国际新闻工作者联合会在法国通过《记者行为原则宣言》，确定了记者职业活动的八项标准。此后关于新闻专业的研究日益增多，到20世纪90年代，“新闻专业主义”已成为西方新闻传播研究的核心概念之一。我们除了要探讨其形成、内涵和实践方法，还要研究现实社会中政治、经济利益的影响和制约。

第三节　广播电视和社会责任论诞生

一、广播电视诞生

1.广播

电报、电话的发明给广播提供了技术准备，此后经历了电波的发现、有线传播、无线传播。广播之父马可尼是意大利工程师，1897年在英国创办无线电报公司，1909年获诺贝尔物理学奖，1919年在加拿大开办广播电台，1922年12月联合其他5家无线电企业组建了民营英国广播公司（British Broadcasting Company）。几年以后，英国议会鉴于广播事业的重大影响，决定采用公共企业的形式来经营，使之既不为私人占有，又不为政府控制。1927年元旦英王颁发“皇家特许证书”，将已建的民营公司改组为公营的英国广播公司（British Broadcasting Corporation，BBC），授予它在全国经营无线电广播的特权。此后30年间，英国广播电视一直是BBC的独家天下。

BBC改为公营后，积极在国内各地建立地方台，很快形成了完备的国内广播网，从1932年起开办对外广播，并且随着国际形势的变化和战争的临近，陆续增加语种，扩展播送范围。

与此同时，俄国、美国、德国、西班牙等地的科学家也积极研发广播。在美国，1916年纽约就有多座电台在播放音乐；1919年威斯康星大学建立广播电台；1920年10月西屋电气公司在匹兹堡的广播电台获得营业执照，11月正式开播；1926年第一家全国性的广播公司——全国广播公司（National Broadcasting Company，NBC）开播。1927年美国国会通过了《无线电法》，确定广播私有体制；1934年又通过了《通讯法》，据此成立联邦通信委员会，兼管广播和电信，后来又扩展到电视。

2.电视

20世纪20年代，许多工业发达国家加强了对电视的研制。电视设备在欧美无线电器材展览会上频频亮相，电视接收器材也在市场上出现。

在英国，1925年科学家贝尔德成功进行了电视画面的发送和接收试验。从1929年起，英国广播公司与贝尔德合作，多次进行实验性电视播送，1930年试验成功结合了声音的电视图像传送。

在美国，有30多家公司从事电视研究。俄裔美国科学家兹沃雷金发明了电子影像扫描管。1928年4月，全国广播公司的WZXBS电视台获得了第一个实验电视广播的执照。

苏联、法国、德国、意大利、丹麦等国，也于1928年至1935年相继进行了电视广播实验。1936年8月，德国对柏林奥运会进行了电视转播。

1936年11月2日，英国广播公司在伦敦市郊建成了世界上第一座正规的电视台，率先定时播放电视节目，每周播放13小时，被公认为世界电视事业的开端。1939年播出时间增至每周24小时，全国约有电视机2万台。

二、社会责任论诞生

1.原因

除了上述产生新闻职业道德规范的原因，广播电视的发展又加剧了传媒市场竞争。20世纪二三十年代的广播和电视勃兴之势，堪与20世纪末、21世纪初网络媒体和手机媒体的迅猛来袭相比，报刊受到了巨大威胁和冲击，市场表现、经济效益被更多地关注，唯利是图、不顾社会效应也更加普遍。许多老板既屈从于发行量和广告收入的压力，违背新闻职业道德，又虚报发行量，欺骗广告客户和读者，违背商业道德。广播业中也有类似情形。

这些都给社会带来越来越大的危害，遭到社会各界和公众的强烈批评，于是产生了政府出面干预、与西方的新闻出版自由主义原则相悖的可能。自律与他律是此消彼长的。

2.过程

1942年12月，时代出版公司的创办人亨利·卢斯建议芝加哥大学校长罗伯特·哈钦斯对新闻自由的现状和前景开展一项调查研究。时代出版公司提供20万美元，大不列颠百科全书出版公司提供1.5万美元，作为经费。哈钦斯挑选了一批专家学者，组成新闻自由委员会，开始进行这项研究。

该委员会共13名正式委员，有法学教授、经济学教授、政治学教授、哲学教授、宗教哲学、伦理学教授、人类学教授、历史学教授和政治家、教育家、银行家，还有4名外国顾问，其中前中国驻美大使胡适博士于1944年后无法参加工作。哈钦斯任主席，因此该委员会又称为哈钦斯委员会。

1947年，该委员会提出了著名的研究报告《一个自由而负责的新闻界》，总结了上述问题，提出了一系列新的见解。同年，该委员会的一个委员威廉·霍京发表著作《新闻自由：原则的纲要》。这两个文本成为大众传媒社会责任理论的奠基之作。

《一个自由而负责的新闻界》在篇首提出："The Commission set out to answer the question：Is the freedom of the press in danger? Its answer to that question is：Yes..."，意即"本委员会打算回答这样一个问题：新闻自由处在危险中吗？我们的回答为：是的……"这道出了该委员会的主旨：拯救新闻自由于危机之中。

哈钦斯委员会的主要创新观点有：

（1）自由的实现要有具体条件，包括没有来自外部的阻碍和控制，拥有自由行为所必需的手段和设备，同时又要以不损害他人的自由、公众的自由为界线。

（2）公众的自由高于媒介的自由。媒介不能为所欲为，让公众只有避开的权利。相反，公众有获得新闻的权利，有"知的权利"，媒介机构有义务满足公众对媒介的需求。保护新闻媒介的自由，也是为了通过媒介保护公众的权益。

（3）新闻界在社会和政治生活中有特殊的地位，其自由应与义务和责任相伴，其责任包括提供真实、全面、客观、重要、典型的信息和解释；提供交换意见的论坛，包括发表与自己相反的意见；介绍和阐明社会的目标和美德；监督政府、保卫个人；维持财务上的自足，不受利益集团的左右。

（4）对新闻自由的主要威胁来自新闻界自身。政府对新闻自由的威胁已退居次要，而新闻界如果不约束自己，只图私利，不仅不能满足社会的需要，而且会损害公众利益，这样的话公众将不得不呼吁政府或通过自己的组织来管制新闻界。正因新闻界存在这些问题，新闻自由已处于危险之中。

（5）政府不能只是消极地允许自由，还要积极地保护自由。其包括制定传播业反垄断法规，支持新进入传播业者，以保持必要的竞争性，保持意见市场的多元性；保证、促进大众传媒履行社会责任；必要时创办自己的媒介，作为私有媒介的补充。这些观点突破了以往的自由主义媒介理论对政府干预媒介的完全排斥。

3.结果

社会责任理论提出后不久就被许多国家接受，对私有传媒形成一定的环境压力，包括舆论的影响、受众的选择。此时正逢电视大发展，许多国家纷纷兴办公共电视台，国家、政府和社会出资，公共拥有和管理。

西方人士又提出对不承担社会责任者如何问责的问题，纷纷建立起了新闻传媒评议机构。例如，1953年7月英国报业总评议会成立。这是报业自律组织，全部由新闻界人士组成。1991年在评议会的基础上建立了报刊投诉委员会，其委员中非报业人士达40%，还建立了财政委员会，更有代表性、独立性和约束力。它颁布了由16条章程组成的《业务准则》，内容关于准确性、辩护机会、隐私权、骚扰、对悲痛和冲击的侵扰、歧视、财经报道、机密信源、未成年人等。它做出的裁决具有准法律效力的影响。

美国新闻业也发展了一系列以媒介批评为基础的专业自律方式，如新闻评议会、专业协会、内部督察员和专业批评期刊等，其共同特点是“软监督”而非“硬控制”，在一定程度上维护了新闻业对自由与独立的要求。

然而社会责任理论仍缺乏有力的实施措施，对许多私有传媒的影响很有限。私有传媒虽然大都标榜独立，但绝大多数仍受主办者经济利益的左右，且往往与政党有千丝万缕的联系。它们一般以盈利为主要目标，广告收入为重要经济来源，因而特别注重受众的数量和质量，同时又迎合目标受众中多数人的需求，重刺激、轰动、趣味，新闻报道也有娱乐化、媚俗化倾向。

公有媒介也不乐观。公有媒介指媒介为公共所有，既不同于国有（国家所有，这种传媒是国家政治实体的一部分，或政府部门之一），也不属于某个社会团体或政党，名义上独立于政府，但实际上许多公有广播电视台都有半官方色彩。一般由国家、地方议会或议会选定的独立委员会，如加拿大的广播电视电子传播委员会，决定其基本方针、经济预算和拨款、最高决策和管理机构人选，并监督其服务于社会公益的状况。

在私有广播电视台的竞争下，公有广播电视台的市场份额每况愈下，不得不在内容和经营上与私有广播电视台趋同。私有广播电视台可以完全按市场需求、受众口味提供产品和服务，公有广播电视台则还要提供有益于社会、但并不一定能获得最多受众的内容。公有广播电视台刚出现时，填补了私有媒介的不足，赢得了较大的市场。但公有广播电视台的垄断地位和“吃大锅饭”的陋习，使其缺乏竞争压力和创造活力，日益呈现出机构臃肿、效率低下、懈怠浪费和官僚主义，节目呆板俗套、吸引力不强。而私有广播电视台又很快把公有广播电视台能吸引受众的长处学了过去。这些都导致私有广播电视台更受追捧，连不允许办私有广播电视台的法国、意大利等国，也不得不承认其合法地位。于是西方在20世纪80年代出现了私有化浪潮，不仅新办了许多私有广播电视台，在法国还有一半主要的国有广播电视台转为私有广播电视台。

第九章
新闻媒介与两种西方国家

我们可按政治体制把现代西方国家大致分为三种：一是以美国为代表的总统制，二是以英国为代表的内阁制，三是“二战”时期的法西斯主义集权制。新闻媒介在其中有不同的地位和作用。

第一节　新闻媒介与西方总统制国家

一、总统制国家

总统制是由选民分别选举总统和国会，由总统担任国家元首和政府首脑，行政机关从属于总统，独立于议会之外。总统定期由公民直接或间接选举，只向选民负责，不向议会负责。与议会制的根本区别，在于行政与立法分开（在议会制国家，即使设有总统，其职位也只是国家元首，不兼任政府首脑，作为政府首脑的内阁首相或总理由议会中的多数党产生，只对议会负责）。

总统在任职期间，没有因政见不同而倒台的风险，可以积极推行政策。

议会中反对党占多数时，权力制衡强，行政权力不至于过度集中，但摩擦成本也高，运行效率受限，行政与立法机构常在许多问题上陷于僵局。

目前世界上采取总统制的国家，除了美国、菲律宾、印度尼西亚、孟加拉国、巴基斯坦等国，还有大多数拉丁美洲国家、大多数中亚和非洲国家，如墨西哥、智利、阿根廷、巴西、危地马拉、博茨瓦纳、象牙海岸（科特迪瓦）、喀麦隆、加蓬、卢旺达、肯尼亚。

这些国家在权力分立程度、总统与其他中央国家机关的具体关系及总统产生的方法等方面也有差异。

二、总统制国家的新闻媒介

与内阁制国家相比，新闻媒介在西方总统制国家更强调对权力的制约，因此基本为私有，广播电视台少量公有，补充公益性传播，但公有广播电视台的市场占有率不大。总体而言，新闻媒介在信息传递、意见交流、舆论监督方面表现出较好的新闻专业精神。然而在经济利益的驱使下，新闻媒介的公益作用受到限制，负面效应难以去除。

以实行总统制的典型国家美国为例。

1.社会作用

美国的新闻媒介后来居上，较好地满足了社会和公众的信息、文化、交流等需求，如《纽约时报》、《时代周刊》、有线电视新闻网（CNN）。然而也有许多新闻媒介热衷于色情暴力、虚假炒作，乃至制造舆论、误导政策。

新闻媒介还被寄予“第四权力”的厚望，即司法、立法、行政权力之外的第四种制衡力量。新闻媒介常因监督权力而受追捧，揭露政治、经济权势丑闻的“扒粪新闻”深得人心。

19世纪末至20世纪初，美国期刊上的揭露性报道和文学作品大量出现，激发了民众推动立法改革的热情，国会在社会压力和总统的亲自倡导下出台一批涉及大众生活的法律，如《食品药品纯净法》《肉类检查法》。揭丑报道虽因第一次世界大战而减少，但对美国报刊乃至图书的题材产生了深远影响。

美国新闻机构在法庭上的原告和被告席上出现频率之高，也许可居世界之首。有些官司打到了联邦最高法院，如纽约时报案、五角大楼秘密文件案。

五角大楼秘密文件案

美国国防部长麦克纳马拉在肯尼迪到约翰逊总统时期，参与了美国越南战争政策制定的全过程。然而从1967年开始，他对越南战争的激情开始消退。为了全面察看当前的政策是怎样形成和演变过来的，他搞了一个越战历史专题研究组，全面地收集美国几十年来对越南和印度支那政策的资料，分类编辑汇总，要求包罗万象并且客观。

到1969年6月，越战历史专题组制作出了最终报告，共7000页文件，汇编成47卷。在反战人士看来，这套文件证明美国的行政部门策划和实施了一场在道义上站不住脚的战争。

文件共只印了15套，全部编号列为最高级别机密。两套送往著名的智囊机构兰德公司。该公司雇员丹尼尔·艾尔斯伯格参与了越战历史专题组的工作。他对美国在越南的军事卷入曾由支持转为质疑，以前主要是认为不可能成功，后来更多地集中在这场战争对越南和美国造成的人道灾难和社会问题，并应邀给国家安全顾问亨利·基辛格提供了美国对越政策各种可能的方案。他本人倾向于通过和平谈判来结束越南问题。五角大楼文件完工后，他利用在兰德公司护送和保管该文件的机会，苦读这套文件，更感到问题严重，觉得必须诉诸国会。于是他找到参议院外交关系委员会主席、主张从越南撤军的J.W.富布莱特。后者表示不适宜由他披露国家的秘密文件。

艾尔斯伯格只得找《纽约时报》。1971年春，他交给该报著名记者尼尔·希汉几千页五角大楼文件的复印件。《纽约时报》内部对要不要发表五角大楼文件产生了分歧和争论，最终决定搞一个连续10天的系列，每天6个版面，由著名记者希汉的文章打头，然后选择发表的关键文件从1971年6月13日星期天开始连载，因为周末时政府官员都在家里，政府部门的反应会慢一拍。

果然，直到星期一晚上，司法部部长米歇尔给纽约时报社发了一份电报，要求停止发表，并把文件归还国防部。报社研究后写了一个声明发给司法部，并公开发表。声明称，《纽约时报》拒绝司法部部长的要求，相信民众对此系列报道中的资料有知情权，这是符合这个国家的公众利益的。

6月15日，《纽约时报》发表了希汉的系列报道第三期“越南档案——研究揭示约翰逊怎样秘密开辟通向地面战争的道路”。同时，报社找来耶鲁大学的法律教授亚历山大·比盖尔作为律师，等待官司。

在司法部的要求下，法官令《纽约时报》暂停发表。6月16日的《纽约时报》在原来要刊登第四期连载的位置刊出了一条新闻，标题是《应美国政府申请，法官下令〈纽约时报〉停止刊登越战文件，等待听证》。

艾尔斯伯格看到这段新闻，感到失望和愤怒。他已转入地下生活，把文件的复印件秘密送交《纽约时报》的竞争对手《华盛顿邮报》。联邦调查局找不到他，发出追缉通知。

面对无视禁令、藐视法庭的罪名，《华盛顿邮报》在得到文件的第二天，以记者报道的名义开始发表，并且注明：系列报道第一期。

下午3点，《华盛顿邮报》执行总编布莱德利接到了司法部副部长的电话，传达司法部部长的通知，重复了几天前给《纽约时报》的电报。布莱德利回答说，《华盛顿邮报》将照发不误。该报社也被告上了法庭。曾当过《纽约时报》通讯员的法官格赛尔宣布：美国支持宪法修正案保障的新闻传播自由。司法部立即告到联邦上诉法院。三位法官以2比1的比分推翻了格赛尔的判决，令《华盛顿邮报》停止刊登，要求格赛尔在第二周星期一主持再次听证。

在听证会上，记者和编辑表示对文件“秘密”性质的判断应符合实际，那些文件实际已不会危及国家安全。最终法官格赛尔说：司法部可能忘记公众利益和政府利益紧密不可分，公众利益是要求发表这些文件的。与政府活动相比，“宪法第一修正案高于一切”。

司法部要求再审，上诉法院决定，第二天下午两点，由17位上诉法院的法官分别在纽约和华盛顿两地同时举行听证。

这时，《波士顿邮报》也得到了艾尔斯伯格提供的文件，开始刊登。接着《基督教科学箴言报》等十几家报纸加入刊登行列，形成了新闻界与政府部门对峙的局面。

1971年6月22日下午两点，在华盛顿与纽约两地，联邦上诉法院同时开庭，做出了相反的判决，分别维持原判。《纽约时报》向联邦最高法院提出上诉，司法部也同样上诉。

6月25日，最高法院宣布受理，两案合并为一案。26日早上6点，最高法院大楼前已经排了1500人，虽然旁听席上只有174人。问题的关键在于那些文件应不应该保密。一位挂满勋章的老将军出庭作证，他说，那些文件属于机密，但那是过去，现在已经不是。

最高法院没有发出裁决书，而是每个大法官各自写下自己的意见，其中6人的意见是对新闻界有利的。30日下午结果宣布后，两家胜诉报社内一片欢腾。

现在美国的新闻媒介仍有偏见，在很大程度上仍受到经济权势的控制，仍会出现虚假新闻和不负责任的评论，但其对权势的约束也仍发挥着重要作用。

2. 权力关系

与新闻媒介的社会地位和作用相应，美国的报社和通讯社是私有的，广播电视台也基本是私有的（社会责任论兴起以后出现一些公有的）。党派曾经也有新闻媒介，然而从政党、政府的利益和需要出发选择新闻、发表评论，被社会和公众日益不认可、不理睬，这样的新闻媒介日益被挤出市场，以至现已没有政党、政府办的新闻媒介，除了仅用于对外宣传的《美国之音》之类。

在一些特殊时期，政府对新闻媒体既爱又恨，直接插手干预的事件屡屡发生。美国300年的新闻史，始终存在着政府与媒体对抗、博弈、妥协、合作等。早期，一个州议会主席可以下令将报社关闭，或将总编辑逮捕入狱。200年后，一份报纸也可通过不间断的揭露报道，把总统拖下台，如1972年至1974年《华盛顿邮报》的水门事件报道。

水门事件与“深喉”

水门饭店是华盛顿的一座豪华旅馆，兼作办公室和公寓之用。1972年6月17日凌晨，5名共和党的暗探因潜入水门饭店内的民主党总部安装窃听器、偷拍文件而被捕。6月20日，《华盛顿邮报》头版以醒目的标题称，白宫顾问与窃听人物有关联。当时共和党的总统尼克松为了不影响连任而掩盖事实。同年11月7日，尼克松竞选连任成功。

但从1972年至1974年，调查报道记者，特别是《华盛顿邮报》记者伍德沃德和伯恩斯坦对事件穷追猛打。以民主党的萨姆·欧文为主席的参议院“水门事件”特别调查委员会对此事也抓住不放。

1973年3月，一名被告为了免于被判长期监禁，供认说有人施压迫使自己在审讯中做了伪证。尼克松不得不宣布司法部介入调查。调查结果公布后，舆论一片哗然。尼克松矢口否认他和他的班子曾插手这种“不可饶恕的行为”。但是随着调查的进展，尼克松被认为有重大隐瞒。

1974年3月，法院大陪审团起诉尼克松手下的一批得力助手。此后一些政府官员先后辞职，司法部前部长约翰·米切尔、白宫办公厅前主任霍尔德曼、内务部前总顾问埃利希曼由于极力掩盖这个事件而触犯了法律。

尼克松走上电视，力陈他对此事的震惊和自己的清白，保证进行彻底全面的调查。但是他拒绝接受指定调查此案的参议院特别委员会对他本人的调查，也不愿按法院的要求交出白宫电话录音带。最后他被迫交出录音带，法院查明其中有18分钟是空白的，人们怀疑白宫为掩盖真相而将有些录音抹去。报纸发出要尼克松辞职的社论，众议院司法委员会通过弹劾总统案。8月8日，尼克松宣布辞职，成为美国历史上第一个被迫辞职的总统。

在整个事件中，《华盛顿邮报》记者伍德沃德和伯恩斯坦得到了来自内线人物的消息，让鲜为人知的内幕大白于天下。《华盛顿邮报》以当时一部知名色情影片《深喉》的片名指称那位内线人物。这两名记者还据此事件写了一本畅销书《总统班底》，好莱坞又根据该书拍了一部同名电影。

不过，这两名记者一直拒绝透露“线人”的身份，表示除非获得

“深喉”同意或者“深喉”离开人世，否则绝不会说出这个秘密。30多年来，人们对“深喉”是谁一直猜测纷纷，甚至连他的家人也不知。

直到2005年5月，美国杂志《名利场》刊登了一篇由联邦调查局前副局长马克·费尔特的律师约翰·奥康纳写的文章，文中引用费尔特的话说：“我就是人们常说的‘深喉’。”

费尔特此时已91岁，居住在加利福尼亚州，精神和身体健康都不太好。当年他是美国联邦调查局的二号人物。他对于披露自己就是“深喉”有许多顾虑，担心被人视为与联邦调查局成员身份不相符的告密者。但他家人劝他说出真相，认为他在有生之年应该受到奖励。他的孙子在“深喉”公开身份时代表家人发表声明，“家人都认为我的祖父是一个伟大的美国英雄，他不顾个人安危，将国家从一个极度不公正的状态中挽救出来”，“我们全家都真诚希望，国家也能这样认为”。他的女儿还说，公开身份后，他可以“挣一些钱来付账单，如我为孩子的教育费用而欠的债”。果然有出版社等纷纷愿出巨资向他购买素材。

3. 利益追求

私有的新闻机构一般以盈利为目的，无论是通过媒介直接获利，还是通过影响社会舆论、公众情绪、政客利益、政策制定而间接获利。

新闻媒介的经济效益与社会效益有时是一致的，如好的社会效益能提高媒介声誉，赢得更多的受众和增加广告收入，私有的新闻媒介也会通过利他而利己。然而新闻媒介的经济效益与社会效益毕竟不是完全成正比的，有时还会有矛盾，在许多情况下，多数新闻媒介或无所作为，或见利忘义。

自由竞争的新闻业与许多其他行业一样，也自然而然地走向集中和垄断。现在主要的新闻媒介已大都属于上市公司，基本由经济巨头拥有，他们或通过迎合市场尽可能取得销售和广告收入，或通过左右舆论尽可能取得有利于他们利益集团的社会和政治影响，往往造成“外部不经济”——有损于公共利益，甚至危害国际秩序。例如，在许多战争的背后，有经济因素带来的媒介因素。

1990年11月29日联合国安理会表决，给美国用武力把伊拉克逐出科威特开了绿灯，美国传媒放在突出位置大量报道，而一周以后联合国大会以144票对2票通过了一项决议，呼吁召开中东问题的国际和平会议，美国的一些新闻媒介则将此新闻放在很不起眼的角落。其中一个重要原因，是美国的主要新闻传媒，大都由军需品的大承包商提供广告和赞助，甚至直接拥有。几乎每个主要传媒公司的董事会里都有“国防”承包商的代表。美国的全国广播公司的拥有者是美国通用电气公司——美国最大的军需承包商之一。美国在海湾战争中所用的主要武器系统或其部件，几乎都由美国通用电气公司的设计、制造或提供维修，包括“爱国者”导弹、“战斧”巡航导弹、鬼怪式轰炸机、B-52轰炸机、“航星”间谍卫星系统。美国全国广播公司在电视上大肆称赞美国武器在海湾战争中的表现，等于在大肆宣传美国通用电气公司的产品。

第二节　新闻媒介与西方内阁制国家

一、内阁制国家

内阁制也称为议会制，其政府首脑（一般称为总理或首相）的权力来自议会（国会），权力的获得通过两种途径：一是国会改选后的多数议席支持，二是行政首长赢得国会的信任投票。因此未能赢得国会大选的政党，其政府首脑连同其内阁必须提出辞职，而未能通过国会信任投票的政府首脑，连同其内阁也必须辞职，由国会重新在席位居多数的党派中选举产生新的首脑与内阁。首脑和全体内阁成员一般也是从议会的议员中产生，并在任职后保留议会中的议席。

当多数党的席次不过半数时，几个少数党也可通过建立同盟占过半议席，从而获得任命政府首脑的权力，此时的政府称为联合政府，内阁称为联合内阁，首脑受议会的制约较大。

在很多国家，议会可通过不信任投票罢免内阁或内阁成员，而政府首脑也可以解散议会，经过向国家元首礼貌性报告后，由元首下令重新举行国会选举。

在采用这种政治体制的国家中，立法体系与行政体系（或称立法机关与行政机关）并不完全分立，而政府首脑与国家元首（君主或总统）则分开。在大多数内阁制国家中，国家元首是象征性的职位，通常不享有实际的行政权，只拥有些无关政局的权力，如公务员任命权与签署法令、接受外国使节等。不过国家元首也会保留一些在紧急状态中可以使用的特别权力，但是在大多数情况下是在得到政府首脑支持后才会行使。国家元首的命令必须经由政府首脑的副署才能生效，元首依法不能自行发布政令。

这种体制甚至可以被用于地方政府中，如美、英、德等国的州、郡、邦政府。

内阁制和总统制都属于议会民主制。现代意义上的议会民主制可追溯到18世纪的英国，虽然同一时期的瑞典也已经拥有类似的政治制度，但其影响力较小。1714年，英国理论上还是应由国王主持内阁、挑选阁员。但因当时的国王乔治一世不会说英语，由内阁中一名大臣负责主持内阁会议，此后逐渐就发展出首相一职。随着民主程度的提高，议会权力的增大，议会开始控制政府，并最终能够决定国王任命谁来组建内阁。

威斯敏斯特（英国政府所在地）体系由此发展出来，行政体系必须向立法体系负责，政府首脑以国家元首的名义行使职权。这种体系在原来的英国殖民地中颇为流行，如澳大利亚、新西兰、加拿大、南非、爱尔兰共和国等。不过这些国家也不是完全照搬英国的制度。例如，澳大利亚的参议院更接近于美国的参议院，而不是英国的上议院，而新西兰则废除了上议院。

议会民主制在欧洲大陆的传播主要是在“一战”之后，战胜的民主国家英国和法国向战败国输出自己的民主政治体系，如德国魏玛共和国和奥地利就是在此时采用了议会民主制。早在19世纪，欧洲左派政治力量的活跃已经为这些国家的民主化和议会民主制做好了准备。“一战”后，这种民主化运动也被视为抵抗具有广泛群众基础的极端政治势力的手段之一，因此议会民主制遭到右翼政治势力和许多群众的抵制。

议会民主制在欧洲大陆遭遇到的另一个挑战是小党执政所带来的政治不稳定和极端政党的上台。各政党间的不合作导致了所谓“少数议会民主制”的产生，小党执政往往导致政府遭到议会频繁的不信任投票，从而引起一波又一波的政治危机。在“一战”后的欧洲，由于这种议会民主制初次尝试的失败，在很多国家引起极端势力通过民主体制取得政权，可逃避民主制度的制约，如1922年墨索里尼在意大利上台、1933年希特勒在德国执政，以及同一时期在西班牙得到国王支持的独裁统治。

欧洲的议会民主制真正成熟是在第二次世界大战之后。目前除了法国采用总统制与内阁制相混合的体制（学理上称为双首长制），大多数西欧国家都采用内阁制。1990年东欧社会主义国家改制后，多倾向于使用直选元首下的双首长制。

内阁制的优点主要包括：①政府首长（首相／总理）由立法机构最大

政党的领袖出任，以确保政府的政策在立法机构得到支持。②行政和立法机构有联系，可提高政府效率。③虽然政府首长任期不限，但立法机构可随时罢免不称职的政府首长。内阁制的缺点也与其优点相伴，主要是立法与行政合一，对行政权力的制衡力度不强。当年法西斯主义者正是钻了这个空子。

实行内阁制的政权主要有英国、大多数欧洲国家（如德国、意大利、荷兰、比利时、北欧等）、日本、加拿大、澳大利亚、新西兰、以色列、新加坡、马来西亚、泰国、印度、土耳其、大部分前东欧国家（如波兰、捷克、匈牙利等）、波罗的海和牙买加等。

二、内阁制国家的新闻媒介

与总统制国家相比，新闻媒介在西方内阁制国家更强调对社会的公益作用，因此虽然报刊都是私有的，广播电视过去以公有为主，现在是公有的和私有的各占一半左右市场。

内阁制国家的经济模式和媒介体制也有几种。一是英国式的市场主导型。其与以美国为代表的总统制国家相似，注重效率，注重机会平等，而不是结果平等，贫富差距较大。“二战”以后报业机构和通讯社是私有的。广播电视机构在英国起初是私有的，1927年以后公有，1955年第一家私有电视台开播，1973年私有电台开播，但一个地区只准有一个，经营上也严格控制，直到1992年才全面开放私有，形成公私并举、各占半壁江山的格局。

二是过去法国式的国家主导型。法国在“二战”以后报业机构基本是私有的，但政府实行有选择的补贴、抑制资本集中等措施。通讯社“法新社”起初是国有的，1957年改为公有，但仍与政府关系密切；广播电视起初全部是国有的，1964年起建立公营体系。法国在1982年开放私有广播，1984年开放私有电视，1987年公有的电视一台卖给私有公司，形成公私平衡的格局。

三是斯堪的纳维亚国家式的社会民主主义型。其特点是高福利，高税收，贫富差距相对较小，效率也相对较低。目前报刊以私有的为主，广播电视公私并举。

四是日本式的政府与企业合作型。目前日本报刊基本是私有的，广播电视公私并举，但其公有广电机构日本广播协会（NHK）与政府的关系比英美紧密。

第十章
新闻媒介与苏联社会

第一节　苏联的新闻媒体

在苏联社会中，新闻媒体是党的工具，发挥了很大的宣传、鼓动和指导作用，然而社会瞭望和不同意见交流作用很小，舆论监督作用基本没有。

1. 媒介体系

新闻媒介在苏联作为党的工具，得到大力发展并受到严格控制，形成了庞大的新闻媒介体系、高度集中的新闻体制和管理模式。

在新闻媒介体系中，遍布全国各地的党报占报纸的大半壁江山，最重要的报纸是党中央机关报《真理报》和最高苏维埃机关报《消息报》。1925年全国有报纸589种，1928年达1197种，平均每期发行总量940万份；1940年增加到8806种，每期发行总量3840万份。

苏联广播正式开播于1922年。到20世纪80年代末期，苏联共有地方电台176座，转播台6270座，同广播电台一起组成庞大的、用71种民族语言播音的全国广播网。

在电视方面，1938年开始试播，次年定期播出，“二战”时中断，1945年在全欧率先恢复，1958年，即中国电视诞生当年，苏联已有电视台67座，1967年开始卫星转播，1970年有电视机3000万台，20世纪80年代中期开始卫星直播。

苏联的通讯社长期的只有两个。塔斯社的前身是1918年6月成立的俄罗斯通讯社，1925年7月作为苏联的国家通讯社。苏联解体前，塔斯社设有14个加盟共和国的通讯社、俄罗斯联邦的三个分社、72个国内记者站，驻126个国家和地区的分社或记者站；对内向大约4000家报纸、广播电台和电视台供稿，对外用俄文、英文、法文、德文、西班牙文等向120多个国家和地区发布消息，是世界上最重要的通讯社之一。

另一通讯社——新闻通讯社，成立于1961年2月，用50多种语言向100多个国家发稿，并在国外发行大量画刊、报纸、书籍、地图册、导游手册等。

在苏联解体前夕，国内出现了一批独立的通讯社，如国际文传电讯社、追溯通讯社、莫斯科新闻社、全景新闻社等。

2.新闻传媒的体制和作用

苏联的新闻媒介基本是国有党管，由党的各级委员会及其宣传部直接管辖。中央级主要新闻媒介的负责人由党中央任命，地方级的由党的地方委员会任命，记者、编辑都是党和国家干部。编辑方针和媒介内容要依据各级党委及其宣传部的经常、定期的指示，由国家实行新闻检查，下一级新闻媒介受到上一级新闻机构的监督。

新闻媒介的主要作用是宣传和鼓动、指导和教育，为动员群众、巩固政权、战胜国内外敌人的颠覆和法西斯主义的侵略，为恢复和发展经济，都做出了巨大贡献。然而在制造对领袖的个人崇拜、对不同意见者的迫害中，在推行和强化错误决策中，新闻媒介的作用都很强大，在信息沟通、意见交流、环境瞭望、舆论监督作用方面则相当缺失，以至对社会主义国家的人和事基本只有正面的报道和评论，对资本主义国家的情况则只有负面的，不能支持全面的认识和科学的决策。苏联的许多政治和社会问题都与此相关，包括体制陈旧、民主缺失，权力失控、行为失范、决策错误、矛盾加深，党和政府与社会实际、与人民群众越离越远等。

斯大林去世后，新闻媒介继续被一味要求歌功颂德，或充当上级的传声筒，向公众发号施令。对国内外发生的重要新闻是否向公众发布、如何发布，完全取决于宣传需要。公众不知道国内的厂矿罢工、农民风潮、民族冲突，不知道苏军对捷克斯洛伐克改革的镇压、在阿富汗的惨重伤亡，甚至任何国家都难以避免的犯罪事件、天灾人祸都不许报道，舆论监督更无从谈起。人们无法正确判断国内外形势，无法真正行使国家主人的权力。

在20世纪50年代担任过《共青团真理报》和《消息报》总编的阿朱列伊回忆道："从当时的报纸来看，苏联从没有铁路和航空惨剧，从没有沉船事件，矿井从不爆炸，泥石流也不会崩塌，总是一片歌舞升平的景象。"[①]

担任过《真理报》20多年副总编的阿法纳西耶夫在他的回忆录中写道：报纸的首要任务是提供信息，然后让人们自己去辨别是非真伪，可是"我们往往不得不按我们主人的曲谱来演奏"，"虽然我们笔下写的全是'莺歌燕舞'，但我们心里却极为不安。我们常会感到我们写的这些东西，客气点儿说是脱离实际。但是我们却束手无策，只能沉默，同时又忧心忡忡"[②]。

这样的新闻媒体被高官以宣传、政治需要等名义完全操控，其内容与统计数字等信息一样，实际上是为官员需要服务，不仅瞒下，甚至欺上。

---

① 张允若，高宁远.外国新闻事业史新编［M］.成都：四川人民出版社，1996：220.

② 阿法纳西耶夫.《真理报》总编辑沉浮录［M］.贾泽林，译.北京：东方出版社，1993：167，210.

第二节　剧变和媒体责任

政治经济、内政外交困境中的苏联不得不进行改革，然而“老人政治”使改革无法彻底进行，年轻些的继任者又缺乏足够的经验和威望，在病入膏肓的苏联躯体上大动手术，甚至采用“休克疗法”，结果一命呜呼。

新闻媒体是苏共变质、苏联失败的重要推手，苏联问题的责任主要不在于剧变时期，而在于此前的几十年里没有发挥好应有的信息传递、意见交流、舆论监督等作用，反而对民主缺失、法制虚无、官僚主义、决策错误，对个人崇拜、个人迷信、个人集权、苏共变质，对粉饰太平、掩盖矛盾、禁锢思想、误导公众等推波助澜起了主要作用。

一、推行新政

1985年3月，戈尔巴乔夫担任苏共中央总书记，不久便提出加速经济发展的战略，推出大幅度改革的措施，要求“进一步民主化”和“扩大公开性”，对媒体寄予厚望。

他在《改革与新思维》（1987）一书中说：“我们力求与社会生活的一切领域有更多的公开性。人们既应知道好事，也应知道坏事，以便扬善除弊。”他在新闻界极力倡导“公开性”“透明度”，提出“历史无空白”“现实无禁区”，强调舆论工具是“实行公开性的最有代表性和群众性的讲坛”“报纸应当支持‘公开性原则’”“应当将更多的事公之于众”。

从1985年底到1986年初，苏联报刊在方针和内容上进行了大幅调整，增加了信息量，拓宽了报道面，打破了许多禁区，大量披露现实和历史中的阴暗面，大量触及时政、历史敏感问题；不同观点激烈交锋。报刊的发行量大增，《论据与事实》周报的单期发行量从几十万份上升到最高时3000多万份。

在1989年5月的苏联人民代表大会上成立跨地区代表组合，其相当于一个议会党团。7月末，跨地区代表组合选出包括叶利钦在内的5名联合主席。其中，阿法纳西耶夫曾担任《真理报》总编辑，波波夫是《经济问题》杂志的主编。在新成立的协调委员会5名成员中，波尔托拉宁时任莫斯科《真理报》主编。

跨地区代表组合利用发行量很大的报纸《苏维埃物理学家》出版专刊《人民代表》，设立了人民代表首创基金。他们又团结各种反对派力量，于1990年1月组成社团“民主俄罗斯”，并影响了各地的反对派团体。

1990年2月，苏共中央认可了苏联已出现多党的现实。6月，苏联第一部新闻法《全苏新闻法》正式通过，8月开始实施，其中规定各类社会组织和年满18岁的公民都有权办报，取消新闻检查。这是对苏联原有新闻体制的根本性改变。

二、苏联结局的媒体因素

媒体的社会责任既在于防止有害影响，又在于发挥有益作用。苏联的传媒体系在战争时期有很高的效率，而在和平建设时期则功能过于单一，宣传指挥正确时有很大的积极作用，错误时则有很大的负面作用。由于片面宣传盛行，防错、纠错机制缺失，人们包括领导干部的主观严重脱离客观实际，宣传指挥错误不可避免。

“冰冻三尺，非一日之寒”，苏共变质有几十年的积累过程，在此期间，媒体不仅没有充分发挥信息传递、意见交流、舆论监督等作用，反而经过大力宣传错误政策、集权体制、个人崇拜等不断加剧问题。包括对苏联内外政策的重大错误、日益加深的社会矛盾，对苏共日益脱离人民，乃至最后祸国殃民，对苏共变质背后的权力结构等体制原因，新闻媒介不但没有起到应有的反映、阻拦、化解和防范作用，反而通过信息封锁、片面传播、舆论操纵，通过宣扬个人崇拜、个人迷信、个人集权、效忠个人等，不断加大错误、加深矛盾、加重问题，最终把苏共推到了病入膏肓，被人民抛弃的境地。

戈尔巴乔夫上台时，多年累积的经济、社会和传媒问题已十分严重，其前几任领导人动动“小手术”，也解决不了根本问题。此时他对一个千疮百孔、病入膏肓者先从脑部开刀，手术刀就变成了屠宰刀。

第十一章
当代其他国家的新闻业

这里我们选择了当代其他对世界影响较大，或与我国关联度较大且有代表性的国家。英国和加拿大代表50多个英联邦国家。法、德、意、日都属于西方七大经济强国，且它们都有通讯社在世界十大通讯社之列。印度和东南亚国家是我们的邻邦，与我国有相似的近现代史，经济和新闻媒介的发展程度也与我国相仿，对我们有较大的借鉴意义，其中新加坡的华文媒体尤为我国人士所关注。

第一节　当代英国和加拿大的新闻业

英国是老牌资本主义国家，19世纪末期向垄断经济过渡，产生了几十个托拉斯及其他垄断组织，对外的殖民扩张达到了顶峰，殖民地遍布世界，建立了号称“日不落”的大英帝国。英国于1867年和1884年进行了两次议会改革，资产阶级进一步巩固了在国家政治生活中的地位，同时又适当扩大了享有选举权的选民范围。形形色色的社会主义组织和工人组织相继成立，社会下层更加广泛地卷入了政治活动。新的形势使英国报业有了新的变化，在世纪之交出现了一批新的报刊，并且形成了早期的报团。

进入垄断时期后，美国的综合国力日益超过英国，“二战”以后更是如此，新闻传媒也与之相应。但英国仍是世界上新闻传媒最发达的国家之一，路透社、BBC仍是世界上最大的新闻机构之一，影响着全球新闻传播。

在新闻体制上，英国报刊业与美国相同，基本上是私有的；广播电视曾经基本上是公有的，在20世纪80年代的私有化浪潮中大力发展了私有台，现在是公私并举，各占半壁江山。

英国的新闻体制和媒介模式也推广到英联邦国家。英联邦由英国和已经独立的前英帝国殖民地国家或附属国组成。第一次世界大战后，英国势力遭到削弱，各殖民地人民纷纷要求独立，便逐渐用英联邦代替英帝国的称号。英联邦没有设立任何权力机构，主要组织机构有：联邦政府首脑会议、亚太地区英联邦政府首脑会议、联邦财政部长会议及其他部长级专业会议，1965年设立英联邦秘书处，其职责是促进英联邦的合作，筹划英联邦各级会议。秘书处设在伦敦。

英联邦有54个主权国家，包括英国、加拿大、澳大利亚、新西兰、印度、巴基斯坦、马来西亚、新加坡、斯里兰卡、南非、尼日利亚、赞比亚、卢旺达等。

加拿大与美国相邻，在全球化时代，其传媒市场受美国的冲击越来越大，其应对经验和教训对其他国家也越来越有参考价值。

一、英国的新闻业

1. 报刊

英国在20世纪末有日报99种，每日发行1933万份，每千人拥有日报332份，此外还有每周出版一到三次的非日报1000多种。

英国报纸有比较明显的高雅报纸和通俗报纸之分。前者的代表有《泰晤士报》《每日电讯报》《卫报》《金融时报》。

《泰晤士报》以消息准确、社论严肃著称，在很长时期内是英国最有权威、影响最大的报纸。读者对象主要是官员、知识分子和经理人士，以及外国驻英机构和研究人员。《泰晤士报》的销量并不大，但在国内外很有声望，1993年被联合国教科文组织评为世界第一大报。

该报自称“独立、客观地报道事实”，实际上长期充当着大英帝国的喉舌，至今在重大的国内外政策方面基本上反映官方意图。其在政治上的最大污点是20世纪30年代，坚决支持英国政府对纳粹德国的绥靖政策。如果说在“二战”前，同许多其他报纸一样主张对德国采取绥靖政策情有可原，那么在德国吞并捷克的苏台地区和吞并奥地利时，该报竟还发表社论为希特勒的侵略行径辩护，就不能不是严重的污点了。该报在1985年庆祝建报200周年特刊上也不得不承认这一点。

在全球化时代，英语世界的传媒集中化往往跨国进行，尤其是西方报业。由于高端读者不能带来很大的销量，加上其他经营问题，《泰晤士报》连年亏损，于1966年出售给加拿大报业大王罗伊·汤姆森，又巨亏多年，转卖给默多克的澳大利亚新闻集团。该公司已在1969年买下英国的通俗报纸《世界新闻报》（星期日报）和《每日先驱报》，后者被改为《太阳报》，以常在第三版刊登整版的半裸女模特彩色照片而著称，销量达到全国第一。英国公众对他们引以为傲的《泰晤士报》卖给“澳大利亚的媒介商人”难以接受，英国政府表示愿意资助，默多克表示他买下后绝不踏进编辑部一步，双方终于在1981年成交。

默多克换了总编辑。《泰晤士报》的编辑风格上，社会新闻、图片新闻的比例增多，并渐现亲美国趋势。报社经营做了更大的改革，采用新的传播技术和管理系统，大幅度裁员，并于1986年率先迁出市中心的报社集中地舰队街，搬到了地租便宜的东南郊。2004年10月30日《泰晤士报》出了最后一期大版面报纸，此后其200多年的对开大报“伟岸身材”缩小了一半，以方便地铁族阅读。一系列的动作使《泰晤士报》的日均销量由跌转升，2005年日均发行量达68.8万份，收入也扭亏为盈。

《每日电讯报》特别重视国际新闻报道，读者主要是中产阶级。该报销量大、利润高，被称为报业中“会下金蛋的鹅”，1855年在伦敦创办，1877年日均发行量就接近25万份，成为当时世界上发行量最大的报纸。在“二战”之前，它不断地对德国的战争野心提出警告，坚决反对绥靖政策，这为它赢得了很大声誉，日销售量激增至75万份。“二战”以后，该报是第一份日销售数逾百万份的高级日报。2005年日均发行量约为92万份，仍远高于《泰晤士报》。

《卫报》面对中产阶级和白领，新闻严谨、分析精彩、文笔优雅，是“二战”前少数反对英国政府绥靖政策的大报之一。

该报是英国唯一由地方性报纸发展成为全国性报纸的高级日报，原为1821年5月5日创刊的《曼彻斯特卫报》周刊，1855年7月改为日报，1959年8月改为现名。

2005年9月15日，《卫报》抛弃了传统的大报风格，也没有追随新潮的小报模式，而是推出了英国第一张“中间版式”日报：31.5厘米×47厘米，比传统的大报小，比《泰晤士报》《独立报》等小型报纸大。另外，《卫报》的报名字体也发生了变化，改成新颖的“卫报埃及体”。《卫报》从报头到色彩也焕然一新，原来以黑为主色调，后改为醒目但是沉稳的深蓝色，原来部分彩色印刷改为全部彩色印刷，成为“英国最鲜艳的报纸”。

《金融时报》1888年2月13日在伦敦创办，现在日均发行量约20万份，是英国四家全国性高级日报中发行量最小的，但在西方国家影响较大，读者分布在160多个国家和地区，其中不乏最资深的政界、商界和金融界领袖。

《金融时报》主要报道财政、金融、工商业方面的消息，同时也十分重视与经济有关的国内外政治动向，常有对全球商业和市场动态独一无二的分析评论，以及对管理、科技、市场、法律等各个领域最新趋势的敏锐洞察。它刊载的30种股票指数是判断英国政治、金融情况的重要晴雨表。

英国全国性通俗报纸的代表有《太阳报》《每日镜报》《每日快报》《每日邮报》《每日明星报》。它们以中下层读者为主要对象，注重娱乐性、刺激性、轰动性、煽情性、视觉冲击力，如体育新闻、犯罪新闻、黄色新闻，但也揭露黑暗，促进改良。

2.英国广播电视

（1）概况。

英国最著名的广播电视机构是公有制的BBC。20世纪80年代私有广播机构发展起来，英国于1990年颁布了新的广播法，废止了1981年和1984年的广播法，形成公、私广播电视并举的格局。

“二战”期间，英国实行战时体制，BBC改归政府宣传部领导，国内外广播坚持进行，但电视播映暂时中断。战后BBC恢复原有机制，广播事业进一步发展，1955年开设调频电台，从1967年开始陆续兴建地方电台。居民拥有收音机数量，1947年时为1088万台，1956年时为1426万台，基本普及每个家庭。电视在1946年6月恢复播映，政府积极推进电视发展计划，在各主要城市建立电视台，至1957年底共建成23座，初步形成全国电视网，覆盖总人口90%以上。电视机数量在1950年时为34.4万台，1956年时为574万台。

21世纪初，英国有人口5800万，全国性的电视台5家，区域性商业电视台200余家。由于数字转播技术发展迅速，电视台出现了小型化、个体化的趋势。

（2）BBC。

英国广播电视公司是依据特别法规设立的特殊法人，最高领导层是理事会，其成员包括社会各界代表，以及苏格兰、威尔士、北爱尔兰地区代表，公司有依法自主经营的权利和业务上的独立性。

BBC是英国广播电视事业的中坚，也是西方世界最大的公共广播电视公司。其业务可分为国内和国外两部分；主要提供信息、教育和娱乐节目，兼顾各方面的需求和兴趣。

1964年，BBC开设电视二台，1967年用PAL制式（帕尔制）开播彩色电视。1991年，BBC正式开启全球新闻服务电视频道，此频道后在1995年1月更名为BBC World（英国广播公司世界电视台）。与BBC全球电台服务不同的是，BBC全球新闻服务是一家商业电视台，通过广告营利，这也意味着该频道不能在英国本土播出。

2005年3月2日，英国文化大臣泰萨·乔维尔（Tessa Jowell）发表了一本关于BBC长远发展的绿皮书，强调履行公共职责，保障BBC不受政府或商业利益左右。这在客观上帮助了BBC在国内外建立知名度、可信度和权威性。然而，虽然政府规定了BBC的方方面面——从节目方针到资金来源、管理制度，并且如果与政府的意见相左就面临解体和辞职的威胁，但这就不能明确地说它是独立的了。

（3）私营广播电视。

“二战”后，英国各界对BBC独家垄断广播电视的问题发生了争论，历经数年，持反对意见者逐渐占上风。1954年6月，议会决定允许开办商业电视，并组建独立电视局负责管理，1955年9月第一家商业电视台——伦敦电视台开播。

1972年，议会又决定开放商业广播，并将独立电视局改名为独立广播局（IBA），兼管商业电视和广播。1973年第一家私营电台——伦敦广播公司开播。

私营广播电视台都是租用IBA的设备播放，在行政上、设备上、业务上受到IBA的多方制约，而且是按地区批准设立的，一旦获得经营执照，就在各自地区形成事实上的垄断。所以，人们把这种格局称为BBC和IBA的“双头垄断”。

20世纪80年代，西欧各国出现了广播电视商业化热潮，英国公众要求全面发展商业台的呼声也不断高涨。1988年11月，英国政府发表了关于广播电视体制的白皮书。1989年12月政府向议会提交新的广播电视法案，该法案于1990年10月被议会通过，即《1990年广播法》，从1992年开始施行，其基本意图是放开广电市场，形成更有竞争性的环境，同时要求保障节目质量。根据该法，原有的独立广播电视局和有线电视局均被撤销，代之以独立电视委员会（Independent Television Commission，ITC）和无线广播局（Radio Authority，RA），前者管理商业性电视，后者管理商业性广播。原有的全国性商业电视（第三频道、第四频道）都改为独立经营的公司，并且开办新的全国性商业电视台（第五频道）和商业电台，发展地方商业电台。

（4）逐步放宽规制。

从1996年2月开始实施的美国新电信法，放宽了对广播电视业的限制，使英国等感到了新的竞争压力。英国于1996年8月13日公布实施新的广播电视法，又于2003年7月17日批准了通信法，对过去的管理做了新的调整，总的趋向是继续放宽。

一是建立统一管理机构——英国通讯管理局（Ofcom）。将原有的5家通信管理机构（独立电视委员会、电器通信厅、无线广播局、广播电视规范委员会、无线通信局）合并，设立广播通信厅，对广播电视和通信行业实行统一管理。

二是在市场进入方面，取消了过去的大部分限制，电信市场准入由许可证制度直接转向一般授权。这使广播电视业的市场化程度和竞争力得以进一步提高，并为电信业与广电业的相互进入和融合打开了方便之门。

（5）新世纪新动向。

进入21世纪以来，英国政府对公共广电进行的考察、评估和管理变革，基本都是围绕如何面对数字时代进行的，在调整广播电视政策时，始终高举“公共”和“独立”大旗。2005年的BBC绿皮书就将新成立的托管委员会描绘成一个受公众委托、监督BBC履行公共职责并保证其不受政府或商业利益左右的机构。这也有助于BBC在国内外建立高知名度、可信度和权威性。对于私营广播电视，英国政府也要求其确保公共利益。

二、加拿大的新闻业

加拿大现有国土998万平方千米，从最东到最西5000千米，有7个时区，行政上分为10个省和2个地区。最早的居民来自亚洲，3万年前从白令海峡进入阿拉斯加。1497年，英国人宣布这块大陆属于英国；1534年，法国人宣布其属于法国。1759年，英国在魁北克城外彻底打败法国。1867年，《英属北美法案》确定加拿大为自治领（以前为殖民地）。1947年加拿大人有了自己的公民身份（以前加拿大人只有英国身份）。1982年加拿大人有了对自己宪法的完全决定权，加拿大得以彻底独立。加拿大现仍是英联邦成员国。

21世纪初，加拿大人口3100万，大多数生活在南部与美国接壤的一带。近一半人是英国血统，四分之一为法国血统。华人占4%，本地土著人仅30万，占1%。地广人稀使加拿大人特别依赖通信设施，加拿大最早使用电话和广播。现在加拿大人宽带上网的普及率名列世界前茅，电子政务曾被评为世界第一。

1. 报纸

加拿大长期以来一直处于美国媒体的竞争压力之下。尽管如此，报业仍很发达。21世纪初，收费的综合性日报在全国有102种（不含国外报社在加拿大创办的报纸），平均每天发行近500万份，18岁以上的成人中平均约每5人有一份日报。

这些日报绝大多数由企业集团控制，其中4家报业集团拥有70家日报。发行量最大的是《多伦多星报》，《多伦多星报》平均每天发行48.8万份，在多伦多近每三个半家庭有一份《多伦多星报》。该报版面大，但比中国的日报窄七分之一左右。平均每份85页，内容主要面向多伦多市民，较软性，相当于中国的晚报。周一至周五每份0.5加元，周六每份1.5加元，但页码比平日多一倍以上，往往达240页左右，另夹带一份90多页的周刊。周六报可单独订阅，订阅费用比零售便宜四分之一，销量比平日版的多。

发行量第二的《环球邮报》和第三的《全国邮报》也在多伦多。销量最大的法文报纸是《蒙特利尔日报》，有“美洲第一法语报”之称。

在加拿大还有许多免费报纸，多伦多全市发行的免费报纸就有10多种，各个社区、大学等里面也有。这些报纸大都为4开纸张小型报，每期一二十页左右。免费报纸有综合性日报，类似我国的晚报，大多数是周报，如社区报、少数族裔报，专门报如电脑、人才市场、娱乐、影视等报纸。有的已连续赠阅了20多年，有的则刚创办。有的免费领取，有的可订阅，但要收订阅费。

其中影响最大的要数多伦多的*Metro Today*(《今日都市》，也可译为《都市日报》)，每周一至周五出刊，4开纸8开页，每份28页，版块有要闻、国内、世界、当地、商务、体育、专刊、科技发现、文化娱乐、新闻人物，与我们国内的许多晚报差不多。头版总有一张大照片，末版是整版广告。这是都市国际S.A.公司旗下的报纸，该公司在纳斯达克和斯德哥尔摩上市，总部位于卢森堡，在20多个国家和地区出版免费报纸，包括香港中文版。

2. 广播电视

加拿大在21世纪初有500多家广播电台和100多家电视台，绝大多数是私营的。但最主要的广电公司是公营的加拿大广播公司（CBC），其拥有全国性的广播网4个、电视网2个，分别以英语和法语播出，还有4个地方教育电视网和面向土著居民的加拿大北方网。加拿大国际广播电台也属于该公司，使用11种语言对外广播。公司的领导机构在渥太华，但英语广电总部在多伦多，法语广电总部在蒙特利尔。

加拿大第一家，也是最大的一家私营电视公司，是加拿大电视网（CTV），该公司由25家私营电视台联合投资，总部在多伦多。第二大私营电视公司是魁北克电视网，其由10家私营电视台联合组建，主要播出法语节目，总部在蒙特利尔。罗杰斯家族的罗杰斯传播公司是加拿大最大的有线电视公司，并经营电话业务。

加拿大大力资助本土影视制作，主要目的是“使加拿大人在自己的国家发出更强的声音”，这在很大程度上是由于美国媒介在加拿大的声音太强。加拿大人说：我们有庞大的无线广播电视网，但大多数故事性的英语节目是美国的；我们有发达的有线电视网，但只有14%的故事性英语节目是加拿大的；我们国内放映的英语和法语电影中，但95%是国外的；我们创建的故事影片和电视节目制作业中，很大一部分产品是专给美国企业做的，没有反映加拿大的情况。总之，在加拿大荧屏和银幕上，绝大多数娱乐节目是美国的，而且这种状况看来不会改变。许多美国人也担心电影和广播电视的负面作用，尤其是对他们的孩子，但至少他们的节目不是来自外国。

3. 网络媒体

加拿大把信息化列为国家战略，互联网是其中的重点。为了避免产生信息、知识鸿沟，加拿大很重视保障每个人的用网机会，网民占总人口的比例全球领先，图书馆、社区服务中心等机构提供充足的上网设施。

加拿大有信息高速公路顾问委员会，其报告《信息高速公路的挑战》中说，“信息高速公路是广播电视和电讯环境的延伸。面对来自国外的激烈竞争，加拿大的取胜主要靠其文化和广电政策”，包括资助本土内容的创制。

4.全球化时代的困境

加拿大在经济上处于“三明治”状态：受到经济、技术更发达的美国、日本等国家和成本更低的发展中国家两面挤压。于是加拿大采取了打破“大锅饭”、减少公共开支、减轻企业和个人的经济负担等措施。拨给公营广播电视机构的经费逐年缩减。各种媒体都日益面临来自国外的竞争，尤其是来自“邻居”美国的。在1998年的加拿大文化市场中，美国的大众传播产品就已经占了45%的图书销量，81%的英语消费类杂志零售销量，63%以上的杂志发行收入，79%的音像带、音乐光盘零售额和音乐会的收入，80%的电影发行收入。美国的《读者文摘》《时代周刊》等杂志皆在加拿大最畅销杂志之列。

加拿大做过许多抵御美国文化产品的努力，积极倡导、资助体现加拿大精神的传媒内容生产和经营。有的措施已实行了几十年，如资助本土影视节目的制作。有的措施则被世界贸易组织判为违规，如仅对本国杂志的发行给予邮政补贴、不给他国杂志相应的“国民待遇”等。

第二节　当代法、德、意、日的新闻业

当代法、德、意、日的新闻事业都是“二战”后在占领军的主持下重建的，主要体现了英美或苏联的意图。在新闻体制和传媒格局方面，东德

与苏联相近，其他国家与英美相近。同时各国受到自己历史传统的影响，又呈现出一定的差异。

报纸基本上都是私有民营的。法国和意大利有一批地下报刊转为地上，同时改造和新办了一批报刊。德国新闻机构基本上推倒重来，日本进行了不彻底的改造。广播电视起初都是国营或公营的，20世纪80年代起向私有民营开放，现为公私并举、相互竞争的格局。

随着经济技术的发展，这四个国家的新媒体都很发达。此外，这四个国家都有通讯社进入世界十大通讯社之列。

一、法国的新闻业

在1982年以前，法国广播电视业的所有权和经营权均属国家所有，国营电台和电视台一统天下。1982年7月，法国议会通过新的广播法《视听传播法》，允许民办广播存在。1985年1月开放商业电视，私营广播电台和电视台迅速发展起来。2000年8月国会通过了广播电视法修正案，大大放宽了国家的控制，为改革公共电视系统和电视数字化发展铺路。

法新社是西方四大通讯社之一，1944年9月在哈瓦斯社原有社址、人员和设备的基础上建立。1957年议会通过法新社的改组章程，规定该社为“独立的公共企业”，其社长不再由政府任命，经费也不再由政府拨款。此后经费主要来自：①政府机构、国营大公司的补贴性订阅费，该部分费用占该社总收入的近一半；②新闻机构的订阅费，该部分费用占四分之一以上；③其他私营机构的订阅费，该部分费用占五分之一左右。

法国还建立了促进法语文化发展的体制，由法国文化与交流部负责制定政策和促进实施。例如，在税收方面，对一般商品征收18.6%的增值税，而对图书、期刊分别征收7%、4%的增值税，对出口书刊免征增值税，要求电视台播放一定数量的国产内容。

1. 报纸

当代法国的报纸基本是私人所有，大都隶属于报业集团。最大的埃尔桑报团是“二战”后发展起来的，创始人罗贝尔·埃尔桑于1950年开始办报纸，在20世纪60年代已拥有20多家地方报，在20世纪70年代开始收购全国大报，在20世纪80年代后期已有报纸40多家，占地方日报发行量的26.4%、巴黎日报发行量的38%。

目前，法国最主要的报纸有以下四种。

一是《费加罗报》。该报是法国历史最悠久的报纸，但进入20世纪以来几易其主。“二战”期间因拒绝与德国占领军合作而停刊，1944年8月复刊后发行量剧增，1965年归入普罗沃斯特集团，1975年花落埃尔桑报团。该报曾长期反映保守派的观点。读者以商界人士和高级职员为主。其号称为“法国中上阶层的圣经”，每期发行30万份以上。

二是《世界报》。该报创办于1944年，由30多位年轻记者共同创办，现在是法国唯一不是由报业集团控制的主要报纸，产权为报纸人员合作所有。读者主要是中上层知识分子、政界和工商界人士，2006年每期发行约35万份，反映法国政府立场，是法国在海外销量最大的日报，在法语国家和地区有较大影响。

三是《解放报》。该报由著名哲学家、作家让·保罗·萨特于1973年5月创刊，2007年每期发行约17万份。其忠实读者群主要是中年知识分子。后来发行量持续下降，经营艰难。

四是《法兰西晚报》。该报于1944年推出，前身是抗击德国的地下报刊《法国防卫报》。1954年该报创办10周年之际，在纪念专刊头版的醒目位置称：“法国发行量超过百万的唯一日报”。2011年10月10日，该报宣布停刊，仅留网络版。

2. 广播电视

法国广播电视业经历了以下三个时期。

1922年至1945年为起步时期。1922年，国家和私营商业广播电台先后开播。次年，国家通过立法规定广播事业由国家垄断，但有条件地准许私营。1935年，电视试播。1940年，贝当政府向纳粹德国投降后，法国人被禁止在其领土创办广播电视台。

1945年至1981年为国家垄断时期。"二战"后，戴高乐政府接管了国内所有广播设施，并于1945年颁布法令，不再允许私人经营广播，且成立了直属政府新闻部的法国广播电视公司（RIF），其于1964年改组为法国广播电视管理局（ORTF）。电视报道略开放，但缺乏经营活力，节目质量仍较差，观众经常收看周边国家的电视节目。1974年国家实行改革，撤销法国广播电视局，成立7个国有公司。这些公司的领导机构成员均由内阁任命或认可，其他方面没有太大的变化。

1982年后为私有化时期。1982年国家同意1000多家私营电台合法存在，1984年至1986年同意开办了3家全国性私营电视台、40多家地方性私营电视台。法国最主要的电视一台也在1986年转让给私人资本。1994年，国家出台新的电视法，将私人拥有广播公司的股份限制从25%放宽到49%，延长私营广播公司执照年限。

此后最大的广播电台仍是国有的法国广播电台（Radio France），但私营电台达500家左右，市场占有率超过了一半。国家电视台有法国电视二台、三台、五台、七台，私有电视台有电视一台、六台、新频道电视台等。此外，还有卫星电视、有线电视和地方电视频道，这些大都是私营的。

国有台受制于议会，对政府仍有较强的监督。有的私有台老板与政府高官关系密切。2008年电视一台有位播了20多年晚间新闻的主持人，因对总统有不敬言辞而被"下课"。法国《解放报》调侃道："这只高傲的信天翁，他会很高兴把自己受排挤归咎于他的嘴巴太明显地碰到了总统的鼻子。”

二、德国的新闻业

“二战”后德国进行了比较彻底的反思，现在德国已经由战争废墟发展成当今欧元区实力最强的经济体。

战争结束时，德国东西部分别由苏联和美、英、法管制。持续四年后，1949年9月在西部建立德意志联邦共和国，简称联邦德国或西德；同年10月在东部建立德意志民主共和国，简称民主德国或东德。作为美国和苏联在欧洲对峙的前沿阵地，“两德”分别在美苏的影响下走上了迥异的发展道路，包括新闻业。

1990年10月，“两德”合并，原东德的社会体制被西德的取代，包括新闻体制。原西德的新闻业也迅速向东部扩展。

德意志新闻社简称德新社，是世界八大通讯社之一，创办于1949年德意志联邦共和国建立时，由将近200家报刊社、广播电视台公共组建，各成员单位最多只能拥有其1.5%的股份。

1. 报刊

1945年5月8日，刚占领德国的盟军颁发新闻管理条例，禁止与纳粹有关联的新闻机构继续活动，若创办新的报刊，则必须向盟军当局申请许可证。7月以后，盟军当局逐步放宽了德国人办报的限制，到1949年，西德人都获得了无须批准就可出版报刊的权利。报刊在半年内从400种左右增至568种，并在此后的十几年间增至1500余种。其中政党报纸占20%，远少于战前，其他都是商业性报纸。

后来报业逐渐走向集中与垄断。报纸的总发行量持续增长，品种数和出版机构则不断减少。从1954年至1976年，绝大部分报纸归到了报业集团旗下，具有独立报社的报纸从225种减少到121种。

“两德”统一后，完全按照苏联事业化、机关化模式建立的原东德报业缺乏足够的资金，对市场经济体制下报刊的经营管理也欠缺了解，在报纸杂志业私有化的进程中，竞争力远不如西部的同行。西部的报社和出版社，尤其是出版集团，在托管局举行的拍卖中获得了东部诸多重要报刊，同时又直接向东部销售大量出版物，或独资、合资新办报刊。

现在，德国境内的主要报刊有《图片报》《世界报》《时代报》《南德意志报》《法兰克福汇报》，以及《明镜》周刊、《时代周刊》、《焦点》周刊、《明星》周刊。

其中，《图片报》和《明镜》周刊以其通俗性获得了大量读者，前者2010年的单期发行量达到330万份，列为世界第五。政治上偏左的《明镜》周刊密切关注严肃的政治社会问题，且注重调查性报道，敢于揭露政界黑暗和社会弊端，在国内外都有很大影响力，期均发行量110万份，为欧洲发行量最大的新闻周刊。《时代周刊》则以其独立的观点受到上层人士和学术界的关注。《焦点》周刊于1993年创刊，以简短的文章、大量丰富的图表和图片吸引着年轻一代及受到良好教育的商界人士，并迅速成长为德国第三大新闻周刊。

2.广播电视

今天德国的广播电视业是从战后开始发展起来的。“两德”统一后，原东德的广播电视业纳入西部体系。西德的公营广播电视台是在1950年依循英国BBC的模式建立的，起初垄断了全部市场，直至1984年1月才有私营广播电视。这一年组建的RTL电视台，在1997年已经获得了16.1%的占有率，超过当时所有公营广播电视台，并成为当时欧洲广告收入最多的传媒企业。1992年，政府才允许在原东德地区建立私营广播电视台。

德国公营的广播电视台有一台和二台，私营的主要隶属于传媒集团，其中最大的是贝塔斯曼公司，以经营图书和唱片起家，以组建读书俱乐部的方式将营业额迅速提升，进而大量收购印刷厂和出版社，并进军广播影视业。第二大传媒集团是报刊业巨头施普林格出版公司，主要收入来源于德国的6种日报、2种星期天报和10种杂志，德国几家发行量最大的报刊均属于该公司，包括《图片报》《星期日图片报》《星期日世界报》《汉堡晚报》和广播电视杂志《注意听》，后来又进军广播电视业。

三、意大利的新闻业

1925年至1943年法西斯掌权时期，所有的媒体被迫法西斯化。“二战”结束后意大利进入政党报刊时期，还有了公营的意大利广播电视公司（RAI），但包括RAI在内的主要新闻机构分别被不同政治集团操控，直到20世纪90年代意大利才进入完全的商业报时期。

1943年7月盟军在意大利南部的西西里岛登陆，9月意大利政府投降。由意大利诸多党派组成的解放组织趁机占领了许多地方，并接管了那里的法西斯报刊。

1545年4月墨索里尼被抓获处决，5月意大利全境解放，1946年建立意大利共和国。1947年12月通过的宪法规定：“任何人均有言论、著作及其他任何传播思想之方法，自由表达其思想之权利，出版无须得到准许或经过检查。”

1946年意大利共和国建立后，几个大政党分别控制了几乎所有大的媒体。1975年，议会规定公营的意大利广播公司政治独立、经营自治，但实际上该公司所属的电台、电视台仍被各政党瓜分。各党派对媒体的分割使媒体结构失衡，报纸大多数是全国性的，曾占全部发行量的73.5%，内容单调重复，严重脱离受众需要，后来发行量随着受众的逐渐厌倦而下降，中小型的城市报纸则逐渐走俏。

建立于1945年的安莎社是意大利最大的通讯社，也是世界十大通讯社之一。

1. 报纸

“二战”后的意大利报业发展经历了四个阶段：1945年至1954年，报业处于战后重建中，一批重要报纸相继复刊；1954年至1970年，报业总体上相对停滞，全国日报每期发行总量徘徊在500万份左右；1970年至1985年，报业集中化程度不断提高，形成巨大的报业托拉斯；20世纪80年代后期至今，在经济发展、广告增多的支持下报业快速发展。全国日报每期发行总量在1989年达到700万份。

现在意大利全国共有120多家日报，竞争十分激烈，报纸的生生灭灭很常见。付费报纸发行量自十几年前就开始持续萎缩，转向新媒体市场。免费日报的平均每日发行量居世界第一，达到400万份。主要的全国性日报有《晚邮报》《新闻报》《共和国报》。

2. 广播电视

自1952年意大利广播电视公司正式成立以后，政府禁止任何民营公司经营广播电视。但RAI成了政治斗争工具，节目十分枯燥，于是地下电台、电视台不断生长，抢走RAI不少受众。RAI以一纸状书告到法院，要求禁止地下台运营。1976年意大利宪法法院判定，这些地下台具有自由播出的权利。这打开了兴办私有广播电视台的闸门，并波及其他国家，掀起了西欧广播电视私有化浪潮。但直到1990年，议会才以立法确认私营台的合法性，从而确立公私并举的双轨制。

现在意大利人口不到6000万，仅相当于我国一个中等省，但广播电台却有2400多家，电视台，包括转播台400多家，其中全国性的20多家。

RAI拥有全国性的电视一台、二台、三台，以及50多座地方台，从1999年7月起又创办6套新数字频道，其经费约一半来自试听费，一半来自广告和其他销售收入。

其竞争对手是私营的菲宁维斯特公司，其创立于1980年11月。米兰富商贝卢斯科尼兼并20多个地方电视台，组成“电视五频道”，面向全国播出，以后又收购了电视四网和意大利电视一台。此外，还有几十座地方台。贝卢斯科尼后来当了几任总理。近几年来，菲宁维斯特旗下的Mediaset集团向数字电视大力投资，与默多克的意大利天空传媒集团展开竞争。

这两家公司占据了意大利电视市场的90%，因而公众认为贝卢斯科尼担任总理期间，实际控制了意大利90%的电视观众。但2004年参议员通过的《广播电视改革法》撤销了之前对所有权的限制，客观上保护了贝卢斯科尼的利益。

四、日本的新闻业

“二战”后，日本联合国军（主要是美军）发布《关于言论与新闻自由备忘录》，废除传播方面的所有现行法令，要求彻底恢复言论自由。战后的其他重建由日本人自己进行，而新闻事业方面直接由美军推行，清算法西斯主义，建立新的制度法规和管理机构，走上欧美式道路。

1950年6月朝鲜战争爆发，10月19日中国抗美援朝，美军以日本为基地，由清算法西斯分子转向了“清共”，因而日本传媒对法西斯主义的清算和自由主义改造都不彻底，某些日本媒体至今对日本在“二战”中的侵略责任没有正确的认识。加上原有的文化和社会传统，主要新闻机构大都与官方保持着暧昧关系，不但称不上“第四权力”，还被称为“第四官员”。

“二战”后，日本岛资源匮乏，其经济发展在很大程度上要依靠对外贸易，在外界交往过程中对信息有强烈的需求。而经济增长、技术进步、工商业繁荣，带来大量广告和媒介购买力，给新闻业的发展提供了坚实的物质基础。教育事业的发展，尤其是高等教育的普及，则给新闻业提供了新的文化基础。新闻工作被认为是文化和社会建设的重要力量，得到宽松的制度和社会环境的支持，日本新闻机构自身又很善于经营管理，因此在20世纪60年代以后，随着经济的腾飞，日本的新闻业也高速发展起来。

1.报纸

日本报纸基本上是私营的，大多属于股份有限公司。2005年报纸发行量开始下降之前，日本有120多家日报，日均发行量达7040万份，占世界第三位（当时第一位是中国，日销9350万份；第二位是印度，日销7880万份），每千人日报拥有量接近600份，在世界上仅次于挪威。

更奇怪的是，在2005年世界日报发行量前100名排行榜中，前五名都是日本报纸，居榜首的《读卖新闻》发行量几乎是第六名的3倍。在2010年的排行榜上，前三名也仍然是日本报纸。

日本的主要报纸都出早刊和晚刊，两刊都是对开大报，巨大的发行量是两刊合计的数字。90%的报纸都是订阅的。日本报纸发行量大的原因还有识字率高，中产阶层人数多，民族单一，报纸品牌影响力大，市场垄断程度高。

2010年初日本发行量最大的报纸依次为《读卖新闻》《朝日新闻》《每日新闻》《日本经济新闻》，日均发行量分别为1001.9万份、801.9万份、373.8万份、305万份（此时我国发行量最高的《参考消息》为325.4万份）。

它们都形成了报业集团，在一些主要城市出地方版，同时出版其他报纸、期刊、图书等，还涉足电视、广告和其他文化产业，以及旅游、交通、娱乐、房地产、保险业等。

2.广播电视

日本的广播业始于1925年3月，电视在1951年开播。现在有近千家电台，100多家电视台，体制从公营垄断发展到公营与私营并举。

公营的日本广播协会（NHK）是日本最大的广播电视机构。与BBC一样，NHK的业务领域比较集中，目前主要为5个电视频道：综合频道、教育频道、卫星频道1、卫星频道2、数字高清晰频道。NHK在全国有众多地方台和转播台。

私营的五大广播电视机构都是由报业公司创办的，它们是读卖新闻公司的日本电视网、朝日新闻公司的全国朝日新闻广播电视网、每日新闻公司的东京广播电视公司、日本经济新闻公司的东京电视台、产经新闻公司的富士电视台。

日本新闻机构也以中立自诩，但与政府、政党和大财团的关系很密切。NHK的台长由政府提名、议会批准，视听费由政府的邮政省代收，这就决定了NHK倾向政府。各大私营传媒的自有资本额很小，四大私营电视公司的自有资本都不足1亿美元，朝日新闻广播电视网仅1000万美元。各大报的自有资本金也不足。媒体的发展，乃至日常运作，很大程度上依靠大公司和银行，于是传媒、银行、大公司就紧紧联系在一起了。例如，《朝日新闻》依靠第一劝业银行、三井银行、住友银行；《日本经济新闻》依靠三井物产公司、住友银行、三和银行。日本同时拥有全国性报纸、电视网和其他媒体，使传媒集团及其背后的大企业在媒介市场上处于垄断地位，对政治和社会有很大的影响力。

第三节　印度和东南亚国家的新闻业

一、印度的新闻业

南亚的印度也是上下五千年的文明古国，有实物可考的文字可追溯到公元前2500年前，有文字记载的历史始于1500年前，此后经历了几十个不同种族和宗教的较大王朝，形成多种民族、宗教和语言文字的格局。从1857年起印度被英国统治，先以东印度公司的名义，百年后英国国王直接为印度国王。现代报刊起初随着英国人增多而在印度出现和发展，后来英印矛盾和民族解放斗争不断深化，民族运动报刊也日益发展。

印度人口众多、民族众多、语言众多，宗教信仰也多。英国殖民者的分而治之政策加深了种族、教派之间的矛盾和分裂。1947年和1948年，印度各地取得独立，形成现在的印度、巴基斯坦、斯里兰卡（旧称锡兰）、缅甸和孟加拉国（1971年的印巴战争，把原巴基斯坦的西巴省和东巴省肢解为现在的巴基斯坦和孟加拉国）。现在印度的新闻传媒仍有多种语言，每种的受众相对有限，官方语言为印地语和英语。

独立后国大党的大杂烩式社会主义没能改变印度的贫穷落后。1978年人民党上台后，实行了政治、经济改革和开放，后来东山再起的国大党继承和发展了改革开放成果，这也直接反映在新闻传媒上。

作为英联邦国家之一，印度的新闻体制也基本上仿照英国。现在印度的新闻事业在亚洲是比较发达的，尤其是报业，水准较高。广播电视业逐步向本国私营机构和境外机构开放，前者的市场竞争力有很大提高。

作为中国的邻国、第三世界大国和“金砖四国”之一，印度的历史和现状与中国有较多的相似之处，在当代世界政治、经济、军事、科技格局中有较大的竞争性，人称“龙象之争”。然而同时，中印也面临着许多相似的经济和社会问题，包括全球化浪潮的挑战和机遇，可互相借鉴对方的经验，包括新闻传播方面的，并可有较多的合作机会。

1. 报刊

印度报纸很多。2010年初付费日报有2700种，平均每百万成年人3.5种，平均每日发行量首次超过中国，约1.10亿份（中国1.09亿份）。非日报则多达日报的10倍左右。2011年印度报纸发行量增幅仍达8.23%。

印度报刊诞生的标志是1780年英文的《孟加拉公报》。在现在的报刊中，约20种有百年以上的历史，但90%是在印度独立后创办的。主流报纸都是私营的，竞争激烈，业务水准较高。

报业集团占据大部分印度报刊市场。主要集团有以下四个。

一是印度时报集团。该报业集团有40多种报刊，包括《印度时报》《经济时报》《新印度时报》等，总部在新德里。

《印度时报》是对开纸英文日报，反映政府观点。该报于1838年创办于孟买，目前在德里、孟买、阿默达巴德、班加罗尔和斋浦尔等地出版，在伦敦、华盛顿、东京、加德满都等地派有常驻记者。2010年初，该报每期发行量355.6万份，发行量为全球第四、印度第一，在社会中层和知识分子中有较大影响。

二是印度快报集团。该报业集团有将近40种报刊，包括《印度快报》《金融快报》《太阳报》等，总部在新德里。

《印度快报》也是对开纸英文日报，1940年创刊，目前在印度20多个城市设有办事处，在伦敦、华盛顿等地派有驻外记者。每期发行量约65万份，是印度最有声望的报纸。该报一度支持英迪拉·甘地政府的内外政策，1987年后转向反对派立场。人民党上台后，该报又支持政府。在国际问题上，该报倾向美国，反对苏联，主张改善中印关系。

三是印度斯坦时报集团。该报业集团有13种报刊，包括《印度斯坦时报》《印度斯坦日报》《印度斯坦周报》《天堂》等，总部设在新德里。

《印度斯坦时报》也是英文日报，1924年创刊，现在每期发行量约30万份。该报早在创刊之际就支持国民大会党领导的民族独立运动，因而与国大党关系密切。《印度斯坦日报》在印地语报纸中发行量名列前茅。

四是印度教徒报集团。该报业集团旗下报刊有《印度教徒报》、《印度教徒周报》、《前线》和《体育明星》，总部在马德拉斯，在南印度影响较大。《印度教徒报》在英语出版物中排名靠前。

印度的新闻时事杂志多达4500种左右，影响最大的当数《今日印度》，该刊总部在新德里，其样式和内容模仿美国的《时代周刊》，曾被评为亚洲最佳刊物。该刊于1975年创刊，现在英文版平均每期发行量40万份左右，印地文版和泰米尔文版各20多万份。

印度报刊业有以下几大特点。

第一，私有私营为主，不同于印度广播电视的公私并举。这与英国和大多数英联邦国家相同。印度报刊业以家族式经营为主，七大家族各有一个报业集团，掌控着大部分印度报刊市场，影响着全国的舆论。但随着报刊市场日益多元化，近几年来七大报团的影响力在下降。

第二，语种多，报刊品种多，单一报刊发行量有限。由于历史的因素，印度成为许多民族、种族和宗教交融的地区，语言的地方性很强，缺乏全国通行的语言。印度独立时起草宪法，就不得不使用15种语言。英国殖民时期，英语成为唯一的全国流通语言，但懂英语的人大多是社会上层人士和知识分子，不到全国人口的十分之一。在印度本地语言中，北方的印地语有较多使用者，但在其他十几种较主要的地方语言中，每种至少有几千万人。

第三，重视调查性报道。经过斗争，印度报业获得了对政府的批评权，舆论监督作用较强。当电视直播、广播和互联网以最快速度报道世界各地的新闻时，报纸和新闻性杂志也愈来愈依赖调查和分析性报道来吸引受众。

第四，在全球报业寒冬下逆增长。从2004年起，美国付费日报发行量开始下降；从2005年起，西欧一些国家和日本报刊发行量开始下降；2009年以来全球报刊发行量开始下降，而印度报刊发行量则仍持续在上升，从2005年的1874种增长到2010年初的2700种，增加了826种，平均每年增加

200多种，居世界第一，现在发行量也雄冠全球。但这不是发达的标志，而是发展中的标志。主要原因在于基数低，电视和网络媒体的发展也还未对报业构成太大的威胁；脱文盲人数不断增加，并尊重阅读、重视阅读；经济发展、广告总量增加快。

印度政府于2002年颁布了外国资本进入印刷媒体的相关条例，允许外资控股专业性期刊，参股时事新闻类出版物，2005年进一步放开到可控股所有出版物。

第五，跨媒体经营。一些电子媒体机构也跨媒体经营报刊。近几年来迅速崛起的ZEE电影电视集团不但创办了日报《每日新闻与分析》，还于2006年出巨资收购了原来国有的印度联合通讯社。反过来，报业机构也进入电子媒体市场。《印度时报》集团与路透集团合作进军广播业，最大的印地语报纸集团《觉醒日报》与爱尔兰独立广播公司合作开发电视市场，加尔各答的《欢喜市场报》集团购买星空卫视新闻频道的股份。

2.广播电视和传媒体制

印度的广播业始于1927年6月的第一座私营电台，电视业始于1959年联合国和联邦德国援助的实验电视台。

独立后的印度基本沿袭了英国统治时期的传媒体制，报刊以私有为主，广播则为国有。电视出现后，又与传媒体制一起经历了两个发展阶段。

一是1959年至1978年。政府牢牢控制广播电视的财政、人事权，对报道内容也进行严格的审查。1971年爆发的印巴战争给印度带来了严重的遗留问题，1974年的石油危机导致了印度经济一度陷入低潮。有的报纸对政府措施不力导致糟糕局面进行抨击，各地反对声此起彼伏，还出现了学生游行及暴力冲突。反对党发动了被称作“完全革命”的群众运动。英迪拉·甘地政府于1975年6月26日宣告印度全国进入紧急状态，进而对新闻传媒实行严控：迫使2500多家报刊停刊，逮捕250多名新闻工作者；合并通讯社，控制新闻源；实行严格的新闻检查，以及印报纸张配给制；禁止对政府高官进行批评；对违者处以罚款、封报刊社和印刷厂，以至监禁。

二是1978年以来。1978年人民党上台后，恢复新闻自由主义原则，实行宽松的新闻体制。1979年广播公司从国营转变为公营。1982年以后，随着经济领域实行改革开放政策，传媒发展也以改革开放观念为指引。电视的商业属性得到承认，印度国家电视台从1984年起接受商业赞助。1992年，印度第一家私营卫星电视台ZEE电视台建立，1994年颁布《有线电视管理法规》，承认已发展了10年的民间有线电视的合法性。1997年印度颁布《印度广播电视法令》，肯定了“开放天空”政策，允许外资参股（2000年后又允许外资控股的）的广电机构可通过卫星向全印度广播节目，国有的国家电视台和全印度广播电台也在这一年转为公有。

在全球化的浪潮中，印度广电机构通过国际合作自觉提高与国际接轨的市场竞争力。例如，ZEE电视台与新闻集团、“城市有线”、ETC网络有限公司等国际媒体巨头合作，不断吸收尖端的传媒制作和经营管理经验，增强自己的实力，并以国际化的视野重新包装本土文化艺术品。

二、东南亚国家的新闻业

（一）基本状况

东南亚有11个国家：越南、老挝、柬埔寨、泰国、缅甸、马来西亚、新加坡、印度尼西亚、文莱、菲律宾、东帝汶（2002年5月20日，东帝汶民主共和国正式成立），面积约457万平方千米，人口约5.6亿，民族众多，华人占最大比例。

东南亚国家长期受到中国和印度的影响，注重宗教和礼仪文化，近代以来又受到西方的很大影响。除了泰国，其他国家都曾沦为西方国家的殖民地，受20世纪前后的英国、“二战”中的日本、“二战”后的美国影响尤其大。这使东南亚国家大都倾向于资本主义理论和制度，这也决定了它们新闻业的基本情况。

西方的影响是由东向西而来，即所谓西风东渐。地处亚洲东南部的印度尼西亚成为最早受到西方新闻传播文化影响的亚洲国家。1602年，荷兰人将荷属东印度公司设在印度尼西亚，1615年荷兰人出版了荷兰文《新闻纪要》，成为东南亚乃至亚洲最早的近现代新闻刊物。

1805年，马来半岛出现英文报纸，1815年中文期刊也在此诞生。20世纪20年代，东南亚出现了广播，但发展缓慢。20世纪60年代电视出现。

当代东南亚经济总体上处于第三世界前列，但分布很不均衡。其中，柬埔寨由于连年战争，老挝和缅甸由于所处内陆封闭环境，政治和经济发展都较弱。印度尼西亚曾实行独裁和反华，经济、社会问题严重。新加坡经济发展最快，在进入21世纪时，人均国民收入已超过2.2万亿美元，被列为发达国家。泰国政局不稳，政变屡起。越南饱受战火，近几年来处于改革开放浪潮中。这些都在很大程度上决定了有关各国的新闻传媒业。

（二）主要特点

1.基本特点

东南亚国家的新闻体制有自由主义和威权主义色彩。许多国家独立后的新闻政策，在形式上保留西方的自由主义，如报刊以私有为主。但过去的殖民统治者只允许他们可以容忍的自由，如限制报刊对他们的批评，这种影响加上东方的封建专制主义文化传统，使许多国家实质上不同程度地实行威权主义的媒介控制。

例如，在印度尼西亚，1960年苏加诺总统对媒介实行所谓“指导性民主”，全国许多报纸消失，华人报纸受到特别限制；1965年苏哈托军人政权上台后，共产党人及其同情者被杀害30多万人，华人报纸全部被封闭，通讯社四成工作人员被清除，通讯社一度停办，建立由官方主导的新闻委员会监视媒介，专制持续30多年。在菲律宾，1972年马科斯总统以内乱为由，实行军事管制持续10年，除了马氏家族控制的媒介集团，几乎所有的反对派媒介不复存在。在泰国，1957年后多次发生军事政变，宪法常被停用，新闻媒介长期处于军事管制之下，不少被迫停业，许多记者被投入监狱或被迫离职。新加坡和马来西亚对新闻媒介的控制也较严。

东南亚多数国家存在种族、宗教、语言的矛盾，当局在这些方面对新闻媒介严加限制，这也给专制和腐败提供了便利。例如，马来西亚要求媒介必须“信奉真主、忠于苏丹、遵纪守法、文明自律”，监督政府不是媒介的职责，媒介应回避消极和敏感问题。印度尼西亚要求媒介实行“建国五原则”：信仰神道、人道主义、民族主义、社会贤达指导下的民主、社会公平。凡被认为不符合这些原则的媒介即被吊销许可证。其标准的伸缩度又很大。同时，新闻活动违反职业道德的现象很普遍，这又受到管制。

这些状况在20世纪末随着民主化潮流的兴起而有所变化。但一些媒介集团与政府、政党的关系，以及长期形成的谨慎处之习惯，则基本未变。

2. 广播电视和通讯社以国家控制为主

广播业在殖民时期就是政府直接控制的，电视业是在独立后才出现，大都由政府出面创办。通讯社有一些是民营的，但主要通讯社是国家控制的。在20世纪80年代西欧广电业私有化影响下，多数东南亚国家也开始允许广电私有，但至今仍以国有为主，除了菲律宾，这与美国的影响有关。

3. 发展迅速

从20世纪70年代起，东南亚的经济高速发展，新闻传媒也因此效益好，发展快。多数国家的日报千人拥有量接近或超过100份，高于世界平均水平，新加坡更达300份以上。各个跨国卫星电视网在这些地区大城市的落地率接近发达国家。互联网在新加坡、马来西亚的家庭普及率超过七成。

4. 跨国传播

东南亚国家都不大，本国受众有限，而越境传播则较为容易，一些实力强的传媒机构设法把传播范围扩展到其他国家和地区。反过来，其他国家和地区的传媒也较容易进来，包括西方媒体。

（三）新加坡案例

在东南亚国家中，新加坡的经济和新闻传媒发展最快，并且对我国也最有参考价值。

1. 基本状况

2010年新加坡面积710平方千米，人口508万左右，但由于处于国际海运黄金水道的咽喉，成为商业、通信和旅游中心，国际化程度很高，大众传媒的国际化竞争也很激烈。新加坡大约有400个电视频道、16种本地日报和24种境外报纸，上百种杂志。在新加坡设立分支机构或亚洲总部的著名国际性电视机构有美国有线电视新闻网（CNN）、HBO、娱乐与体育节目电视网（ESPN）、BBC、香港卫视等10多家。

在新加坡的人口中，华人占75%，马来人占14%，印度人占8%，欧亚混血人和其他民族占3%。官方语言有四种：英语、华语、马来语、泰米尔语。英语是商务和官方语言，大多数新加坡人都会讲母语和英语；华语则使用人口特别多。这决定了新闻媒介的语言格局。

2. 新闻机构

新加坡的报刊社基本是私有的，对政府有一定的批评监督功能，但内容与政府基本保持一致，最大报业集团新加坡报业控股有限公司（简称报业控股公司）的老板是政府高官。新加坡的广播电视台基本上是国有的，最大的广电集团新加坡传媒公司（简称新传媒）是政府所办的。

为了增加传媒的竞争性，提高国际竞争力，2000年6月政府允许这两大集团分别进入对方的经营领域，向报业控股公司发放了经营2个电视频道的执照，同时向新传媒发放了创办报纸的执照。次年5月，报业控股公司同时开播华语和英语电视频道。新闻节目由公司旗下的报纸部门承包。华语频道的收视率很快占到50%，2008年公司又开设了网络电视服务。

新传媒则办起了英文报纸《今日报》，并且改变了华语电视新闻节目由英语台提供的做法，新建了专门的华语新闻采访队伍。

两个传媒集团在多媒体业务层面上进行竞争，大大提高了本土化内容的制作水平和集团的整体竞争能力。

3. 报纸

目前新加坡有16家日报，以英、华、马来文及泰米尔文发行。英文的有《海峡时报》《商业时报》《今日报》；中文的有《联合早报》《联合晚报》《新明日报》《我报》；马来文的有《每日新闻》；泰米尔文的有《泰米尔日报》。

报业控股公司旗下的《联合早报》，是新加坡最主要的华文日报，其前身是陈嘉庚1923年创办的《南洋商报》和胡文虎1929年创办的《星洲日报》。1983年两报合并为《南洋·星洲联合早报》，成为世界上最有名的中文报纸之一，2003年推出中国新闻版，2005年1月成立中国新闻组。他们还有意识地向中国读者提供网上电子版，报纸和电子版的内容大致相同。

4. 电子媒体

新加坡有四家广播机构，以英语、华语、马来语及泰米尔语进行广播。新传媒电台经营14个免费广播频道，战备军协（SAFRA）和联盟传讯（Unionworks）分别经营4个免费的中、英语频道，私营的丽的呼声电台则提供11个数码广播的付费频道。

新传媒拥有7个电视频道，2个播出中文节目，3个播出英文节目，还有2个主要为马来族和印度族服务。报业控股公司拥有中、英语电视频道各1个。星和视界提供120个左右的有线电视频道。新加坡电信公司提供30个左右的网上电视频道。

2009年6月新加坡推出媒体融合计划，其中包含建立功能强大的新媒体平台，大力提高相关科技水平，引进大批人才，通过办大赛、办展览等构建一流的传媒商务环境。

第十二章
数字化、移动化、智能化

借助计算机、互联网、移动通信、人工智能等技术的发展，新闻传播也日益数字化、移动化、智能化，成为中外新闻传播的大趋势，带来一系列新情况、新问题，需要应对。

第一节　改变新闻传播

一、数字化改变新闻传播

数字化不仅极大地改变了新闻传播的环境，包括政治、经济、文化、社会等大环境和传媒市场、受众、竞争对手、机构内部等小环境，也极大地改变了新闻传播的各个环节，包括信息源、传者、内容、媒介、受传者、效果、反馈，还极大地改变了新闻传播的方式，由单向的变为双向、多向的，单媒体的变为多媒体的，点对面的变为点对点的，传者推给受众的变为受众主动抽取的，乃至日益移动化、人工智能化。

1998年美国在互联网上发表关于克林顿绯闻的报告，标志着网络新闻媒体的形成。现在中外新闻机构几乎都已上网，许多政府部门、企事业单位等机构也经常在自己的网站上直接发布新闻，还有许多普通公众通过博客、微博、个人网站等自媒体发表新闻性信息和时事评论。从受传者来看，2017年，全球互联网普及率达到人口的50%以上，2020年，中国网民有9.89亿，互联网普及率70.4%，绝大部分网民通过手机上网和看新闻。

数字化带来的新媒体在性能上有无限容量、无限时空和多媒体、多重方便的特点，在应用上有综合与扩散、虚拟与多元、自由与自主、个性与互动的特点。从媒介功能来看，新媒体的信息沟通、意见交流功能都强于传统媒体，尤其是在反映民情民意和进行舆论监督方面。新媒体还有很强的议程设置功能。已有不少议题由个人先传到网上，或在网上迅速得到大家的跟踪、扩展和深化，引起许多传统媒体的关注，形成网上网下互动。现在许多记者、编辑经常从网上寻取报道和评论的线索。

这些特点的发展和利用使新媒体迅速走向主流，使传统媒体纷纷调整，并形成媒介、媒体、传媒融合①的大趋势；新闻传播的广度、深度、频度和全面性、丰富性、生动性大幅提高，人民的知情权、表达权、参与权、监督权大幅度实现，也带来冗余、虚假、不良、侵权内容的泛滥。

数字化还使新闻传播移动化、智能化成为可能，其结果也是利弊并存。如何顺应潮流、趋利避害，是中外新闻传播学者、媒体人和管理层都要深入思考的问题。

二、移动化改变新闻传播

随着平板电脑、智能手机的普及，人们日益把这些移动终端作为信息

① 谢金文.新闻学导论新编［M］.北京：北京大学出版社，2008：96-97.

获取和发送的重要渠道，新闻传播也日益向这些移动收发端转移。

移动化带来新闻传者多元化，内容广泛化，媒介移动化，受传者主动化。而新闻传播方式的变化则主要表现在以下几个方面。

一是个性化。个性化包括个性化推荐，主要为用算法设置个人议程；定制化生产，主要为基于大数据分析的个人化信息进行定制。

二是沉浸式。沉浸式包括网络视频直播、虚拟现实和增强现实报道、让观看者在三维空间里如临现场、AR和VR直播，尤其在体育赛事、重大活动、专业类新闻报道中。

三是分布式、去中心化。多种主体在自组织模式下共同参与某一个话题的传播，可将每位参与者贡献的碎片化信息拼接在一起，反映细微和全面。

四是分享式、多级化。大量新闻在手机中的朋友圈、微信群等里被转发分享，形成多级传播，还往往被点评、讨论，形成分享者之间的相互影响。

五是搜索引擎式。用户在搜索过程中留下的痕迹还会被用于相关内容的推送。在搜索引擎页面上也会有实时、滚动贴出的突发新闻、热点新闻。

这些变化带来新的传播特点，包括空前便捷，改变传受关系；微型化与碎片化；高频化，发出和接收传播的频率都很高；空前融合——横向上媒体融合的规模更大，纵向上从媒体融合发展至人际、群体、组织、大众传播及其媒介的融合，传媒行业与电信、信息技术行业的融合，其市场竞争也随之加剧。

三、人工智能改变新闻传播

数字化、移动化产生了大量数字信息和文本，给快速发展的人工智能提供了算料，使新闻传播可用人工智能的算法、算力、全网搜索、自动学习，进行信息采集，内容选择、核查和加工制作，产品的个性化、高效率分发，以及效果测量分析等。

自动化写作程序出现于1994年，当时《洛杉矶时报》发布了世上首条自动生成的新闻。2006年美国的写作机器人生成了一篇财经金融类报道。2016年里约奥运会上智能写作大出风头。在中国，2015年腾讯公司的第一篇财经新闻出现；2015年新华社推出“快笔小新”，在体育财经等领域大显身手。

据2019年的一项调查，约一半大新闻机构已使用人工智能进行新闻采集和分发，三分之二的记者、编辑已在工作中利用人工智能。[①] 2022年11月底，美国公司OpenAI推出ChatGPT——有语言理解和文本生成能力的聊天机器人，其用户在两个月内突破1亿，成为史上用户规模增长最快的消费者应用，掀起了新一轮人工智能传播开发利用高潮。

人工智能不仅可大大提高新闻生产的速度、效率和发送的针对性，还可使新闻内容更及时、客观和全面，甚至可对有些新闻的真实准确性进行验证。

然而它也有两面性，如便于造假，强化偏见和歧视。其传播一般只是根据已有的信息推断、选择传播对象想要的，符合他们偏好的，而非根据他们需要的，[②]更符合公众与社会的长远、根本利益，更符合新闻传播要履

① 张梦，陈昌凤.智媒研究综述：人工智能在新闻业中的应用及其伦理反思［J］.全球传媒学刊，2021，8(1)：63-92.

② 受众需要的并不等于想要的，而是客观上对受众有知晓意义的。受众需要的程度与想要的程度也往往不一致。例如，有些重要信息，受众并不知其重要，或不知其与自己有何关系，因而并不感兴趣，或并不很感兴趣。反过来，并非人们越想要的、越感兴趣的信息，就是人们越需要的、新闻价值越大的。许多奇闻逸事令人很感兴趣，但一般只被编排在新闻栏目的末尾，就连CNN等商业性传媒也是如此。参见：谢金文.新闻学导论［M］.北京：清华大学出版社，2014：10.

行的社会责任。于是反常离奇、刺激轰动的内容，迎合偏见、投人所好的内容，乃至虚假新闻、谎言谣言，在人工智能的加持下比以往更容易生成和传播。

例如，人工智能可以写出逻辑清晰、语言流畅、貌似很专业的谣言，其很容易地被当作权威信息广泛传播，而且成本很低，但查证的难度却很大。人工智能做虚假图片和音频视频的本事更令人称奇。过去我们常说谣言止于智者，现在却是谣言源于智者，危害性更大了。

在传播市场上，人工智能的新闻产品大量增加，还会挤压其他新闻产品的市场空间，包括人工智能不擅长的揭示真相、整体、深层真实的新闻，因其他新闻产品的成本较大，且人们的注意力是有限的。另外，人工智能还可让资本和权力有控制传播内容的新工具。

现在我们尚处于以弱人工智能为主的阶段，基本上只是按照给定的指令和算法进行新闻材料搜集、加工制作、智能化审核、针对性推送等，对复杂性报道只是以人工智能作为人工的辅助，就像饭店厨房切配小工与掌勺大厨的关系。然而其已经在向强人工智能发展，人工智能自己进行深度学习，修正材料范围和算法，生成与人的写作难分伯仲的文本。将来可能倒过来——人工成为人工智能的辅助。有人担心人工智能会超过人的智能，其实在某些方面人工智能已经超过人的智能，但至少，其对新闻传播还是利多弊少。

四、对新闻传播质量的新需求

数字化、移动化、智能化带来的信息爆炸和主观片面、虚假误导性内容泛滥，使真实全面、客观公正的新闻更加可贵，还会影响新的内容生成。

图 12-1 是一位专家在讨论传统文本与新兴技术时绘制的图，其中装

置–操作者复合体利用文本创造了技术图像，形成新的文本，又在新文本的影响下更新自我。显然，如果原始文本是有问题的，那么装置、操作者和新闻文本都会有问题，且会循环产生新问题。

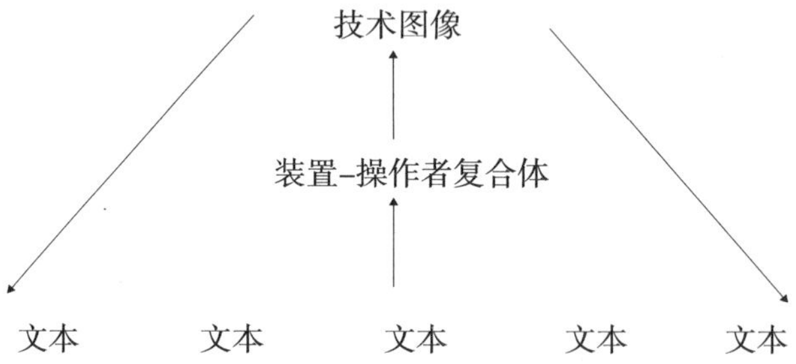

图12-1　装置–操作者复合体的再生产功能

在社会领域也是这样，问题内容误导机构和人，产生新的问题内容、机构和人。其中有的是无意之中造成的，有的是受到操控而有意为之的。

此时，优质的、新闻专业水准高的媒介就会备受关注，这方面较有优势的传统媒体会有新的机遇。

2023年第三季度，《纽约时报》的数字付费用户达到了941万，加上67万纸质版订户，总订户数突破了1000万。几年前，该公司制定的到2025年付费用户达到1000万的目标，提前两年实现了。在传统媒体时代，该报的总订户至多120万。该报的收入构成，也由传统媒体时期的以广告为主，转变成现在的以付费阅读为主。

第二节　重构新闻事业和新闻产业

数字化、移动化、智能化传播集中体现在移动传播中，已成为最主要的新闻传播方式，给新闻业提供了新的需求和条件，重构新闻传播活动，进而重构整个新闻事业和产业体系，包括其中的传者和受众、媒介和机构等，还重构了新闻业与社会的关系，值得高度关注。

一、重构新闻传播事业体系

事业就是有较大规模、系统和影响的经常性活动，以移动互联网和手机、平板电脑为主体的移动终端，给新闻传播活动也带来了巨大的发展，颠覆性地改变了新闻传播的方式和各个环节，势必会重构整个新闻事业体系。

1.重构新闻传播主体及其关系

传播主体包括传者和受传者。移动传播的多媒体化与高度的媒体融合、传播融合，呼唤专业的多媒体、全媒体传者。

更重要的是，移动传播使各种机构和每个人都可成为传者，专门的新闻机构和新闻工作者只占其中很小一部分。移动传播使各种机构和每个人不仅是受传者，他们还可以随时在受者和传者之间切换，成为用户。在传统媒体时代，市场化运作的媒体已从以传者为中心转向了以受传者为中心，但仍是以传者为主导，而到了现在的移动传播时代，许多受传者自己成了传者、主导者，面临的不是别人是否以他们为中心的问题，而是他们不要过于以自我为中心的问题，需明智地选择可靠优质的媒体，自觉地多看看听听不同的信息和观点。

移动新闻传播的用户通过点击量和留言跟帖，通过朋友圈、微信群等不断发出信息和意见，对传者的影响比过去的受众直接得多、频繁得多。用户之间也相互影响，且往往在熟人之间效果较强。主要效果是互助互益，但也会有信息茧房和意见回音壁效应。

2.重构新闻传播媒介体系

移动传播使传统媒体与移动媒体此消彼长，市场份额已经倒挂为移动终端占优。[①]传统媒体必须重新定位，扬长避短，如发挥自己在深度、权威、公信力等方面的优势，避开移动传播在方便、及时、个性化等方面的锋芒。

在传统媒体时代，报刊、广播、电视体系是各自独立、相互并列的。在网络媒体时代，它们与网络媒体有小部分交叉关系。而在移动传播时代，各种其他媒体大部分与移动媒介交叉，有的几乎完全融入移动媒介，如有的报纸停办了纸质版，只办移动客户端。而移动媒介则成为核心和主流，不仅是人的延伸，而且是其他各种媒体的延伸。

在移动新闻媒介体系中，既有传媒机构创办的新闻媒体，也有其他组织机构创办的，还有许多自媒体。社交媒体的大量朋友圈和交流群，也成为这些媒体的补充和延伸。

3. 重构新闻机构体系

在传统媒体时代，新闻机构基本是单一媒体，是相对独立的。在网络媒体时代，新闻机构大都是多媒体，传统媒体机构至少也有网站。而在移动传播时代，许多新闻机构是全媒体，机构内部也基本打破媒体的隔阂，建立起跨媒体的新闻中心、视觉中心、技术中心等。

在中国，传统媒体新闻机构基本都是国有党管，网络媒体新闻机构中有些是商业性的，而移动传播新闻机构大都是商业性的（如果把许多小机构创办的自媒体也算），且多数网络大平台机构也是商业性的。这使传播资源更加丰富，内容更加多元，然而片面追求经济利益的副作用也较为明显。

网络大平台企业的发展方向，在于促成社会的，包括商业、文化及个人的资源与能量，在自己的平台上充分成长。同时，传统媒体机构在文明传承和社会逻辑洞察方面的优势会成为移动传播时代必要的，甚至是稀缺

① 第45次《中国互联网络发展状况统计报告》[EB/OL].（2020-04-28）. http://www.cac.gov.cn/gzzt/ztzl/zt/bg/A0920010206index_1.htm.

的资源。[①]

4.重构新闻业与社会的关系

新闻事业过去通过专业新闻机构与社会的政治、经济、文化、科技等发生互动，而在移动传播时代，新闻事业还与社会的各个部分、各种人直接融合在一起。党政机构、企事业单位及其人员，直接开设微博、客户端等，发出新闻性信息和时事评论，成为新闻事业的一部分。

新闻业已不是传统媒体的市场，而是以新媒体为主，尤其是移动传播媒介大行其道；新闻业已不是大众传媒业，而是人人可参与，大家在参与；新闻业已不是一个独立的行业，而是与娱乐业、电信业、信息技术业，甚至商业、金融业融合在一起，从而更充分地利用传播渠道、技术条件、信息数据等资源，更全面、及时、方便地满足用户的多种需求。新闻业的建设和发展，发挥积极作用和防止消极影响，不再只是新闻业界、学界及其领导管理部门的事情，而要相关行业和全社会共同关注。

二、重构新闻传播产业组织和产品

当今绝大多数新闻传播机构也是产业组织、产业主体，其媒介也是产品。在移动传播时代，新闻传播机构不仅要实行企业化管理、市场化运作、集团化整合，采用社会营销方法，还要积极面对移动传播带来的新机遇和新挑战。

在移动传播时代的新闻传媒机构中，传统媒体机构日渐式微，有的新媒体化，有的并入信息技术企业或其新媒体机构。

新媒体机构的很大一部分是信息技术企业创办的。他们有技术和资金

---

① 喻国明.5G时代传媒发展的机遇和要义［J］.新闻与写作，2019(3)：63-66.

优势，并有其他信息技术产品和服务与媒体业务相互支持，有庞大的用户群和使用流量。他们较早进入新媒体领域，占了市场先机。有的巨头，如谷歌、脸书、腾讯的市场地位已很难撼动。他们尽力满足用户的需求，在很大程度上弥补了传统媒体机构的不足。然而他们较少有传媒经验和素养，一般仍以经济效益为主要追求，社会责任心较弱。

传统媒体机构所办或转型而来的新媒体机构，有信誉、品牌、媒体人才和经验优势，在中国还有很大的政策优势，但往往在技术、思维和机制上不如原生的新媒体机构，且在市场上没有先发优势。

不论是哪种新闻传媒机构，现在都特别重视与新闻传播有关的新技术。利用移动终端扩大传播，利用大数据、云计算精准传播，利用人工智能选择、制作和发送新闻……面对第五代移动网络，有的文本机构转向音频、视频传播，有的短视频机构向长视频发展。

新闻业的产品主要有新闻信息、新闻媒介和广告服务，还有其他传播内容、资料服务、咨询服务，乃至兼营其他行业的产品和服务。

在移动传播时代的新闻机构中，小型的专注于文本或音频、视频内容制作，中型的致力于多媒体、融合媒体制作，大型的还着力于或主要做平台建设。这种平台不仅提供新闻性信息，还提供其他多种传播内容，乃至生活、娱乐等服务。新闻机构还尽可能地利用自己的品牌、渠道、人才、信息、大数据等资源，直接进行跨行业的多种经营。

附录1
大事记

一、中国新闻传播史大事记

公元前221年，秦王完成统一，称始皇帝，通告天下，规定所有度量衡器皿上都必须铸上或刻上这一诏书，史称“四十字诏书”。

公元713年至741年，唐玄宗开元年间，已有把朝廷政事“条布于外”的原始形态报纸，其后称为“开元杂报”。这成为中国古代报纸邸报的源头之一。公元876年，归义军驻京的进奏官从长安发回进奏院状。这种文书成为中国古代报纸的又一源头。公元999年，北宋建立定本制度，中国官报形成。

1031年前后，最早的民办报纸出现，其由部分进奏官和书坊主人发行，时人称为“小报”或“新闻”，令“新闻”这一名词开始与报纸联系起来。

1815年8月5日，第一份中文近代报刊《察世俗每月统记传》在马六甲创刊，由英国传教士马礼逊和米怜主办，撰稿人还有麦都思和中国人梁发。

1833年8月1日，中国境内出版的第一份中文近代报刊《东西洋考每月统记传》在广州创刊，创办人和主编是普鲁士传教士郭士立。

1850年8月3日，《北华捷报》在上海创办，是英国商人所办的英文周报，1864年发展成日报《字林西报》，直至1951年3月31日停刊，成为在中国历时最长、影响最大的外文报纸。

1853年8月1日，最早使用铅印的中文报刊《遐迩贯珍》在香港创刊，是英国传教士麦都思创办并任主编的月刊，内容以时事新闻为主。

1857年11月3日，第一份以单页报纸形式两面印刷的中文报纸、第一份中文商业报纸《香港船头货价纸》创办，该报于1865年改名为《香港中外新报》。最初每周二、四、六发行，1873年改为日报，1919年停办。

1872年4月30日，《申报》创办，该报是第一家始终由中国人主持笔政的外报，后来由中国人买下。其是在中国最早使用电报传送新闻稿、最早发布号外的报纸，于1949年5月27日停刊，是在旧中国历史最长、影响最大的报纸。

1872年，第一家外国人在华办的通讯社——路透社远东分社，在上海成立。1904年，第一家中国人自办的通讯社——中兴通讯社，在广州成立。1912年和1913年，中华民国成立之初，出现了第一个国人自办通讯社的高潮。五四运动时期出现了又一次国人自办通讯社的高潮。至1926年，登记在册的通讯社有155家。

1874年2月4日，《循环日报》在香港创办，这是国人自办的近代报刊中第一份全面成功的，也是中国第一份以政论著称的报纸。创办人、首任主笔王韬是第一个以办报和政论闻名的中国人。

1893年2月17日，《新闻报》在上海创办，该报后来成为与《申报》并驾齐驱的旧中国最大报纸。

1895年8月17日，我国资产阶级维新派出版的第一份报刊《万国公报》在北京创办。该报每两天出一期，康有为、陈炽等创办，梁启超、麦孟华编辑。同年11月，京师强学会成立后，《万国公报》成为强学会的机关报，每期增至10页。12月16日，《万国公报》改名为《中外纪闻》。

1896年8月9日，《时务报》旬刊在上海创办，由黄遵宪等发起，梁启超担任总主笔，汪康年担任经理，成为维新派影响最大的报刊。

1898年7月26日，光绪帝就奏折《奏遵议上海时务报改为官报》发布上谕，成为中国第一个开放“报禁”的“法令”。其基本精神为开办中央政府机关报，承认各地报馆的合法地位，准许报刊“据实昌言”。

1900年1月5日，兴中会的第一份机关报《中国日报》在香港创办，这是中国最早宣传资产阶级民主革命的报纸。

1903年，邹容、章太炎分别发表轰动全国的《革命军》和《驳康有为论革命书》。《苏报》连续发表《读〈革命军〉》《序〈革命军〉》《介绍〈革命军〉》等文章，大骂清政府，要求建立资产阶级共和国，同时报道各地学生运动。章太炎、邹容等被逮捕判罪，史称“苏报案”。

1905年8月20日，中国同盟会成立，11月26日同盟会机关报《民报》在东京创办，发刊词推出“三民主义”的政治纲领。

1907年4月2日，《神州日报》在上海创办，这是革命派在国内创办的第一家大报。于右任、杨笃生先后担任总主笔。

1908年3月，中国第一部新闻出版法——《大清报律》颁行。同年8月《钦定宪法大纲》颁布，其中规定“臣民于法律范围以内，所有言论、著作、出版及集会、结社等事，均准其自由”。

1912年3月，《中华民国临时约法》公布施行，其中规定“人民有言论、著作、刊行及集会、结社之自由”，仅在有增进公益、维持治安或非常紧急必要时，才能以法律限制之。

1915年9月15日，五四新文化运动的“旗帜”《新青年》（初名为《青年杂志》，从第二卷开始改名为《新青年》）在上海创办，陈独秀担任主编。1917年《新青年》迁入北京出版。主要内容是：①提倡自由民主，反对封建礼教，开展批孔；②提倡科学，反对迷信；③发起文学革命运动。

1918年10月5日，邵飘萍的《京报》创办，该报反帝反军阀旗帜鲜明，五四运动期间支持群众爱国运动。《京报》副刊成为当时中国四大副刊之一，刊登不少鲁迅的文章。

1918年10月14日，北京大学新闻研究会（后改为新闻学研究会）成立，校长蔡元培担任会长，徐宝璜、邵飘萍担任导师，这是我国第一个新闻教育和研究团体。

1919年12月，徐宝璜所著《新闻学》（1930年再版时改名为《新闻学纲要》）由北京大学出版部出版，这是中国学者的第一本新闻学专著。

1920年9月，中国境内第一个高校新闻学专业——上海圣约翰大学报学专业开办，《密勒氏评论报》主编毕德生兼职授课。1924年报学专业扩建为报学系，1952年院系调整后并入复旦大学新闻系。

1921年8月，中国共产党领导的第一份全国性工人报刊——《劳动周刊》在上海创办，这是中国劳动组合书记部的机关报，张国焘为编辑主任。

1922年9月13日，中共中央第一份机关报《向导》在上海创办，蔡和森担任主编，该报积极宣传中国共产党的民主革命纲领。

1923年1月23日，中国境内的第一座广播电台——“大陆报－中国无线电公司广播电台”首次播音，该电台由美国人奥斯邦创办的中国无线电公司与英文《大陆报》合办。

1925年6月4日，中共第一家日报《热血日报》创办，详细报道了五卅运动，瞿秋白担任主编。

1925年12月，国民党中央机关报《政治周报》创办，毛泽东担任主编，该报倡导用事实说话。

1926年9月1日，《大公报》复办，由吴鼎昌、胡政之、张季鸾组成的新记大公报公司接办，当天发表的《本社同人之志趣》提出“不党、不私、不卖、不盲”的办报方针。

1926年10月1日，第一座国人自办的广播电台——哈尔滨广播电台作为官方电台开始播音。

1928年，国民党形成以《中央日报》、中央通讯社和中央广播电台为核心的新闻传媒体系。

1931年11月7日，红色中华通讯社（简称“红中社”）在江西瑞金成立，这是中华苏维埃共和国临时中央政府机关通讯社。同年12月11日，《红色中华》报在瑞金创办，这是中华苏维埃共和国临时中央政府机关报；是日，红军的《红星报》创办，这后来成为长征途中唯一的报纸。

1936年6月，埃德加·斯诺成为第一个到达中共陕北根据地的外国记者。10月底，斯诺返回北京，所写的报道在上海《密勒氏评论报》、伦敦《每日先驱报》等上发表，次年《红星照耀中国》一书出版，中译名《西行漫记》。

1937年1月25日，红色中华通讯社改名为新华通讯社，《红色中华》报改名为《新中华报》。

1938年1月11日，《新华日报》创办于汉口，成为中共在国民党统治区唯一的大型机关报，1947年2月因全面内战快速升温而被迫停办。

1940年12月30日，延安新华广播电台开播，成为我国无产阶级广播事业的开端。

1941年5月16日，中共中央第一个大型机关日报《解放日报》在延安创办，该报由《新中华报》和《今日新闻》合并而成。1942年4月，延安《解放日报》改版，形成中共在革命战争时期的新闻事业理论和方法。

1948年6月15日，中共华北局机关报《人民日报》在河北平山县西柏坡创办，1949年3月迁至北平，同年8月改为中共中央机关报。

1949年11月1日，国家新闻总署成立，由胡乔木担任署长，范长江、萨空了担任副署长。1952年8月7日，中央决定撤销国家新闻总署。

1956年7月，《人民日报》改版，带动了整个新闻领域的改革。

1958年5月1日，北京电视台试播，9月2日正式播出，中国的电视事业由此诞生。1973年5月1日，北京电视台开始试播彩色电视节目，10月1日正式播出，1978年5月1日改名为中央电视台。

1966年5月至8月，“文化大革命”开始，新闻媒介日益被林彪反革命集团、“四人帮”反党集团控制，成为他们篡党夺权的工具。

1976年10月，“四人帮”被粉碎，新闻界也由此进入拨乱反正时期。

1978年，新闻传媒开始实行“事业单位、企业化管理”，积极性、创造性和经济效益、社会效益大幅度提高。

1987年1月，国家新闻出版署成立，国务院直属单位，行使对新闻出版事业的宏观管理。

1988年1月1日，台湾解除“报禁”；1993年1月广播解禁，11月有线电视解禁，次年1月无线电视解禁。

1995年1月12日，中国第一份中文电子杂志《神州学人》上网，该刊由国家教委主办，主要面向出国留学人员。

1998年12月，新浪网在北京成立，开启了中国门户网站的新时代。在此后10多年里，中国网民获取新闻时首选该网站的人数最多。

2000年3月，新华社网站改建为新华网。新华网于7月全面改版和启用独立域名。同年8月，《人民日报》网络版改建为人民网，人民网于10月全面改版和启用独立域名。

从2003年起，全国各地区、各领域先后建立新闻发言人制度。同年，新闻出版总署、广电总局合并为国家新闻出版广电总局。

2006年1月，中共中央、国务院发布《关于深化文化体制改革的若干意见》，开始国有文化事业单位，包括新闻机构的转企改制工作。

2007年4月，国务院发布《中华人民共和国政府信息公开条例》，该条例自2008年5月1日起施行。

2009年8月，新浪网推出微博服务，用户可很方便地上传图文，成为新闻和评论的发布者。

2012年4月，人民网上市。9月，经营性出版单位基本完成转企改制，随后启动以建立现代企业制度为核心的第二步改革。2016年10月，新华网上市。

2018年4月，国家新闻出版署、国家电影局，从国家新闻出版广电总局划转至中共中央宣传部。新组建的国家广播电视总局，也由中宣部管理。中央电视台、中央人民广播电台、中国国际广播电台合并为中央广播电视总台。

至2023年6月底，中国网民达10.79亿人，互联网普及率达76.4%。

二、外国新闻传播史大事记

公元前3500多年，象形文字出现于地中海东岸的腓尼基人地区（现在黎巴嫩、叙利亚一带）。

公元前500年左右，古罗马出现新闻信。

公元前59年，罗马执政官尤利乌斯·恺撒创办《每日纪闻》。

1450年，德国人古登堡发明金属活字印刷机。

1457年，第一张印刷新闻纸在德国纽伦堡出现。

1482年，印刷出版的记事性小册子《土耳其侵犯欧洲新闻》在德国奥格斯堡出现。

1536年，已有专职新闻记者、编辑。

1538年，英国建立皇家特许出版制度。

1566年，意大利威尼斯出现定名的小报《手抄新闻》，其和其他手抄小报一起被称为“威尼斯小报”。

1570年，英国成立皇家出版法院，1586年颁布“出版法庭命令”。

1605年，德国“职业记者”约翰·卡罗勒斯的手抄报纸《通告》开始印刷出版。1609年，出现和《通告》类似的单条新闻、每周定期印刷出版的《报道》。

1615年，每期有多条新闻的印刷周报《法兰克福新闻》出版，创办人艾莫尔被称为德国报业之父。

1641年，在英国资产阶级革命中，皇家特许出版制度和皇家出版法院被取消,《国会议程纪要》等“新闻书”创办。

1643年，英国思想家约翰·弥尔顿发表《论出版自由》。

1650年，世界上第一家日报《新到新闻》在德国创办。

1712年，英国开始对报刊征收知识税。

1715年，英国政府开始对报界实行津贴制度。

1733年至1735年，北美殖民地发生“曾格案件”。

1744年至1745年出版的日报《便士伦敦邮报》是世界上最早的廉价日报。

1785年，英国《泰晤士报》创办。

1789年，法国大革命爆发，通过《人权宣言》。美国国会通过宪法修正案，该法案于1791年生效。

1815年，第一份近代中文报纸《察世俗每月统记传》创办于英属马来亚的马六甲。

1832年，电报机出现。1850年第一条海底电缆铺设成功。

1833年，美国第一家成功的廉价日报《纽约太阳报》创办于纽约。

1835年，法国人哈瓦斯创办了世界上第一家通讯社。

1836年，法国廉价报纸《新闻报》《世纪报》创办于巴黎。

1837年，英国工人报纸《北极星报》创办。

1839年，商业电报线开通。

1848年，马克思、恩格斯在德国科隆创办《新莱茵报》。

1848年，《纽约太阳报》等6家报纸成立了联合采访机构。

1849年，美联社的前身港口新闻社成立。

1850年，第一条海底电缆铺设成功。

1851年，德籍犹太人路透在伦敦创办路透社。雷蒙德创办《纽约时报》。

1853年至1861年，英国取消知识税，新闻出版自由原则基本确立。

1859年，英国思想家约翰·密尔出版《论自由》，把新闻自由理论推进一大步。

1872年，英国商人在上海创办《申报》。

1874年，日本《读卖新闻》创办于东京。

1876年，电话试验成功。

1877年，从波士顿到纽约之间长距离电话线路建成，《波士顿环球报》第一次发表记者从外地发回的电话新闻。

1877年，美国《华盛顿邮报》创办。

1879年，日本《朝日新闻》创办于大阪。

1881年，法国议会通过《新闻出版自由法》。

1883年，美国人普利策购入纽约《世界报》。斯克里普斯报业集团初见雏形。

1893年，匈牙利人西奥多·普斯卡把布达佩斯市700多条电话线连接起来，定时报道新闻，被称为“电话报纸”。美国宾夕法尼亚大学开设新闻课程。

1895年，意大利科学家马可尼在英国政府的支持下，完成了无线电报的初步发明。新闻学研究所在德国出现。

1903年，美国俄克拉荷马州的中央州立大学设立新闻系。

1904年，伊利诺伊大学和威斯康星大学开设四年制的新闻专业。

1908年，密苏里大学成立新闻学院。

1912年，哥伦比亚大学新闻学院成立。

1917年，俄国十月革命成功，随即形成了以党中央机关报《真理报》和苏维埃政府机关报《消息报》为核心、以党报党刊为基础的报刊体系。

1919年，马可尼无线电报公司在加拿大开办了世界上第一座有营业执照的广播电台。

1920年，美国第一家商业广播电台KDKA获得营业执照，在匹茨堡开始播出新闻。

1923年，美国报刊编辑协会通过了《新闻界信条》，其中包含新闻专业要求和职业规范。《时代周刊》创办于纽约。

1933年，希特勒上台，开始对新闻传媒实行集权控制。

1936年，英国BBC电视台建成播出。德国柏林实验电视台转播在柏林举行的奥运会。

1942年，以哈钦斯为首的专家组开始调研新闻自由问题，1947年提出研究报告《一个自由而负责的新闻界》，奠定社会责任论基础。

1943年，作为反垄断的结果，美国广播公司（ABC）成立，三大广播公司鼎立的局面形成。

1945年，“二战”结束，德、意、日法西斯主义对新闻传媒的集权控制终结，重建新闻体系。

1946年，电子计算机在美国宾夕法尼亚大学诞生。

1948年，联合国大会通过《世界人权宣言》。

1950年，有线电视出现。

1951年，芬兰颁布《政府文件公开法》。

1954年，彩色电视由美国的全国广播公司首先播出。英国议会通过电视法案，允许设立商业电视台。

1957年，苏联成功发射世界上第一颗人造地球卫星。

1962年，美国通信卫星转播电视节目成功。

1964年，国际通信卫星组织成立，次年4月6日发射了第一颗国际商用同步卫星“国际通信卫星1号”，世界各国共同利用。

1966年，美国颁布《信息自由法》(也译作《信息公开法》)，在1974年、1978年、1984年和1986年经过四次修改。

1969年，美国“阿波罗号”宇宙飞船登上月球。计算机网络诞生。

1976年，意大利承认私营电台合法，引发西欧广播电视私有化浪潮。

1980年，联合国教科文组织国际交流问题研究委员会发表《多种声音，一个世界》的研究报告。全新闻电视频道CNN开播。埃及通过新的《宪法》和《埃及新闻法》。

1981年，英国《泰晤士报》被鲁珀特·默多克的新闻集团收购。亚洲-太平洋通讯社组织在吉隆坡成立亚洲-太平洋新闻交换网。

1987年，路透社建立环球电脑信息网，覆盖190个国家和地区。国有的法国电视一台公开出售。美国《圣何塞信使报》上网，成为世上最早的网络新闻媒介。

1990年，苏联颁布《全苏新闻法》。

1991年，苏联解体。俄罗斯联邦通过《俄罗斯联邦大众传媒法》。

1993年，万维网（WWW）向公众开放。美国政府公布“国家信息基础设施”行动计划，掀起了全球性的建设信息高速公路热潮。

1996年，美国通过新的《电信法》。CNN的母公司特纳广播公司被时代华纳公司并购。

1998年9月11日，美国在互联网上发表关于克林顿绯闻的报告，标志着网络新闻媒体的形成。

2001年，时代华纳公司与美国在线公司合并，成为全球最大的媒体公司。

2002年，卡塔尔半岛电视台因“9·11”事件后多次播出重要的独家新闻而蜚声全球。

2008年，美国论坛报公司申请破产保护；麦克拉奇报业集团大裁员；《纽约时报》计划抵押总部楼层借款，次年被迫出售那些楼层，标志着传统媒体开始衰退。

2011年，全球网民达20亿，手机用户达50亿。美国苹果公司的智能手机iPhone和平板电脑iPad风靡全球，使该公司成为全球市值最大的企业。

2017年，全球互联网普及率达到人口的50%以上。

附录 2
思考题

比较《每日纪闻》与邸报。

促使新闻媒介发展的基本因素是什么？

新闻媒介向什么方向演进？

为什么新闻媒介会成为社会发展的标志？

唐代邸报与宋代的在性质上有什么不同？

宋代定本制度的原因和结果。

为什么中国先有官报，而西方先有民间报纸？

宋代“小报”有何特点，为何屡禁不绝？

中国发明活字印刷早于西方，为什么用于新闻活动却晚于西方？

中国古代报纸与近代报纸有什么本质不同？

19世纪外国人在华创办报刊的动因。

19世纪外报对中国的影响。

为什么中国人自办近代报刊之初，基本是“经济搭台、政论唱戏”？

王韬对中国新闻事业的贡献。

第一次国人办报高潮的原因和结果。

梁启超对中国新闻事业的主要贡献。

“苏报案”的起因、经过和意义。

第二次国人办报高潮的原因和结果。

为什么说清末新闻法制基本是资本主义形式、封建主义内容？

清末的出版法规与民国之初的有何本质不同？

《中华民国暂行报律》事件反映了什么？

《新青年》杂志为什么要“批孔”？为什么要发动文学革命？

第三次国人办报高潮的原因和结果。

从国人办报高潮看新闻媒介与社会变革的关系。

中国早期新闻专业化的标志和意义。

中国无产阶级新闻事业诞生的条件。

如何评价新记《大公报》的办报方针？

国民党新闻统制的原因和结果。

1942年解放区新闻工作改革的意义和启示。

毛泽东与刘少奇的新闻观念。

中国现代民营报刊命运的必然性。

中华人民共和国成立之初新闻体系的主要特点。

如何评价中国在新闻事业方面学习苏联？

1956年新闻事业改革的原因、结果和启示。

从当代中国新闻媒介看宣传模式。

导致“文化大革命”爆发的媒介因素是什么？

“文化大革命”时期新闻事业的主要特点和教训。

粉碎“四人帮”后拨乱反正的“反”在哪里？

改革开放后探索新路的“新”在哪里？

1978 年以来中国新闻传媒经营管理改革的意义。

新时期中国报纸的大扩版反映了什么？

引进传播学对新闻理论和实践的意义。

从舆论监督看当今中国新闻传媒的问题和改进。

改革开放以来中国新闻媒体大发展的主要动力。

文化业成为支柱产业对新闻传媒的影响。

新媒体对中国新闻传播的特殊意义。

当今中国新闻传媒的主要问题和改革方向。

资产阶级革命与新闻媒介的关系。

早期（社会责任论诞生以前）新闻自由思想的主要内涵。

《论出版自由》的历史地位。

为什么新闻自由原则的确立经过了漫长的过程？

西方政党报刊的主要弊病。

工业革命对报刊发展的影响。

独立报刊发展壮大的社会意义。

廉价报纸在新闻史上的地位。

大众报刊与大众社会的关系。

通讯社诞生的因果。

从无产阶级报刊兴起看争取新闻自由的意义。

西方报业集团化的利弊。

新闻专业主义的必然性和现实问题。

社会责任论诞生的背景和意义。

法西斯集权主义新闻控制的手法和后果。

苏联新闻事业的长处和短处。

苏联解体的传媒责任。

美国采取和放宽新闻业反垄断措施的原因。

CNN总裁辞职反映了什么?

美国新闻活动的市场、宣传、托管模式有何问题?

西方总统制和内阁制国家新闻业的异同。

美国与其他西方大国新闻传媒体制异同。

西欧广播电视私有化浪潮的因果。

东西方政府与传媒关系的差异。

苏联和美国的新闻传播比较。

传媒弱势国家如何面对境外强势传媒?

数字化使新闻业有哪些变化?

手机等移动终端给新闻传播带来哪些变革?

中国如何面对数字化传播的机遇和挑战?

从新闻史看新闻媒介与政治的关系。

从新闻史看新闻媒介与经济的关系。

从新闻史看市场竞争对新闻媒介的影响。

从新闻史看新闻出版自由思想的意义。

中外新闻传媒发展的基本规律。

中外新闻传媒发展的基本趋势。

参考文献

［1］方汉奇.中国新闻事业通史：第3卷［M］.北京：中国人民大学出版社，1999.

［2］黄瑚.中国新闻事业发展史［M］.上海：复旦大学出版社，2022.

［3］斯诺.西行漫记［M］.董乐山，译.北京：生活·读书·新知三联书店，1979.

［4］薄一波.若干重大决策与事件的回顾［M］.北京：中共党史出版社，2008.

［5］谢金文.中国新闻史纲要［M］.北京：化学工业出版社，2011.

［6］张隆栋，傅显明.外国新闻事业史简编［M］.北京：中国人民大学出版社，1988：11-12.

［7］郑超然，程曼丽，王泰玄.外国新闻传播史［M］.北京：中国人民大学出版社，2000：56.

［8］埃默里，埃默里，罗伯茨，等.美国新闻史：大众传播媒介解释史［M］.展江，译.9版.北京：中国人民大学出版社，2004.

［9］童兵.马克思主义新闻经典教程［M］.上海：复旦大学出版社，2002.

［10］王邦佐，孙关宏，王沪宁，等.新政治学概要［M］.上海：复旦

大学出版社，1998.

［11］魏永征，张鸿霞.大众传播法学［M］.北京：法律出版社，2007.

［12］马克思.资本论：第1卷［M］.中共中央马克思恩格斯列宁斯大林著作编译局，译.北京：人民出版社，1975.

［13］中共中央马克思恩格斯列宁斯大林著作编译局.马克思恩格斯选集：第1卷［M］.北京：人民出版社，1974.

［14］中共中央马克思恩格斯列宁斯大林著作编译局.马克思恩格斯选集：第3卷［M］.北京：人民出版社，1974.

［15］胡锦涛在中国共产党第十八次全国代表大会上的报告［EB/OL］.（2012-11-18）. http://politics.people.com.cn/n/2012/1118/c1001-19612670-1.html.

［16］张允若，高宁远.外国新闻事业史新编［M］.成都：四川人民出版社，1996.

［17］阿法纳西耶夫.《真理报》总编辑沉浮录［M］.贾泽林，译.北京：东方出版社，1993.

［18］张琢，马福云.发展社会学［M］.增订版.北京：中国社会科学出版社，2010.

［19］新闻自由委员会.一个自由而负责的新闻界［M］.展江，王征，王涛，译.北京：中国人民大学出版社，2004.

［20］黄苇町.苏共亡党二十年祭［M］.南昌：江西高校出版社，2013.

［21］胡惠林，王婧.中国文化产业发展指数报告（CCIDI）［R］.上海：上海人民出版社，2012.

［22］JENSEN K. B. Media convergence：the three degrees of network，mass and interpersonal communication［M］. New York：Routledge Press，2010.

［23］MEIKLE G，YOUNG S. Media convergence：networked digital media in everyday life［M］. London：Palgrave Macmillan Press，2012.

后　记

读中外新闻史可了解史实，认识关系，审视得失，反观当今。本书是研究生教材，包含中外新闻传播的发展历程、规律、问题（经验和教训，历史意义和现实意义）。我在教学中，对本科生着重史实，兼及问题，对研究生着重问题，根据史实。

新闻传播的发展受制于政治、经济、社会、科技等其他历史和文化的制约，反过来又影响其他历史和文化。地理环境对文化有很大的影响和决定作用。在我国的黄河流域、印度的恒河流域，人们可以在比较固定的地方农耕，因而产生农耕文化。希腊由多个海岛构成，各岛人们的生存和发展要靠与外界的商贸活动，于是产生商业文化。阿拉伯人生活在沙漠和草原地区，生存和发展只能靠游猎和放牧，只能产生游牧文化。农耕文化的特点有地域固定、家族传承、靠天吃饭、不必冒险，把希望寄托于真命天子、开明君主、无私清官，比较消极被动。人们经营商业，要靠主观努力和冒险精神。

中国的君主制时代特别长，君王作主、靠救世主的文化传统也特别强，与之相应的有臣民意识、权力意识、等级意识、管制意识、依附意识、（人际）关系意识，与之相应的文化是一统文化——一言堂、独断论、线性思维、绝对主义、价值观单一化、审美一致化。这些都影响了言论出版、新闻传播等思想观念和制度安排。

不过欧、亚、非等地都有君主制，而美国是建立在现代社会已经形成的时代，没有君主制的历史传统，便于发展公民意识、权利意识、平等意识、个性意识、独立意识、法制意识，便于发展多元文化——众言堂、沟通论、多维思维、相对主义、多样化价值观、个性化审美。这些都影响了言论出版、新闻传播等思想观念和制度安排。

中国文化自有其长处，外国文化也有其短处，我们不应绝对肯定或否定某种文化，而是要科学地辨析和互鉴，把中外新闻传播史放在一起考察，以便进行比较和借鉴。

一千个人的眼中有一千个哈姆雷特，不同的人对哪些历史事实重要、这些事实有哪些因果和意义等，也会有不同的认识，看到或写出不同的历史。即使同一个人，在不同的时期也会有不同的认知。

笔者自1995年师从复旦大学新闻史大家丁淦林先生。丁老师认为，搞新闻史就是搞新闻问题，我的理解是要史论结合。丁老师倡导有全局观，写大新闻史。我的理解是要研究新闻传播的发展变化与社会的互动关系，全面考察各个重要方面和问题。谨以本书作为对丁老师的一个纪念。

本书由上海海洋大学外语学院教师吴丽华帮助整理外国新闻史部分。我在写作过程中参考了众多前辈和新锐的成果，尤其是黄瑚、丁淦林、方汉奇、陈昌凤、程曼丽、陈力丹等教授的论著，兹一并致谢。

谢金文

2023年8月15日